JN110840

WHY STARTUPS FAIL

起業の失敗大全

スタートアップの成否を
決める6つのパターン

ハーバード・ビジネス・スクール教授

トム・アイゼンマン 著

グロービス 訳

A NEW ROADMAP FOR
ENTREPRENEURIAL SUCCESS

ダイヤモンド社

有能なスタートアップがなぜ失敗してしまうのか？

なぜスタートアップ[1]の大部分は失敗するのか？　数年前、私はこの質問に答えられないことに気づきました。立て続けに、よく知っている２つのスタートアップの崩壊を、目の当たりにしたのです。

どちらも、私の教え子が立ち上げたものでした。１つめの**トライアンギュレート**は、オンラインの出会い系サイトを構築・運営するために、優秀なチームを作っていました。２つめの**クインシー**は、若いプロフェッショナルな女性向けに、スタイリッシュで手頃な価格の、体にフィットした仕事着を販売するという、素晴らしいアイデアを持っていました。私はこの２つのベンチャー企業の立ち上げを教え子たちに勧め、クインシーには投資もしていました。

しかし、期待に反し、２つのベンチャー企業は失敗に終わりました。なぜでしょう？　考えられる理由はいくつもありますが、根本的な原因を特定することはできませんでした。

これは不安な事態でした。優秀なビジネスパーソンに、会社を成功させるための方法を教えている経営学者である私が、失敗を避けるための方法を説明できなかったのです。３分の２以上のスタートアップが失敗しているなら、説明すべきことはたくさんあります。

私は過去24年間、ハーバード・ビジネス・スクール（HBS）[2]の教授を務め、MBAの必須科目である「起業家マネジャー」のクラスを担当してきました。HBSでは、研究、エンジェル投資家[3]としての経験、そして取締役と

1　主に株式による資金調達を行いながら、比較的短期間にエグジット（株式公開（IPO）や高額での事業売却など）を行うことを目指すベンチャー企業。初期の先行投資的な赤字が許容されることも多い。
2　アメリカを代表するビジネススクール。起業関連の教育にも力を入れており、多数の起業家を輩出している。

してスタートアップ企業のために働いた経験を生かして、新しいベンチャー企業を立ち上げるための14もの選択科目を設けています。

　HBS はスタートアップの工場です。**HBS の卒業生は、2006年以降、ベンチャーキャピタル（VC）[4]の支援を受けた1,300社以上のスタートアップ企業を設立しています。**成功例も数多くあります。過去10年間で、**スティッチ・フィックス、ジンガなど19社の HBS スタートアップが、時価総額10億ドルを超える「ユニコーン」となりました。**ユニコーン企業の起業家の多くは私のかつての教え子であり、私は彼らのプランに対して指導やフィードバックを行いました。2,000人を超える学生や卒業生にそのような指導をしてきたのです。

　一方で、私たちは多くの失敗を経験してきました。そのほとんどが、聡明で献身的な起業家によって設立された有望なベンチャー企業です。彼らは、スタートアップ成功のための戦術指南書に忠実に従い、それを適切に実行しました。彼らは、市場のギャップを特定し、そのニーズを満たすために差別化されたプロダクト[5]を考案し、最高のリーン・スタートアップ手法[6]を用いて市場の需要を検証しました。また、実績のあるビジネスモデルを選択し、アドバイザーを探し、スタートアップに必要な経験を持つ社員を採用しました。誰が見ても、これらのベンチャー企業は成功するはずでした。それなのに……。

　これらの有望な企業が期待に応えられなかった理由を説明できなかったことで、私が HBS で教えていたことが、自分が思っていたほど確かなものな

3　起業して間もない、あるいは起業直前の未上場企業に大きなリスクを取って直接出資する個人のこと。

4　ベンチャー企業に株式購入の形で資金を提供し、支援を行う企業。VC は数年ごとに新しいファンドを組成し、ベンチャー企業に投資を行う。VC のファンドに資金を提供するのは主に年金基金や生命保険などの機関投資家や、個人の富裕層、ファミリーオフィス（富裕一族の資産管理組織）などである。VC はマネジメントフィー（ファンドの運営委託費用）で日常の業務を行う。VC のもう1つの収益源は成功報酬であり、投資が成功して高いリターンを得られると、VC の収入も増えることになる。VC によって多少異なることもあるが、マネジメントフィーは毎年ファンドの2%、成功報酬は超過利潤の20%というケースが多い。例えば100億円のファンドの場合、毎年のマネジメントフィーは2億円、ファンドの価値が400億円になった場合、超過利潤300億円の20%である60億円が成功報酬となる。

5　プロダクトという言葉は、モノとしての製品だけではなく、サービスやアプリケーションなどすべてを含む。

6　極力コストをかけずに最低限の機能を持った試作品を短期間で作り、顧客の反応を見ながら製品・サービスを開発していく手法。特に IT ビジネスで多用される。

のか、疑わざるを得ませんでした。数え切れないほどの起業家たちに与えてきたアドバイスは、不確かなものだったのでしょうか。

そこで私は、「なぜスタートアップ企業は失敗するのか？」という疑問を解明するために、全力を尽くすことにしました。失敗の原因となる行動やパターンを明らかにすることで、起業家が致命的な失敗を回避し、多大な苦痛を受けずに済むようにしたいのです。

失敗は痛いものです。また、起業家や従業員、投資家だけでなく、社会全体の不利益にもつながります。社会は、さまざまな問題を解決するために起業家を必要としています。検討不足で失敗に終わるベンチャーに、人材や資源を取られる余裕はありません。起業家が最善の努力をしたにもかかわらず失敗したのであれば、そこからより多くのことを学び、より強く立ち直るためのツールを提供したいと思います。このような目標を掲げて、私は数年にわたる研究プロジェクトを開始し、本書を完成させました。

失敗の解読にあたって

私はまず、医療やスポーツ、軍事的な戦闘など、他の分野での失敗について調べました。スタートアップの活動停止の原因を診断するのが難しいことは、わかっていました。しかし、他の分野にも同じことが言えるのではないでしょうか？　他の分野の専門家は、失敗を予測して回避するための解決策を考案しているのでしょうか？　もしそうなら、その解決策は起業家にも有効なのではないでしょうか？

朗報がありました。哲学から消防に至るまで、さまざまな分野で、失敗から多くのことを学ぶことができるのです。

「失敗しなければ学ぶことはできない」。リーン・スタートアップの第一人者であるエリック・リースのこの言葉は、20世紀最大の科学哲学者の一人であるカール・ポパーの考えを反映しています。物事がどのように機能するかについての仮定に自信があり、すべてが計画どおりに進むならば、新しいことを学ぶ必要はありません。しかし、計画がうまくいかないのなら、自分

の思い込みを見直さなければなりません。つまり、当初の仮説を検証できない実験を行ったということです。これは貴重な、新しい知見を得たことを意味します。

　私は、他の分野の失敗の研究から、失敗から学ぶ方法は2つあることを発見しました。直接体験することと、他人の失敗を見て学ぶことです。

　直接的な経験は、何が悪かったのか、どうすればよかったのかを個人が振り返るときに、強力な武器となります。特にこのやり方が有効なのは、フィードバック・サイクル（一連の行為に対する反応）が頻繁かつ迅速で、因果関係がよく理解されている場合、そして、強い感情が思考を混乱させない場合です。気象予報士はこれに当てはまります。

　しかし、スタートアップはそうではありません。

　定義上、初めて会社を創った起業家は、スタートアップの失敗を直接経験することはできません。シリアルアントレプレナー（何度も会社を興す起業家）であっても、フィードバックを得るための個人的なデータは、せいぜい数個程度です。また、起業家は何か新しいことをする存在であるため、原因と結果、つまり自分の行動が意図した結果につながるかどうかについて、どうしても不確実性がつきまといます。

　幸いなことに、他人の失敗から学ぶことは、直接の経験に代わるものです。HBSでは、ケーススタディ[7]を通して学ぶ方法を採用しています。ケーススタディは、起業家が失敗を予見し、未然に防ぐための強力なツールであることがわかりました。

　さらに、ニアミスからの学習は特に効果的であることがわかっています。国家運輸安全委員会（NTSB）は、航空機のニアミスに関する報告書を出しています。ニアミスの報告は、責任者が犯した過ちだけでなく、最終的に災害を回避するための判断や行動についての洞察を与えてくれます。本書でも、失敗とニアミスの両方を紹介します。

7　現実に起こった具体的企業事例を分析し、そこから学びを引き出す学習・研究方法。

また、他の分野の失敗を研究することで、スタートアップのつまずきを理解するのが、なぜ難しいのかがわかりました。哲学者が「単一原因の誤謬」と言うように、人間は良い結果も悪い結果も、説明を単純化しすぎるのです。例えば、大統領選の敗北であれば、「重要な接戦州の軽視」、スポーツチームのシーズン終盤の失速であれば、「スター投手の大腿筋断裂」などです。実際には複数の要因が絡んでいるにもかかわらず、大きな災難をもたらした事柄にスポットライトを当ててしまうわけです。

　さらに、私たちは「根本的な帰属の誤り」を犯しがちです。人は、他人を観察し、その行動を説明する際に、性格や価値観などの気質的な要因を強調し、社会的圧力や環境などの状況的な要因を軽視する傾向があります（帰属バイアスと呼ばれる）。

　一方で、自分の行動を説明する際には、良い結果は自分のスキルや勤勉さなどの要因に、悪い結果は状況的な要因のせいにする傾向があります。ベンチャー企業が失敗すると、投資家やチームメンバーは起業家の欠点を責めることが多いのに対し、起業家は外部環境や他者（「軟調な経済」や「成長を強く求めすぎたVC」）を責めることが多いのも、このためです。

　そのため、彼らの説明を額面どおりに受け入れるのではなく、スタートアップの提供価値（バリュー・プロポジション）[8]、チームメンバーの能力、投資家の目的、起業家の動機などについて、客観的な見解を得る必要があります。幸いなことに、HBSでの私の役割ゆえに、私を十分に信頼してくれる何百人もの卒業生の起業家たちに接触することができました。

研究のアプローチ

　他の分野での失敗を研究しているうちに、なぜスタートアップが失敗するのかを説明するための、包括的なケーススタディが必要だと思いました。こ

8　ビジネスにおいて、企業が顧客に対して提供する価値、すなわち顧客にとっての「嬉しさ」や「困りごとの解決」を指す。

れまでの研究は、理論モデルや計量分析、大規模なサンプル調査に基づいたものがほとんどで、厳密なインタビューや慎重に作られたケーススタディはほとんどなかったのです。

　私は、何十人もの起業家や投資家にインタビューし、彼らが立ち上げたり支援したりしたベンチャーが、なぜ成功しなかったのかを調べました。また、何度も繰り返される問題やパターンを特定するために、起業家の挫折に関する出版物を繰り返し読みました。

　MBAの教室は、私にとって最も生産的な洞察の源となりました。過去数年間、私は失敗したベンチャー企業に関する20の詳細なケーススタディを書き、教えてきました。それぞれのケーススタディでは、何が悪かったのか、異なるアプローチを取ればもっと良い結果になったのではないか、といった興味深い議論が学生たちの間で交わされました。私がケーススタディを教える際には、当の起業家も参加していたので[9]、学生たちは起業家の説明を聞き、「もし、こうだったら」という議論をすることができました。「もし、別の最高技術責任者（CTO）を雇っていたら、どうなった？」といった具合にです。

　研究を本格化させるにあたり、起業家の失敗に特化した選択科目を作りました。「この有望なスタートアップ企業は、強力なプロダクト、優秀なチーム、経験豊富で資金力のある投資家がいるにもかかわらず、なぜ失敗したのか？」聡明な学生たちと一緒にこのテーマを探求することで、私の思考は研ぎ澄まされ、ケースのレパートリーも増えました。

　最後に、失敗したスタートアップや苦戦しているスタートアップの意思決定や属性を、より成功しているスタートアップのそれと比較しました。470社のベンチャー企業の起業家たちが、プロダクト、顧客、競合、チーム、資金調達などに関する幅広い質問に答えてくれました。

9　HBSの授業では、ゲストスピーカーとして、ケーススタディの登場人物に参加してもらうことがしばしばある。

失敗のパターン

　私の調査から、スタートアップの失敗の大部分を説明する、6つの明確な
パターンが見つかりました。以下、そのパターンを簡単に説明します。そし
て本書では、これらについてそれぞれ章を設け詳述します。Part1「ローン
チの失敗」では、アーリーステージ[10]のスタートアップによく見られる3つ
の失敗パターンを取り上げます。Part2の「規模化（スケーリング）の失敗」
では、経営資源の豊富なレイターステージ[11]のスタートアップが失敗する理
由として、さらに3つのパターンを分析しています。

Part 1 アーリーステージの失敗

良いアイデアと悪い相棒：私が研究した多くのアーリーステージの企業の運
命は、起業家が有望な機会を見つけても失敗することを示していました。言
い換えれば、スタートアップの成功には優れたコンセプト（構想）が必要で
あるものの、それだけでは十分ではないのです。多くのVCは、速く走る馬
（事業機会）よりも、有能なジョッキー（経営者）のほうが重要だと考えてい
ます。つまり、気概、ビジョン、業界のインサイダーとしての洞察力、スタ
ートアップチームを率いた経験などの適切な要素を備えた起業家を、VCは
探しているのです。

　しかし、起業家だけに焦点を当てると、ベンチャー企業にとって重要な役
割を果たす他の関係者が無視されてしまいます。これから説明するように、
起業家だけでなく、従業員、戦略的パートナー、投資家など、幅広いステー
クホルダーとの問題が、ベンチャー企業の破滅につながる可能性があるので
す。彼らとの関係が機能不全に陥るパターンを、私は「良いアイデアと悪い

10　起業後、比較的間もない期間。起業後の2〜4年程度までを指すことが多い。競争優位性を確立していない
　　場合も多い。
11　ある程度の規模に成長した段階で、株式公開などが視野に入ってきたステージ。もちろんすべての企業が成
　　功するわけではなく、失敗に終わるケースもある。

相棒」と名付けました。

フライング：情報サービス会社の CB インサイツが最近のスタートアップの失敗の要因を調べたところ、その半分近くが「市場のニーズがなかった」というものでした。

　これには驚きました。リーン・スタートアップの手法は10年ほど前から広く理解され、起業家たちに受け入れられています。実験と反復を行うことで魅力的な機会を特定し、ピボット（方向転換）することができるはずです。しかし、自称リーン・スタートアップの中には、市場を見つけることができなかった死骸が散見されます。何が欠けていたのでしょうか？

　私はリーン・スタートアップの提唱者たちに初めて会った2010年から、それを取り入れてきました。しかし、失敗のケーススタディを深く掘り下げていくうちに、リーン・スタートアップの手法は期待どおりの効果をもたらしていない、という結論に達しました。リーン・スタートアップが悪いのではなく、それを採用していると言う多くの起業家が、実際にはその一部しか採用していなかったのです。

　具体的には、彼らは MVP（Minimum Viable Product）と呼ばれる、顧客からのフィードバックを得られる最もシンプルなプロダクトを発表し、それに基づいて繰り返し開発を行っていました。しかし、エンジニアリングを開始する前に顧客のニーズを調査することを怠ったために、彼らは貴重な時間と資金を的外れな MVP のために浪費していました。これがフライングです[12]。

擬陽性：スタートアップの初期の顧客からの良い反応に基づいて市場の需要を過度に楽観視すると、起業家は間違った機会を追求し、その過程で手元の資金を使い果たしてしまうことになります。リーン・スタートアップの達人たちは、自分たちのソリューション（顧客の問題を解決するプロダクト）に対する需要の強さを示す「偽りのシグナル」に注意するよう警告しています。

　しかし、起業家には見たいものを見てしまう傾向があります。擬陽性とは、

12　フライングは原文では False Start。次の擬陽性（False Positive）と掛けている。

一部のアーリーアダプター[13]の熱狂に魅せられた起業家が、その需要の強さをメインストリーム市場に誤って反映させ、アクセルを踏み込んでしまうことです。

引き続き行われるマーケティングに対して反応が薄かった場合、軌道修正し、メインストリームの顧客に訴求するプロダクトにピボット（方向転換）すべきです。しかし、ピボットにはコストがかかります。プロダクトを再構築し、顧客を再教育しなければなりません。未来の購入者は、そうした変化に戸惑い、実証されていない新しいプロダクトに懐疑的になるかもしれません。また、アーリーアダプターは、疎外感を感じ、そのプロダクトを放棄するでしょう。

フライングと擬陽性のパターンは、どちらもスタートアップを間違った道に進ませてしまい、失敗の確率を高めます。しかし、この２つのパターンは、まったく異なる失敗から生じます。フライングの失敗では、先行調査を怠ったがゆえに、顧客のニーズを満たせないプロダクトを作ってしまいます。擬陽性の失敗では、アーリーアダプターに焦点を当てすぎて、メインストリームの顧客に十分に焦点を当てなかったために、間違った顧客のニーズを満たすプロダクトを作ってしまうのです。

Part 2 レイターステージの失敗

悪い相棒、フライング、擬陽性に耐えたスタートアップは、青春時代の成長の痛みに立ち向かうことになります。スタートアップは、創業期を過ぎると死亡率が下がると言われています。しかし驚いたことに、VC はレイターステージのスタートアップへの投資の約３分の１で損をしています。何が起こっているのでしょうか？

スピードトラップ：レイターステージの失敗例を調べてみると、軌道に乗る

13　比較的早い段階でそのプロダクトを利用する顧客。そのプロダクトに対する強いニーズを持つとともに、往々にして新しもの好きなことが多い。

前にかなりの人気を得ていたものが多くありました。その代表例が、本書で紹介する**ファブ・コム**や、**グルーポン**、**ナスティーギャル**などです。これらのベンチャーは、私が「スピードトラップ」と呼ぶ、似たようなパターンで終焉を迎えました。

　スピードトラップに陥ったベンチャー企業は、魅力的な機会を見出しています。アーリーアダプターがプロダクトを受け入れ、その噂を広めます。これにより、マーケティングに過度に投資することなく、より多くの顧客を引き寄せることができます。また、初期の急速な成長は、投資家を魅了します。投資家は、高額な株価での投資を正当化するために、積極的な拡大を求めます。起業家もまた成長を望みます。

　そしてマーケティングを集中的に行った結果、当初のターゲット市場は飽和状態となり、さらなる成長のためには、顧客層を広げて新たなセグメントを獲得する必要があります。しかし、次の顧客層は、アーリーアダプターほど提供価値に魅力を感じていません。新しい顧客は消費金額も少なく、再購入してくれる可能性も低くなります。

　同様に、クチコミで紹介してくれる可能性[14]も低くなります。その結果、企業が成長を続けるためには、マーケティングに多額の費用をかけなければならず、顧客獲得コストが上昇してしまうのです。

　その一方で、スタートアップの急成長はライバルを引き付けます。競合は優位性を構築すべく、価格を下げたり、プロモーションに資金を投入したりします。ある時点で、新規顧客の獲得には顧客がもたらす価値以上のコストがかかるようになります。ベンチャー企業が資金を使い果たしてしまうと、投資家はさらなる資金の提供を渋るようになります。これを受けてCEOはブレーキを踏み、成長を鈍らせ、現金の流出を抑えるために人員を削減します。会社は存続するかもしれませんが、株式の評価額（バリュエーション）は急落し、投資家は大きな損失を被ることになります。

14　クチコミは、コストがかからないわりに顧客の信頼度が高いため、「最も費用対効果の高いプロモーション手法」とも言われる。ただし、クチコミを広げるためには、相応の顧客満足度が必要となる。

助けが必要：私が「助けが必要」と名付けた、もう1つのレイターステージの失敗パターンでは、高成長が別の問題を引き起こします。アーリーステージの失敗パターンである「良いアイデアと悪い相棒」と同様に、レイターステージのスタートアップ企業は、2種類のリソースの不足が原因で失敗するのです。

1つめは資金調達に関するものです。1990年代初頭のバイオテックや、2000年代後半のクリーンテック（クリーンエネルギーに関するテクノロジー）のように、ある産業セクターが突然、VCの人気を失うことがあります。下降気流に乗ってしまうと、健全なスタートアップでさえ新たな資金を集めることはできません。資金の枯渇は、数カ月から数年にわたって続くこともあります。急成長中のスタートアップが新たな資金調達をしようとしているときにこうした旱魃（かんばつ）が始まり、急激には支出を減らせないのであれば、その企業は生き残れないでしょう。

2つめのタイプは、シニアマネジメント・チームのギャップに関するものです。規模が拡大しているスタートアップでは、エンジニアリング、マーケティング、財務、オペレーションなどの分野で急速に拡大する従業員を管理できる、各分野に精通したシニアマネジャーが必要です。このような人材の採用を遅らせたり、不適切な人材を採用したりすると、戦略の迷走、コストの高騰、組織文化の機能不全などを招きます。

奇跡の連鎖：VCから何億ドルもの資金を調達し、何百人もの従業員を雇用したにもかかわらず、十分なトラクション（牽引力）を発揮できなかったレイターステージのスタートアップもあります。いずれの企業も、非常に野心的なビジョンを掲げ、以下のような課題を抱えていました。

1）行動を根本的に変えるように多くの顧客を説得すること
2）新しい技術を使いこなすこと
3）強力な企業と提携すること

4）規制緩和などの政府の支援を得ること

　5）膨大な資金を調達すること

　どの課題も「やらねば死ぬ」の命題です。どれか１つでも失敗すれば、ベンチャー企業は破滅します。どの課題も50％の確率で良い結果が得られると仮定しても、５つすべてが良い結果になる確率はたったの３％です。この賭けに勝つために、起業家は「奇跡の連鎖」に賭けるのです。

　イリジウム（モトローラの衛星電話、衛星インターネット接続サービスのプロジェクト。216ページ参照）や**セグウェイ**（電動立ち乗り二輪車。217ページ参照）など、「奇跡の連鎖」のパターンをたどったレイターステージのスタートアップの中には、伝説的な大失敗に直面した企業もあります。最近の例では、スカイプ（クロスプラットフォーム対応のコミュニケーションツール）の創業者がユーチューブに対抗して立ち上げた、**ジュースト**がそうです。このようなベンチャー企業は、カリスマ的な起業家が、従業員や投資家、戦略的パートナーを魅了し、まばゆいばかりの未来を切り拓く機会を提供することで、立ち上げられることが多いものです。

　あとから考えれば、なぜ「奇跡の連鎖」に頼ったスタートアップが失敗したのかがわかります。しかし、その場では、起業家の「世界を変える」というビジョンが妄想であるかどうかを判断するのは、難しいものです。今この時も、懐疑論者たちはイーロン・マスク（電気自動車のテスラの経営者かつ宇宙輸送サービスを行うスペースＸの創業者）の正気度や、テスラの長期的な存続可能性について疑問を呈しています。「奇跡の連鎖」の失敗パターンを回避するための確実な方法はありませんが、本書ではいくつかの早期警告のサインを紹介します。

Part 3 （よりうまい）失敗の仕方

　私は、起業家たちへの失敗後のインタビューを通じて、起業の失敗がもたらす人的側面のコストにもフォーカスしました。その中でも、**クインシー・アパレル**の終焉は際立っていました。共同創業者のアレックス・ネルソンと

クリスティーナ・ウォレスは、会社を立ち上げたときに、ビジネス上の対立で2人の仲を脅かさないようにしようと誓い合いました。しかし、2年後、会社を閉鎖するかどうかで衝突した2人は、もはや言葉を交わすこともできませんでした。

　私は多くの起業家の相談に乗り、「もうやめよう」と決断した直後の状況を目の当たりにしてきました。怒り、罪悪感、悲しみ、恥ずかしさ、憤りなど、さまざまな感情がありました。夢が破れ、人間関係は壊れ、自信を失った彼らを責めることはできません。多くの人は、失敗によって自分の評判がどうなるのか、どうやってお金を払っていくのか、次は何をするのか、といったことを心配していました。

　このような反応を見て、私は、スタートアップの失敗に伴う個人的な苦痛を軽減する方法があるのではないかと考えました。本書のPart3「失敗の仕方」では、起業家が失敗にどう対処するかに焦点を移して、この課題を議論します。

　苦境にあるベンチャー企業のプラグを抜く決断は、非常に困難です。多くの起業家は、再生の可能性がきわめて低くなった時点でも、自分や周囲の人々にとってコストがかかるにもかかわらず、頑張り続けます。その結果、投資家の資金やチームメンバーの時間を浪費します。プレッシャーは高まり、希望が失われ、約束が破られ、人間関係はぎくしゃくします。

　しかし、どうすれば、事業を継続すべきタイミングと、終了すべきタイミングを見極められるのでしょうか？　長年にわたり、何十人もの起業家が、自分たちのスタートアップがもっと時間と労力をかけるに値するか、私にアドバイスを求めてきました。私は、アップサイド（物事が好転した場合の上振れ）の可能性やダウンサイドのリスクを評価することはできても、自信を持って答えを出すことはできませんでした。なぜこの選択は難しいのでしょうか？

　1つは、失敗は通常、浮き沈みの激しいスローモーションのようなものだからです。成長が鈍化すると、未来の投資家からは「もう少し考えさせてくれ」と言われてしまいます。これでは、本当に絶望的な状況になったのかど

うか、判断できません。同様に、起業家は「偉大な起業家は根性がある」「粘り強さが役に立つ」と言われ続けています。ピボットに関する神話を聞かされたり、ツイッターやスラック、ユーチューブの粘り強い起業家たちの話を聞かされたりもします。これらの大成功は、それぞれポッドキャスティングソフト、ビデオゲーム、出会い系サイトの初期の失敗から生まれたものです。起業家は努力を惜しまない傾向があります。望みは尽きません。「新プロダクトの機能を使えば、必ず売上げが上がる」「新しいマーケティング担当者が、登録者獲得の方法を考え出してくれるだろう」「競合他社が先に倒産して、その顧客を獲得できる」など。

　Part3では、プラグを抜くかどうかの決断をいかに導くかを検討し、決断後の事業閉鎖を管理するためのアドバイスを提供します。

　起業家が失敗したときの感情や仕事上の落ち込みにどう対処するか、という問題も見逃せません。私は、起業家へのインタビューだけでなく、失敗からの学習や喪失感への対処に関する心理学的研究についても調べました。起業家のアイデンティティは、ベンチャー企業の業績と密接に関係しているため、自分のスタートアップの終焉から教訓を得ることは困難です。起業家が感情をコントロールし、起こったことを理解し、その洞察を次の行動の指針とするためのガイダンスも提供します。

Contents

起業の失敗大全　目次

Part 2 SCALING

規模化の失敗 —— レイターステージ

Introduction

起業の失敗とは何か？

ジーボのどこが失敗だったのか？

　ソーシャルロボット事業[1]を営むジーボがビジネスをやめるという報せに、一部の人の心は痛みました。実際、2019年3月に「僕にいろんなことをさせてくれたサーバーは、もうすぐオフになります」とアナウンスされた日は、多くの人にとって悲しい日でした。「みんなと一緒に過ごした時間は本当に楽しかった。本当にありがとう。いつの日か、ロボットが今よりずっと進化して、みんなの家にロボットがいるようになったら、僕が挨拶したことを伝えてください」。そして、最後にジーボが得意のダンスを披露しました。

　ジーボは、人間との感情的なつながりを作り出すために開発されたソーシャルロボットです。この分野を開拓したマサチューセッツ工科大学（MIT）メディアラボの、シンシア・ブレジール教授の研究室で誕生した「ジーボ」は、幅6インチ（約15cm）の円錐形の固定台の上に、もう1つの円錐形、そして半球状の頭部が載っています。体の各部分は独立して回転したり傾げたりでき、身長12インチ（約30cm）のロボットが表現力豊かに動きます。ヒップホップダンスもできます。頭部には平らなタッチスクリーンが搭載されており、通常は白い球体が点滅して目のように見えます。

　カメラやマイク、スピーカーなどを搭載したジーボは、12歳の少年のような個性を持つ驚異的な技術です。ジーボは、人の音声に応答し、画面には要求された情報（例：「気温10℃[2]で晴れています」）や、メニューオプションのアイコンが表示されます。話を聞いているときは、腰の青いリングが光ります。顔や声を認識する高度なソフトウエアも採用しています。台座の周りを滑らかに回転することができるため、部屋の中を歩き回る人に視線を合わせることもできました。

　ジーボは、ニュース、スポーツのスコア、株価などの情報を提供すること

1　介護、家事、娯楽などを提供するロボットをソーシャルロボットと言う。
2　原文では華氏で表現されているが、ここでは摂氏に換算している。

ができます。また、ジョークを言ったり、音楽を流したり、メールを読んだりすることもできます。家族が帰宅したときに挨拶をするようなプログラムも、組み込まれていました。子どもに絵本を読み聞かせながら映像を表示したり、家族の写真を撮ったり、ダンスをしたりもできます。さらには、家で飼っているペットが部屋にいることを認識して声をかけるなど、さまざまなアプリケーションがありました。また、誰が話しているかを認識して拡大表示する、ビデオ会議機能の開発も間近に迫っていました。

ジーボの船出

　ブレジール教授の研究チームは20年にわたり、ロボットが高齢者に寄り添ったり、自閉症の子どもたちに社会的交流を促したり、共同での創造的な学習を促進したりするなど、さまざまな有用な機能を提供する方法を研究してきました。そして2013年、この発明を実用化するために、共同創業者のジェリ・アッシャーとともに、220万ドルのシード資金[3]を調達しました。CEOには、自然言語理解・音声認識ソフトのリーディング企業であるニュアンス・コミュニケーションズ社の社長、スティーブ・チェンバースを起用しました。

　ブレジール教授の研究では、ソーシャルロボットが高齢者の心の健康に寄与することが示されていたため、当初、ジーボは高齢者のためのコンパニオンとしてピッチ（投資家への売り込み）がなされました。しかし、家電製品やロボットに関心がある主流のVCは、高齢者市場には興味を示しませんで

3　プロダクト開発の準備をしている段階で調達する資金。エンジェル投資家などから募るケースが多いが、この段階で投資を行うVCも少なくない。そしてある程度ビジネスが大きくなって実績ができた後に、シリーズA、シリーズB…とステージに合わせた資金調達がなされる。シリーズAの前の創業期に数千万円から数億円の資金調達を行うケースもあり、それも含めてシード資金と呼ぶこともある。また、シード資金調達前にプレシード資金として、比較的少額の資金調達をすることもある。プレシード資金は友人や家族、エンジェル投資家などから募ることが多い。友人や家族からの出資をFFマネー（FFはファミリーとフレンズの意味）と言う。

補足　資金調達の形態には、エクイティ（株式）による調達のほかに、デット（金融機関からの融資）によるものがある。一般にスタートアップはリスクが高いため、初期の段階で多額の融資を得ることは難しく、リスクマネーとも呼ばれるエクイティでの調達がメインとなる。アメリカのリスクマネー総額は日本の数十倍の規模とされる。なお、日本では日本政策金融公庫や地方自治体の制度融資などもあり、ベンチャー企業が融資を受けることができる。本書では以降、アメリカでは特に主流のエクイティでの資金調達をメインに議論している。

した。また、大きなキーパッドを備えた携帯電話のようなシンプルなコンセプトに慣れている高齢者向けのベンチャーに資金を提供する投資家は、この製品のビジョンに抵抗を感じました。

そこでチームは、ジーボが家族の絆を深めることができる点にフォーカスして、ピッチを練り直しました。もしジーボがキッチンに設置されていたら、いがみ合っている兄弟や、不機嫌なティーンエイジャーと、忙しそうな両親の間に会話が生まれるかもしれない、というアイデアです。子どもを持つベンチャーキャピタリストは、消費者向けのハードウエアとソフトウエアを融合させたこの画期的なプロダクトに興味を持ちました。また、フェイスブック（現メタ・プラットフォームズ）やアマゾンなどのプラットフォーム[4]の爆発的な成長を目の当たりにしたVCは、ジーボがプラットフォームとなり、サードパーティ[5]のソフトウエア開発会社や情報サービス会社が提供するアプリケーションを、幅広く受け入れられると考えました。

しかし、投資を行う前に、VCはこの革新的な技術に対する市場の需要と、それを実現できる証拠を求めました。消費者の関心を調べるために、VCはジーボにクラウドファンディング[6]のキャンペーン実施を要求し、それは2014年7月に開始されました。この「インディゴーゴー」のキャンペーンでは、人々はジーボを599ドルで予約することができ、出荷は「2015年のホリデーシーズン」が予定されました。3カ月後のキャンペーン終了時には、目標の3,000台を上回る4,800台の購入予約がありました。2015年1月、ジーボは2,700万ドルのシリーズAラウンドを実施します。

想定外の出来事の連続

潤沢な資金を得た「ジーボ」のチームは、本格的にプロダクト開発に着手します。しかし、ロボットの設計は非常に難しいものでした。さらに2,800

4　サービスを提供・運営するために必要な共通の土台のこと。マイクロソフトのWindowsやアマゾンのECサイトなどが典型的。近年、グーグル（アルファベット）やアマゾン、フェイスブック、アップルなど、成功したプラットフォーム企業が巨大な時価総額を誇るようになっている。
5　他社のプラットフォームやソフトウエアに関連するプロダクトを販売・提供する企業。
6　インターネットを利用して、不特定多数の人々から少額ずつ資金を募る方法。

万ドルを調達し、約2年遅れの2017年9月にようやく発売にこぎつけました。価格はインディゴーゴーで発表した価格よりも高い899ドルです。チェンバースは、追加の資金調達額を検討する際に、部品のコストと開発期間がそれぞれ当初予測の2.5倍、2倍を超えると想定していたと後に語っています。しかし、実際の部品コストと開発期間は、それぞれ予想の4倍になってしまいました。なぜでしょうか？

　チェンバースは、2つの問題に起因すると語っています。「1つめは、当初のコスト分析に含まれていた多くの部品が、私たちのビジョンを実現するのに十分ではなかったことです。私たちはオフィス用に調整されたセンサーを使用しましたが、一般家庭の照明はまったく異なることがわかりました。センサーを改良し、それを動かすための処理能力を追加することで、コストが増加したのです」

「2つめに、ミドルウエアの開発に手間取りました。ミドルウエアとは、センサー（ロボットの目と耳）からの入力を処理してアプリケーションに提供し、さらにOS（ジーボの頭脳）に指示を送るソフトウエアのことです。ソフトウエアは、顔の追跡、音の抽出、感情の検出、表情豊かなボディの動きを実現するなど、高度なタスクをリアルタイムに実行しなければなりません。しかし、当時はそれを実現するためのクラウドサービス[7]は登場したばかり。そのため、ジーボのソフトウエアのほとんどはデバイスに組み込まれており、それを動かすための強力なプロセッサも必要でした。組み込みシステムとクラウドシステムのバランスを取るのに、1年以上を費やしました」

　そして、ジーボの発売に向けて準備を進めていた2017年5月、チェンバースは白血病と診断され、緊急治療を受けるために会社を去らなければなりませんでした。ジーボのCTOが急遽CEOになりました。約1年後、チェンバースは完全に回復しましたが、遅すぎました。

7　ユーザーが自分でサーバーなどを持たなくても、インターネットを介してサービス提供者のサービスを利用できることをクラウドと言う。

もう1つ、誰も予想していなかったことが起こりました。2014年11月、アマゾンは200ドルのスマートスピーカー「エコー」を、音声アシスタント「アレクサ」とともに発売します。声に反応してニュースや音楽、天気予報などを配信できる機器を求めていたユーザーは、エコーを使うことで、基本的な機能をより低価格で手に入れられるようになったのです。

ジーボの失敗とは何か？

　交友関係や感情的な結び付きを求める顧客はジーボを気に入ってくれましたが、ジーボを存続させるには顧客数が足りませんでした。1年目の収入は500万ドルと、ジーボのチームが予想していた額の3分の1にとどまります。VC資金を使い果たしてしまった同社は、追加の資金調達ができませんでした。経営陣は会社を売却しようとしましたが、買い手が見つかりません。ジーボの従業員の大半は2018年6月に解雇され、同社の知的財産やその他の資産はその後、投資会社に売却されます。

　なぜジーボは失敗したのでしょうか？　直接的な「死因」は現金不足に陥ったことですが、それはあまり意味がありません。検視官が「失血死」と言っているようなものです。ジーボは顧客を十分に呼べなかった、という説明もできます。しかしこれは、鑑識が「銃で撃たれて死んだ」と言っているのと同じです。嫉妬深い配偶者の犠牲者なのか、それともギャングが発砲した際に、通りすがりで巻き添えになったのか。

　ジーボがなぜ失敗したのかを考える前に、「スタートアップが失敗した」とはどういうことなのかを定義する必要があります。学生たちと議論するうちに、それは意外と簡単ではないことに気がつきました。

　あるグループは、ジーボは明らかに失敗したと主張しました。ジーボが合計7,300万ドルのVC資金を調達したにもかかわらず、十分な売上げを上げることができなかったからです。

　もう1つのグループは、ジーボのリーダーがミスを犯したことは認めますが、ミスや不注意ではなく、不運な、予測が難しくコントロールできない出

来事、特にアマゾンのエコーの発売が原因だと考えました。また彼らは、ジーボは、高齢者のための新しい世代のロボット・コンパニオンへの道を開いたという意味で、明るい兆しのある「良い」失敗だったと主張しました。

私はそれぞれの主張に一理あると考え、議論を続けました。そして、この教室での経験から、1つのことを確信しました。それは、スタートアップの失敗とみなす基準が必要だということです。

起業の失敗の定義

では、「起業の失敗」とは、いったい何を意味するのでしょうか。

HBSでは、過去30年間にわたり、「アントレプレナーシップ（起業家たること、起業家精神）」を「リソースがないなかで新しい機会を追求すること」と定義してきました。起業家は、何か新しいものを創造し、提供しなければなりません。それは、顧客の問題に対するソリューションであり、既存の選択肢よりも優れていたり、コストが低かったりするものです。それが機会です。しかし、起業家はその機会を追求するために必要な人材や設備、資金などのリソースを最初から持っているわけではありません。

起業家は、必要なリソースがすべてそろっていない状態で新しい機会を追求するため、必然的にリスクに直面します。起業家のリスクには、次の4種類があります。

需要リスク：需要リスクとは、想定したソリューションを採用してくれる、見込み顧客の意欲のことです。ジーボの場合、ソーシャルロボットを家に置きたいと思う消費者が多数いたでしょうか？

技術的リスク：技術的リスクとは、ソリューションを実現するために必要なエンジニアリングや、科学的ブレークスルーの複雑さを意味します。ジーボの場合、センサーの入力とアプリケーションの指示を処理する重要なミドルウエアを、エンジニアリングチームが構築できたでしょうか？

実行リスク： 実行リスクとは、ベンチャー企業の計画を実行してくれる従業員やパートナーを集め、管理できるかどうかです。ジーボの場合、ロボットの利用者が増える前に、サードパーティの開発者がアプリケーションを作ってくれるでしょうか？

財務リスク： 財務リスクは、外部資本が必要な場合に関係してきます。リーズナブルな条件で資金を得られるでしょうか？　ジーボの場合、発売が遅れて資金を使い果たした後、既存の投資家がさらに資金を提供してくれるでしょうか？　新しい投資家が参加するでしょうか？

失敗とは何を意味するのか？

　標準的な失敗の定義、つまり「期待を裏切る結果」は、スタートアップの失敗を考えるには広すぎます。では、どのような結果が、この場合適切なのでしょうか？　そして、誰の期待に沿うべきなのでしょうか？

　本書で紹介している失敗したスタートアップは、いずれも頭脳明晰で献身的な起業家によって構想されたものであり、少なくとも当初は、将来性のあるベンチャーばかりでした。たしかに、すべての起業家がミスを犯しましたが、それは彼らが無能だったということではありません。むしろ、不確実性やリソースの制約があるからこそ、ほとんどの起業家がミスを犯すのです。大きなミスを避けても、失敗することはあります。賢明な賭けであっても報われなかったケースで、もっともらしい仮定に基づいて緻密に検証したものの、最終的に真実ではないことが判明したケースや、予測できない不運に見舞われて脱線したケースなどです。そこで疑問が生じます。ベンチャーが失敗するときは、いつも誰かに責任があるのでしょうか？

どのような結果が重要なのか？

　企業が活動を停止した場合、それは必ず失敗とみなされるのでしょうか。活動停止は失敗を意味することが多いのですが、必ずしもそうとは限りませ

ん。例えば、期間が有限のプロジェクトなどです。200年前、捕鯨事業を行うエージェントは、船長、乗組員、船主、出資者で、1回の捕鯨で得られた利益を分配していました。現在も映画製作では、監督、キャスト、スタッフを集め、映画を撮影・編集し、上映し、ヒットを期待してチームは解散します。

さらに、スタートアップ企業の中には、操業を停止することなくメルトダウンしてしまうものもあります。そうしたスタートアップの多くは「ゾンビ」となり、事業を継続するのに必要な分の現金は生み出しますが、初期の投資家に利益をもたらすには至りません。

以下の洞察は、私が本書で用いる、起業家の失敗の定義の中心となるものです。ベンチャーの失敗とは、初期の投資家が投資した金額以上の資金を回収できなかった場合、あるいは今後も回収できない場合を指します。

なぜ初期の投資家なのでしょうか？ それは、スタートアップの業績が悪化した場合、後から投資した人はその資金を取り戻すことができても、初期の投資家は通常、投資した金額のすべてを受け取るわけではないからです。VCの仕組みに少しだけ触れましょう。VC資金を調達するスタートアップは、通常、シリーズA、シリーズBなどと名付けられた優先株式を順次発行します[8]。スタートアップの各ラウンドの株式には、一般的に「残余財産優先分配権」が付与されており、事業売却や株式公開（IPO）などのエグジット（スタートアップにとっての「出口」の意味）の際には、前のラウンドの株主がキャッシュを受け取る前に、後のラウンドの株主が投資額全額を取り戻せることが保証されています。

そのため、シリーズAの株式を保有する投資家は、「優先権」の最下層に位置することが多いのです。つまり、エグジットの際に実現したリターンの総額が、企業が調達した資本の総額を下回った場合、シリーズAの投資家は資金のすべてを取り戻せないのです。エグジットが決まっていない場合に

8　シリーズAの資金調達は通常、起業後最初の本格的な資金調達となる。アメリカのシリコンバレーやニューヨークでは1000万ドル（11億円程度）がシリーズAの調達金額の中央値とされるが、日本では3億円から5億円程度のことが多い。

は、株式を売却できた場合の価値の合計が投資総額を下回るかどうかを、試算してみるとよいでしょう。

　外部の投資家から資金を調達しないタイプのベンチャー企業は、どう考えればよいでしょうか。起業家の投資額は、1）「スウェットエクイティ」と呼ばれる、「自分への支払額と、他の場所で働いていれば得られたであろう収入との差額」、そして、2）個人的に拠出した資本金の合計に相当します。もし、この投資額が、配当や売却益などの形で起業家が取り戻せると期待できる現金の額を上回るなら、そのベンチャーは失敗したといえます。

　つまり、スタートアップが失敗したと考えられるのは、以下の場合です。

• スタートアップが事業売却やIPOによってエグジットした場合、エグジットによって得られた収益の総額が、投資家が出した資金の総額を下回った場合。
• スタートアップ企業がまだ操業しており、初期投資家が株式を売却すると損失が発生する場合。
• スタートアップが外部資金に頼らないケースでは、起業家が、自分が出した資本金とスウェットエクイティの合計額以上の現金を得られない場合。

誰の期待に沿うべきなのか？

　なぜ投資家への財務的リターンだけを起業の成功と失敗の基準にするのか、と疑問に思う人がいるかもしれません。起業家の目標は関係ないのでしょうか？　ほとんどの起業家は、個人的な富以上のものを動機としています。ある人は、画期的な新プロダクトの開発を目指し、またある人は、業界を破壊したり、変革したりすることを目指しています。素晴らしいチームを作れたことに満足している人もいれば、単に起業家としてジェットコースターに乗れることを証明したい人もいます。投資家が損失を被った一方で、これらの目標が達成された場合、そのベンチャーは成功したと言えるでしょうか？

実は、シリーズＤラウンドの調達後も創業者がCEOを務めているスタートアップは、40％にも満たないのが現実です[9]。本書では、起業家（創業者）の個人的な目標に焦点を当てますが、起業家の目標達成を成功の主な尺度とすべきではありません。

　ベンチャー企業の他のステークホルダー、特に従業員や顧客はどうでしょうか。スタートアップが失敗だったかどうかを問うとき、彼らの期待を考慮すべきでしょうか？　例えば、ジーボは「飼い主」にとても愛されていたため、仲間を失った悲しみから、多くの飼い主がジーボのお葬式を行いました。
　ジーボが多くの顧客に喜びをもたらしたとはいえ、このスタートアップが健全な利益を生み出すのに十分な顧客を集めることができなかったのは明らかです。顧客や従業員が喜んでいるだけでは、スタートアップは成功したとは言えません。

　最後に、スタートアップを失敗と断定する前に、社会全体にもたらしたものを考慮すべきでしょうか。失敗したスタートアップでも、投資家が把握していない波及効果を生み出すことがあるため、これは複雑です。例えば、失敗したベンチャー企業は、同じ問題を解決しようとしている他の起業家にヒントを提供します。
　理論的には、投資家にとっては損失でしかなくても、他の人々には、投資家の損失を補って余りあるようなポジティブな波及効果をもたらしたスタートアップは、社会的観点からは成功と言えるでしょう。
　例えば、1990年代に失敗したスタートアップであるゴー・コープの出身者が、インテュイット（ビル・キャンベル）[10]など、シリコンバレーで成功し

9　日本のスタートアップがまず上場する東証マザーズは、上場のハードルが低いため、アメリカにおけるシリーズＢやシリーズＣに相当するステージで株式公開できてしまうことが多い。そのため、シリーズＤやシリーズＥ以降のラウンドが必要になることも少ない。結果として、日本で短期間で上場を果たしたスタートアップは、創業者がそのまま株式公開時のCEOにとどまっていることが多い。アメリカでは、シリーズＦ、シリーズＧ、シリーズＨ……と資金調達が続くこともあるが、日本ではまれである。通常、シリーズＨレベルになると、時価総額が100億ドル（日本円では兆円）単位になることも多い。一方で、そうした企業の資金需要は先行投資的な意味合いが強く、時価総額が数兆円でも赤字というケースが多い。ウーバー・テクノロジーなどがその典型である。
10　アメリカでは会計・税務ソフトウエアで圧倒的シェアを誇る。

た多くのベンチャーを生み出したことは有名です。メンバーは失敗したスタートアップでスキルや洞察力、経験を身につけ、それを他の場所で活かすことができるのです。逆に、本書の成功の定義に当てはまる（初期の投資家にお金をもたらした）スタートアップでも、負の波及効果（生態系の破壊を加速させたり、所得格差を悪化させたりするなど）を引き起こすかもしれません。それらは、社会的には失敗と言えるでしょう。

しかし、実際に波及効果を測定することは、ほとんど不可能です。そこで、本書では「投資家が損をした」という定義にとどめますが、社会的に見れば、より多くの価値をもたらす失敗もあるのです。

誰が悪いのか？

ベンチャーが失敗したとき、私たちはまず、誰がどのような失敗をしたのかを考えようとします。しかし、失敗の原因は、責任者の手に負えない不運と、責任者が犯した過ちの両方が重なったものであることがほとんどです。

不運

スタートアップの終焉は、ミスではなく、運の悪さが主な原因となることがあります。COVID-19（新型コロナウイルス）が米国経済を麻痺させ始めたとき、健全であった何千ものベンチャーが資金調達できず、売上げが激減しました。2008年のリーマンショックのときも同じでした。特定の産業分野に影響を与える不運もあります。

例えば、2000年代のクリーンテック関連のスタートアップの多くは、化石燃料コストの上昇を前提としていましたが、予想以上にシェールガスが採りやすくなって燃料費が低下したため、多くのベンチャーが頓挫しました。彼らは失敗しましたが、その多くは非難されるべきものではありません。燃料費の高騰に賢く賭けたのですが、報われなかっただけです。

同じように、よく考えて正しく実行した実験であっても、否定的な結果になることがあります。例えば、起業家はリーン・スタートアップの考え方に

基づき、ある機会について仮説を立て、厳密に検証することがあります。仮説が決定的に否定された場合は、ベンチャーを閉鎖することもあります。これもまた「良い」失敗であり、非難されるべきものではありません。

　ただ、多くの仮定は、正確には検証できません。例えば、経済の将来的な健全性、競合や規制当局の行動、科学的なブレークスルーが得られるかどうか、得られるとしたらどのくらいの期間が必要か、投資バブルがどのくらいの期間で崩壊するか、その他多くの要因について、常に不確実性が存在します。このような状況下では、問題を調査し、専門家に相談したうえで、十分な情報に基づいた予測を行い、最善の結果を望むしかありません。そうすれば、大きな失敗はしないでしょう。期待どおりの結果を出すために、従業員、投資家、パートナーなどのリソースを集めても、結局、予測が間違っていたということは起こります。これもまた失敗ではなく、うまくいかなかった賢い賭けと言えるでしょう。

　ジーボは、そんな2つの不幸に見舞われました。1つめは、CEOの突然の病気と離脱。投資家兼取締役の1人はこう説明しています。「この会社は、製品開発サイクルの長期化や遅れ、まだ存在していない市場、そして大きな競合の脅威に直面しても、資金調達ができる、先見性のあるCEOに依存していました。スティーブはそのようなCEOであり、戦略的パートナーとの関係構築においても非常に優れていました。もしスティーブが健康であったならば、ジーボをより良く前進させられただろうと信じています」
　2つめは、アマゾンのエコーの登場が、まさに青天の霹靂だったことです。業界のコンセンサスを超えたのです。あるテクノロジー系のサイトは、このように書いています。「アマゾンは、あなたに話しかけるクレイジーなスピーカーで、みんなを驚かせました。もちろん、スマホメーカーは音声アシスタントの開発に力を入れていましたが、その技術がスピーカー単体に移行するとは、誰も予想していませんでした。ジーボはアシスタントであると同時にコンパニオンでもあるため、これは深刻な問題でした。ジーボは突然、先行するライバルの音声アシスタントに直面したのです」

誤り（ミス）

　ジーボのリーダーは、スタートアップの崩壊を加速するようなミスを犯したのでしょうか？　私のクラスにおける学生のように、ある重要な意思決定が失敗だったのか、それとも単にうまくいかなかっただけで、賢く計算された賭けだったのか、意見が分かれることがあります。

　エコーの発売後のジーボの戦略を考えてみましょう。当初の計画どおりに音声アシスタント部分の開発を続けたのが間違いだったのか、それともコンパニオン機能を増強して、音声アシスタントの分野をライバルに譲るべきだったのか。

　アレクサ、シリ、グーグル・ホームは、顔の追跡、会話の開始、表情豊かな動きなどの機能を持たないため、コンパニオンとしてはジーボに勝てません。しかし、コンパニオンとしての機能しか持たない、物思いにふける家庭用ロボットに、はたして大きな市場があるでしょうか？　また、899ドルの買い物を正当化するうえで、気象予報士としての機能は必要でしょうか？これは難しい決断であり、ジーボのチームも予期していなかったことでした。

　エコーが200ドルで提供された後、ジーボをもっと安く設計し直すことはできなかったのか、という疑問も湧いてきます。実際、チェンバースたちは、3軸ではなく2軸の独立した動きができるロボットへの変更など、さまざまな選択肢を検討しました。

　しかし、結果的には、3つめの軸は最終的な価格に48ドルしか影響しないこと、そして広範囲にわたるテストの結果、2つの軸よりも3つの軸で可能になる表現力のある動きが、消費者に好まれることがわかりました。ジーボのチームはVCからの要請で、ロボットのソフトウエアをパソコンに組み込み、「体を脱ぎ捨てる」ことも検討しましたが、テストの結果、そのデザインには何の魅力もないことがわかりました。チェンバースは、「ジーボはエンジニアリング過剰と言われていますが、私はそうは思いません。消費者向けのロボットで、本当に機能したのは彼だけです」と述べています。

ジーボの失敗は、採用のミスによるものでしょうか？　最初のチーフ・ロボットアーキテクトと開発担当ヴァイスプレジデント[11]は、それぞれアイロボット社とパーム社で先進的な研究開発チームを率いた経験と、高い能力を持っていたにもかかわらず、製品開発は大幅に遅れてしまいました。チェンバースは最終的に新しい最高技術責任者（CTO）を迎え入れ、数カ月後には組み込み型とクラウド型のアーキテクチャに関する問題を解決しました。もし、このCTOが最初から採用されていたら、あるいはリーダーの変更がもっと早くに実行されていたら、ジーボの製品開発期間は半分になっていたかもしれません。しかし逆に、新しく雇われた人が2年間も、厄介なエンジニアリングの課題と格闘しなければならなかった可能性もあるでしょう。

馬とジョッキー

　起業家、投資家、学者などは、失敗を2つの方法で説明することがあります。1つは、ベンチャーのコンセプト（＝馬）の欠陥を強調するもので、もう1つは、能力がスタートアップのニーズに合わなかったか、単に無能な起業家（＝ジョッキー（騎手））に焦点を当てるものです。私は、スタートアップが失敗する理由を説明するのに、馬やジョッキーの一方だけを強調するのは不適切だと考えます。

馬のせい？

　当然のことながら、多くの起業家は、自分の欠点がスタートアップの失敗につながったことを認めようとはしません。その代わりに、自分ではコントロールできない問題を指摘します。失敗した起業家を対象とした調査では、「激しい競争」と「市場環境の変化」が上位2つの理由として挙げられます。
　そもそも、過密な市場に参入した起業家を責めるべきなのか、という疑問

11　ヴァイスプレジデントは副社長の意味ではなく、部長程度の職位を指す。

もあるでしょう。しかし、フードデリバリーやドローンなどのように、新たな機会に多くのスタートアップが一斉に参入するのはよくあることです。最終的な競合の数を予測することは困難なのです。

多くの投資家はスタートアップの失敗を悪いジョッキーのせいにしますが、なかには遅い馬が主たる問題だと考える人もいます。例えば、起業家であり投資家でもあるピーター・ティールは、「失敗した企業はすべて同じで、競争から逃れることができなかった」と述べています。

著名なアクセラレイター[12]であるポール・グラハムも同様に、顧客の問題に対する魅力的なソリューション、つまり強い馬を持つことが成功の鍵だとしています。「スタートアップ企業を死に至らしめているのは、ユーザーが欲しいと思うものを作っていないという、たった1つの間違いです。ユーザーが欲しがるものを作っていれば、ほかのことをやってもやらなくても、おそらく大丈夫でしょう。そして、ユーザーが欲しがるものを作らなければ、ほかのことをやってもやらなくても死んでしまいます」

これらの指摘には説得力がありますが、ベンチャー企業の失敗の主な原因がコンセプトの欠陥であるとする説明には、2つの疑問があります。第一に、起業のレースではジョッキーが馬を選ぶのですから、遅い馬を選んだジョッキーの判断を疑うべきではないでしょうか。第二に、もし起業家がローンチ後に自分のアイデアに欠点があることを発見した場合、なぜより良いアイデアにピボットしないのでしょうか？　起業家はレースの途中で馬を変えることができるのです。

ジョッキーのせい？

では、ジョッキーの腕が悪いことが、ベンチャー企業の衰退の主な原因なのでしょうか？　多くの投資家はそう考えているようです。VCのパートナーを対象とした調査では、スタートアップの失敗の理由として、シニアマネ

12　初期のスタートアップに知識や設備、大企業とのコネクション等を提供することでビジネスの発展を支援する個人や企業。近年、日本でも増えつつある。

ジメントの弱さと、機能面（職能面）でのマネジメントの弱さが、上位に挙げられています。成功したスタートアップと失敗したスタートアップの違いをVCにたずねた別の調査では、3つの失敗パターンのうち2つが、経営上の欠陥によると結論付けています。

1つめのパターン（失敗の19%を占める）は、シニアチームが十分な経験と市場知識を持っているにもかかわらず、努力を持続する能力に欠け、早々にタオルを投げてしまったというものです。

2つめのパターン（失敗の49%を占める）では、経営者は「あらゆる面で不十分な、不幸な素人」と認識されていました。3つめのパターンは、ピーター・ティールの指摘と同じです。32%の失敗例では、経営者は十分な市場知識を持っていたものの、競争優位性を構築できませんでした。

ジョッキーがすべてを左右するのであれば、ほかのジョッキーよりも腕のいいジョッキーがいるはずです。これにはいくつかの学術的な証拠があります。HBSの同僚の研究によると、最初のベンチャーで成功したシリアルアントレプレナーの30%が、その後のベンチャーでも成功したのに対し、最初のベンチャーで失敗した**シリアルアントレプレナーの成功率は22%、初めて会社を創った起業家は21%**でした。一方でこの数字は、経験から学ぶことが決め手にはならないことも示唆します。決定的であるならば、失敗したシリアルアントレプレナーが2回目、3回目のベンチャーを成功させる確率は、初めて会社を創った起業家よりもかなり高くなるはずだからです。

最初の起業で成功したシリアルアントレプレナーが、再び成功する可能性が高い理由として、2つのことが考えられます。第一に、シリアルアントレプレナーの中には、最初のベンチャーを設立する前に、他の起業家にはない強みを持っていた人間がいる可能性があります。つまり、性別や人種、社会的・経済的背景などにより、優れたスキルやリソースへのアクセスが可能だということです。第二に、資金や人材は、成功した実績のある起業家に集まる傾向があり、彼らが再び成功するという仮定は、自己実現的な予言となります。

起業家は、どのような点で他の起業家よりも抜きん出ることができるでし

ょうか。例えば、生来の知性や回復力といった一般的な能力が優れていることもあれば、業界での豊富な経験を持っている場合もあるでしょう。これらの属性は相容れないものではありません。

一般的な能力

　成功した起業家は、失敗した起業家よりも単に頭が良いか、心理面でその役割に適しているという考え方は、直感的には魅力的です。しかし残念ながら、この点についてはあまり意見が一致していません。実際、成功した起業家に共通する資質、例えば非常に高いレベルの自信などは、失敗の確率を高める可能性もあります。

業界での経験

　業界での経験が起業の成功確率を高める、という調査結果があります。簡単に言えば、業界経験のある起業家は、チャンスを見つけ、それを利用するための戦略を立てる能力に長けている、ということです。業界経験の影響については、Chapter 2で検討します。
　一般的には、自信過剰な起業家や、業界の専門知識に乏しい起業家は、失敗する確率が高いと考えられます。しかし、これらの要因は、起業の成功や失敗の可能性に影響を与えているにすぎないことに注意すべきです。自信と豊富な経験を持つ起業家であっても、本書で述べられているような失敗パターンに陥りやすく、それを予測して回避する努力が必要です。

馬のせいか、ジョッキーのせいか、それとも両方のせいか？

　結局のところ、馬とジョッキーの議論は、あまり役に立たないと思います。過度な単純化は、実際には多くの要因が絡んでいるにもかかわらず、単一の原因に帰属させる傾向を助長します。次の章では、その多様な要因を詳しく見ていきます。

さて、話をジーボに戻すと、これは失敗だったのでしょうか？　本書の定義に従えば、そうなります。初期の投資家は損をしました。では、ジーボの失敗は、賢い賭けが報われなかったケースと言えるでしょうか？　私はそう信じています。プロダクトのコンセプトや主要な幹部社員の採用などに関する経営陣の決断を、失敗と捉える人もいるかもしれませんが、私の目には、これらの決断は十分に検討されたものに映ります。

　さらに、MITの研究室で生まれただけあって、このベンチャーには、うまく運営された事柄がたくさんありました。ジーボのチームは、フォーカスグループやプロトタイプのテストなど、需要を検証し、ロボットを改良するための広範な初期調査を行いました。しかし、その一方で、このベンチャーは突然、2つの大きな不幸に見舞われたのです。

　最後に、ジーボは「良い失敗」だったのでしょうか。それは、このベンチャーから得られた知見が、最終的に社会の役に立つという意味です。結論を出すのはまだ早いでしょうが、ジーボはすでに次世代の高齢者介護ロボットのモデルとなっています。そして私は、誰もが家庭にソーシャルロボットを持つ日が来ると信じています。

Part 1

ローンチの失敗
——アーリーステージ

LAUNCHING

Chapter 1

ビジネスが先か、経験が先か

堂々巡り問題

　イントロダクションで説明したように、起業家（アントレプレナー）とは、リソース（経営資源）がないなかで新しい機会を追求する人のことです。創業3年未満のアーリーステージのスタートアップ企業にとって、これは「堂々巡り」の状況、つまり「経験なくしてビジネスは得られず、ビジネスなくして経験は得られない」という、論理的な行き詰まりをもたらします。

　起業家はベンチャーを成功させるために必要なリソースを、すべてではないにしても、多少は持っています。例えば、共同創業者、専門的なスキルを持つチームメンバー、外部の投資家、技術や販売をサポートしてくれる戦略的パートナーなどです。不足しているリソースを得るためには、起業家は、あらゆるリスクを伴うベンチャーへの参加が魅力的なリターンをもたらすことを、彼らに納得させなければなりません。

　この難所を打開すべく、アーリーステージの起業家は以下の4つの戦術から1つ以上を採用し、リソースを調達します。しかし、これらの戦術にはいずれも大きな危険が伴います。

戦術1：リーン・エクスペリメント（リスクの解決）

　起業家は、リソースの投入を最小限に抑えたMVP（Minimum Viable Products）によって、ビジネスチャンスについての仮説を検証し、ベンチャーの不確実性を解消することができます。MVPテストの結果は、従業員や投資家がベンチャーに参画するかどうかを決める際の判断材料となります。

その危険性：顧客のニーズを理解し、自分たちが考えているソリューションがそれを満たすかどうかを知るための、重要な初期調査を回避してしまうことです。Chapter 3では、オンライン・デートサービスで失敗したトライアンギュレート社の事例を紹介します。また、人は「自分が見たいものを見る」ようにできているので、起業家は擬陽性の罠に陥りがちです。Chapter

4で、擬陽性とそれを回避する方法について説明します。

戦術2：パートナーシップ（リスクの移転）

　起業家は、技術や販売網などのリソースを戦略的パートナーから「借りる」ことができます。パートナーは、企業規模の大きさや懐の深さから、スタートアップのリスクを一部負担することができます。

その危険性： 実績がなく、存続の見通しが立たないアーリーステージのスタートアップ企業にとって、戦略的パートナーとの契約は難しく、契約後に両者の利害を調整することも簡単ではありません。Chapter 2で紹介するクインシー社は、協力工場から良いサービスを受けるのに苦労しました。

戦術3：ステージング（リスクの先送り）

　VCの支援を受けたスタートアップは、段階的に資金を調達します。多くの場合、プロダクト開発の完了やローンチなど、次の重要なマイルストーンを達成するのに必要な資金を、ラウンドごとに調達します[1]。この方法では、スタートアップが重要なマイルストーンを達成できなかった場合、投資家は将来の支出を避けられるので、リスクを先送りすることができます。

その危険性： 初期資金の調達に苦労している起業家、特に実績のない初めて会社を創った起業家は、好ましくない投資家から資金調達せざるを得ないことがあります。例えば、あまりサポートしてくれない投資家や、リスクとリターンのトレードオフに関する選好が一致しない投資家、あるいは、失敗したときに追加の資金を提供できない投資家などです。

1　日本でもマイルストーン達成に応じて資金調達のタイミングを分割することは一般的である。

戦術4：ストーリーテリング（リスクの軽視）

　潜在的な従業員、投資家、戦略的パートナーを魅了し、現実のリスクよりも、スタートアップの世界を変える可能性に注目させる、つまり「現実歪曲フィールド[2]」を広めることで、特に自信過剰でカリスマ性のある起業家は、自分のベンチャーに有利な条件でリソースを獲得することができます。従業員は、長時間労働を覚悟したり、ストックオプション[3]と引き換えに相場以下の給料で働いたりしてくれるかもしれません。

その危険性： 現実歪曲フィールドは、それ自体が急変する可能性があります。自信過剰な起業家は、自分のビジョンが夢物語であることを示すシグナルを察知できないものです。起業家の現実歪曲フィールドは、何百人もの従業員と何億ドルもの投資資金を抱えるレイターステージのスタートアップに、とんでもないマイナスの影響を及ぼす可能性があります。

ダイヤモンド＆スクエア・フレームワーク

　起業を志す人は、自分が魅力的な機会を見つけたかどうか、また、その機会をものにするためにどのような種類のリソースが必要かを、どのように見極めればよいのでしょうか。その答えは「ダイヤモンド＆スクエア・フレームワーク」です。ダイヤモンド（菱形）のほうは、スタートアップの事業機会、つまり「馬」を、「提供価値」「技術とオペレーション」「マーケティング」「利益方程式」という4つの要素に分解します。

　このダイヤモンドはスクエア（正方形）で縁取られており、正方形のそれぞれの角にはベンチャー企業の主要なリソース提供者である起業家（つまり

2　もともとはテレビシリーズ『スタートレック』で生まれた言葉だが、アップル創業者のスティーブ・ジョブズのカリスマ性を説明するために用いられるようになった。
3　自社株をあらかじめ定められた価格で取得できる権利。ベンチャー企業が成功裏に株式公開した場合、ストックオプションは大きな金銭的リターンをもたらす。

ジョッキー)、その他のチームメンバー、外部投資家、戦略的パートナーがいます。

　アーリーステージのスタートアップ企業は、ダイヤモンド&スクエア・フレームワークの8つの要素が調和しているときに、有望な見通しを立てることができます。その調和はダイナミックなものです。スタートアップが成長するにつれ、機会は変化しますし、リソース提供者に求める事柄も変化していくからです。

　さまざまな原因で各要素が調和しないことがあります。ダイヤモンドの中だけでも、要素が正常に機能しないこともあります。例えば、提供価値が弱いスタートアップは、顧客を獲得するために多くのマーケティング費用をかけなければならず、その結果、利益率が低下します。スクエアの中の要素が同期しないケースもあります。Chapter 2で説明するように、クインシーが苦戦したのは、チームメンバーや投資家が、アパレル業界での経験に乏しい

図表1　ダイヤモンド&スクエア・フレームワーク

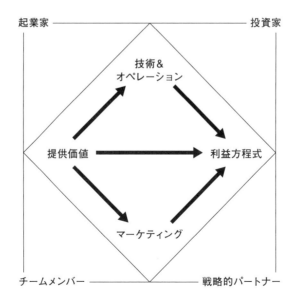

２人の共同創業者を支援できなかったからです。もちろん、ダイヤモンドとスクエアの要素が噛み合わないケースもあります。

　ダイヤモンド＆スクエア・フレームワークの構成要素を詳しく見ていきましょう。

機会に関する要素

提供価値

　４つの機会に関する要素のうち、アーリーステージのスタートアップの提供価値が最も重要なことは間違いありません。スタートアップが生き残るためには、満たされていない強い顧客ニーズに対して、差別化されたソリューションを提供することが絶対に必要です。ニーズは強くなければなりません。無名のスタートアップ企業のプロダクト（製品・サービス）が、顧客が切実に感じている不満に対応していなければ、顧客はそのプロダクトを購入しません。差別化も重要です。ベンチャーのプロダクトが、大事なポイントで既存の競合のソリューションよりも優れていなければ、やはり誰も買ってくれません。そして、この差別化を模倣されずに維持することも重要です。

　模倣を防ぐ障壁は、一部の起業家の間では**モート**（MOAT：堀の意味）と呼ばれています。これには「独自の資産」と「ビジネスモデル属性」の２種類があります。独自の資産とは、複製が困難であったり、数が少なかったりするものです。例えば、信頼のおけるブランド、特許、小売店の立地条件、重要な原材料への先行アクセス（例：**ビヨンド・バーガー**は長期契約で、世界中のエンドウ豆の大部分を確保している）などです。ビジネスモデル属性とは、顧客のスイッチングコスト（業者を切り替えるコスト）が高いことや、ネットワーク効果が大きいことなどです。

スイッチングコスト：スイッチングコストには、金銭的な支出だけではなく、

顧客があるサービス提供者から別のサービス提供者に変更する際に生じる、不便さやリスクも含まれます。例えば、犬の散歩代行業者（ドッグウォーカー）を変更する場合、新しい散歩代行者に家の鍵を預け、ペットの性格や好みを説明しなければなりませんし、愛犬が新しい人になつかないかもしれないというリスクを負わなければなりません。スイッチングコストは、その障壁を乗り越えるのに苦労することもありますが、いったんクリアできれば、競合への切り替えコストの高さから、顧客を維持しやすくなります。

ネットワーク効果：これは、ユーザーが増えれば増えるほど、ユーザーにとってより価値のあるサービスになることです[4]。オンラインの出会い系サイトはその典型例です。より多くの潜在的な恋愛相手にアクセスできるサイトは、やはり魅力的です。最初はユーザー獲得に苦労しますが、勢いに乗れば、新しいユーザーがさらに新しいユーザーを引き寄せます。クリティカルマス（成果を上げるために必要な最低の数字）に達した後は、顧客の獲得と維持に関して、競合より優位に立つことができます。

　アーリーステージのスタートアップ企業は、成功確率に大きな影響を与える、提供価値に関する3つの重要な選択を迫られます。

❶ ターゲットは単一の顧客セグメントか？

　しばしばベンチャー企業は、ローンチ時に、異なるニーズを持つ複数の顧客層をターゲットにすることがあります。ただ、多くのスタートアップは、当初は単一のセグメントにフォーカスします。例えばクインシーは、若いプロフェッショナルな女性をターゲットとし、卒業後に仕事用のワードローブを必要とする大学生は、ターゲットにしませんでした。

4　グーグルやアマゾン、アップル、フェイスブックなどの成功したプラットフォーム企業は、このネットワーク効果の恩恵を強く受けている。

起業家は、最初のターゲットを決める際、トレードオフ[5]に悩みます。複数のセグメントへの販売を成功させれば、より多くの収益を得られます。しかし、複数のセグメントの異なるニーズを満たす単一のプロダクトを作ると、「万能を目指したのに誰も喜ばないもの」になってしまいます。また、それぞれのセグメントに合わせたメッセージを発信しなければならないため、マーケティングも難しくなり、コストがかかります。

　1つのプロダクトで複数のセグメントをターゲットにする方法として、機能やブランドが異なる複数のバージョンを作る方法があります。この方法はポジショニングの問題を解決しますが、コストと複雑さは増します。複数の顧客セグメントにサービスを提供するために、1つのプロダクトに頼るか、複数のバージョンを作るか、どちらの方法をとっても、プロダクト開発が遅れるリスクがあります。これは、特に動きの速いテクノロジー市場では致命的です。

　多くのスタートアップ企業は、ローンチ時に単一のセグメントをターゲットにします。市場導入までの時間が短縮されますし、単一の顧客ニーズに対応することで、小さな市場でより大きなシェアを獲得できるからです。その

| 図表2 | セグメント選択に関するメリットとリスク |

	単一のセグメント	複数セグメント
メリット	・市場への導入の早さ ・高シェア：市場地位を守りやすく、拡大しやすい	・潜在的な収益の増加
リスク	・潜在的な収益の減少	・複雑すぎる ・肥大化した、焦点の定まらない提供価値 ・プロダクト開発の遅れ ・複数のセグメントへのマーケティングの必要性

5　一方を達成するためにはもう一方を犠牲にしなくていけない状態。

ほうが、市場地位を守るのも、そこから拡大するのも簡単です。

❷イノベーションの度合いは？

　最初のプロダクトを設計する際、起業家は、どの程度のイノベーション[6]
を行うかを決める必要があります。イノベーションが多ければ多いほどよい
と考える人もいますが、そのような考え方はトラブルのもとになります。

　起業家のイノベーションには、1）新しいビジネスモデル[7]、2）新技術、
3）既存の技術を新しい方法で組み合わせる、の3つのやり方があります。
　イノベーションの形態によっては、顧客の行動の変化を必要とするものが
あり、それがスイッチングコストを生じさせることがあります。消費者は、
新しいプロダクトの使い方を学ばなければなりませんし、実績のないソリュ
ーションが期待を満たせないというリスクを負わなければなりません。それ
ゆえ、イノベーションが顧客の行動の変化を必要とする場合、顧客に提供さ
れる価値は、顧客が被るスイッチングコストを上回る必要があります。例え
ば、クインシーのイノベーションが巧妙だったのは、顧客の行動を少しだけ
しか変えないのに、より自分にフィットした服という大きな便益を約束した

図表3 イノベーションに関するメリットとリスク

	少ないイノベーション	より多くのイノベーション
メリット	・低いスイッチングコスト	・高い差別化レベル
リスク	・差別化の欠如	・顧客のニーズを超えすぎる ・高いスイッチングコスト ・プロダクト開発の遅れ ・高いマーケティングコスト

6　プロダクトや仕組み、組織などに新しい技術や考え方を取り入れて、新たな価値を生み出すこと。
7　「誰に」「何を」「どのように（用いる資源やプロセスの工夫など）」提供するかということに「儲けの仕組み」
　を加味した、ビジネスの仕組みのこと。

からです。

　顧客は新しさと親しみやすさのバランスが取れたプロダクトを好むため、起業家にとってイノベーションは、悩ましいトレードオフをもたらします。イノベーションが十分でなければ、既存の競合のプロダクトと大きく差別化することはできません。逆に、イノベーションを求めすぎるスタートアップは、顧客のニーズのレベルを過度に超えてしまいます。斬新なソリューションを顧客に試してもらうには、多額のマーケティング費用が必要です。また、技術的・工学的なブレークスルーを必要とするイノベーションの場合、プロダクトの開発が遅れるリスクもあります。

❸ロータッチなソリューションか、ハイタッチなソリューションか?

　スタートアップの中には、必要最低限のサービスで「ワンストップ・ソリューション」を提供する企業もあれば、よりカスタマイズされたプロダクトを提供する「コンシェルジュ・スタイル」をとる企業もあります。

　ここでは、これらのアプローチを「ロータッチ」と「ハイタッチ」と呼びましょう。この2つを対比させるために、親が保育士を見つけるための2つのオンラインサービスを考えてみます。

　ケア・コムはロータッチのサービスです。膨大な数の保育士のリストにアクセスできますが、検索結果をフィルタリングしたり、プロフィールを確認したり、候補者に連絡して面接したりと、時間と不安を伴う作業は保護者に任せています。

　ポピーは失敗したスタートアップです。その場限りの保育を必要とする親に、ハイタッチで「オンデマンド[8]」のソリューションを提供しました。例えば、いつものベビーシッターが休暇中のときに、親がメールでリクエストすると、慎重に吟味され、訓練された保育士が、顧客の玄関先に現れるのです。

8　ユーザーのニーズが生じた際に、それに応じてすぐにサービスを提供すること。

ソリューションのタイプに関するメリットとリスク

	ロータッチ	ハイタッチ
メリット	・規模化しやすい ・オペレーションコストの低減	・高い差別化 ・価格プレミアムが取れる
リスク	・差別化の欠如 ・価格プレミアムがつかない	・オペレーション上の課題 ・規模化が難しい ・オペレーションコストの上昇

　起業家が、ロータッチとハイタッチのどちらにするかを決めるためには、いくつかのトレードオフを考慮しなければなりません。ロータッチ・ソリューションは、標準化されているため、規模化が容易です。また、標準化することで自動化が進み、より低コストで提供できるようになります。

　一方、ハイタッチ・ソリューションでは、顧客は、自分のニーズに合わせてカスタマイズされたソリューションに対して、より多くの金額を支払うことを当然のこととして考えるため、高価格を実現できます。一方で、ハイタッチ・ソリューションを提供するスタートアップ企業は、オペレーション上の課題に直面し、急速な規模化ができないことがあります。

技術とオペレーション

　スタートアップが生き残るためには、プロダクトを実際に発明し、製造し、物理的に提供し、販売後にサービスを提供しなければなりません。これらのうちいずれかがうまくいかないと、ベンチャーは立ち行かなくなります。

　堅実な実行が求められるだけでなく、ほとんどのスタートアップ企業は、技術やオペレーションに関して、重要な活動を外注（アウトソーシング）するか、社内で行うかの決断を求められます。例えば、新しい倉庫を設置するのか、既存の倉庫を借りるのか。あるいはソフトウエアを内製するのか、外部に委託するのか、といった選択です。

これが大事なのは、ベンチャー企業の最初の投資ラウンドでは、1年から1年半の間、事業を運営するのに必要な資金しか提供されないことが多いからです。もし、製品開発を外部に委託したことが大きな間違いだったと気づくのに4カ月かかり、さらにその作業を社内で行うためのエンジニアチームを集めるのに3カ月かかったとしたら、それだけで起業家は調達した資金の半分を使い果たしてしまうことになり、それ以上のミスをする余裕はなくなります。

　こうした「自分でやるか購入か」の判断に伴うトレードオフは、悩ましいものです。社内で能力を開発するには時間とコストがかかり、組織の複雑さも増します。アウトソーシングすれば、より速くリソースにアクセスでき、固定費的な先行投資[9]も少なくてすみます。

　しかし、設立間もないスタートアップにとって、信頼できるパートナーを見つけるのは容易なことではありません。一方、内部開発にした場合、外部のベンダーと同程度のコストを実現できれば、より高い利益を得られます。外部ベンダーは、自社のコストをカバーするだけでなく、ある程度のマージンを上乗せした価格を要求してくるからです。

　自社開発の場合、そのような高額の支払いを回避できるだけでなく、さら

図表5	内部化と外部化に関するメリットとリスク	
	自分でやる	**購入**
メリット	・潜在的に高い利益 ・ミッション・クリティカルな活動のコントロール ・ベンチャー企業のニーズに合わせた活動	・リソースへのアクセスが速い ・固定費的な先行投資が少ない
リスク	・遅い、高い ・ノウハウ不足 ・オペレーションの複雑さ	・コントロールしにくい ・信頼できるパートナーを見つけるのが難しい

9　固定費は、売上げが上がらなくても一定額生じる費用のこと。

に2つの大きなメリットがあります。ミッション・クリティカル（業務遂行やサービスに必要不可欠であり、障害などが許されないこと）な組織能力のコントロールがしやすくなることと、特定のニーズに合わせて活動を調整できることです。

マーケティング

自分たちが提供しているものを、潜在的な顧客に知ってもらわなければならないのは当然です。アーリーステージのスタートアップ企業にとって重要なのは、マーケティングにどれだけの費用をかけるかということです。これもジレンマの1つで、少なすぎても、多すぎても、致命的な結果を招きます。極端な2つのケースを考えてみましょう。

作れば顧客はやってくる：このアプローチは、優れたプロダクトが勝手に売れることを前提としています。具体的には、クチコミで紹介されたり、報道機関で取り上げられたりすることで、早期に顧客を獲得することができます。このアプローチには2つの利点があります。まず、マーケティング費用を最小限に抑えられるため、少ない資金を有効活用できます。また、一般的に、顧客は「オーガニック」に来た場合、つまり、広告によってプロダクトに惹かれたのではなく、プロダクトを探していた場合に、よりロイヤルティが高くなります。

しかし、作っても誰も買わなかったら、どうすればよいでしょうか？　ベンチャーキャピタリストのマーク・アンドリーセン[10]は、こう述べています。

「本来ならば支援したいと思う起業家を見送ってしまう一番の理由は、プロダクトに集中しすぎて、ほかのことに目が行かない、というものです。シリコンバレーではこのようなメンタリティを称賛する傾向があります。

10　アメリカを代表するベンチャーキャピタルであるアンドリーセン・ホロウィッツを立ち上げた。ウェブブラウザ Mosaic の開発者であり、ネットスケープの創業者としても知られる。

しかし、それは起業家が、営業やマーケティングなどの難しい仕事をしないことの言い訳になってしまいます。優れたプロダクトを作っても、販売戦略がうまくいかない起業家は少なくありません。さらに悪いことに、彼らは販売戦略なんて必要ないと主張したり、販売戦略がないことを『バイラル・マーケティング』[11]と呼んだりするのです」

たしかに、世の中には広告宣伝費などをほとんどかけずに、バイラルに広がっていく優れたプロダクトがあります。**ドロップボックス、ツイッター、ピンタレスト、インスタグラム、ユーチューブ**などがその例です。しかし、それらは稀な例外です。起業家は、自分たちがそのような道を歩めると思い込むことに、注意すべきです。

また、これらのヒットビジネスも、有料のマーケティングを行っていないからといって、マーケティングをまったく行っていないわけではありません。調べてみると、そうしたスタートアップは、バイラル性を高めるための巧妙な手法を考え出し、実行するために、お金は使わなくても、人手をかけていることがわかります。例えば、ドリュー・ヒューストンがドロップボックスを紹介するために作成したビデオには、超オタク（ナード）向けの内輪話的ジョークが盛り込まれていました。これらのオタクたちはドロップボックスのアーリーアダプターとなり、無報酬の使徒となり、さらに無料の技術サポートも提供してくれました。

ビッグバン・ローンチ：1990年代後半のドットコムブーム[12]の頃、スタートアップは大規模な広告や広報活動を行ってプロダクトを発表することがよくありました。現在では、このようなアプローチはあまり流行していませんが、初期段階のスタートアップ企業が、最初からマーケティングに多額の費用をかけているケースはあります。

11　クチコミを利用して多くの顧客に広まるよう仕掛けるマーケティング手法。バイラル（viral）は「ウイルスのように」の意味。
12　Yahoo! など、多くの初期のインターネット企業が株式上場を果たし、時価総額（株価×発行済株式数）を上げた時代を指す。その後、ITバブルは2001年頃にいったん弾けたが、近年はまたIT企業の時価総額が増大している。

	マーケティング支出少	マーケティング支出大
メリット	• キャッシュを貯められる • より多くの忠実な顧客に支持される	• より速い成長
リスク	• 顧客へのアプローチの失敗	• 高いコスト • スタートアップがピボットした場合、無駄な努力

　大規模で派手なローンチは、それがうまくいけば、スタートアップを新しい市場で支配的な地位に押し上げます。しかし、利益を上げて製造・販売できる状態になる前に、マーケティングに積極的に投資することは、リスクを伴います。

　需要が予想よりも少ないことが判明したら、起業家は新プロダクトへとピボットするかもしれませんが、既存の顧客は困惑するでしょう。ピボットの前に行われた多額のマーケティング投資は、無駄どころか最悪です。既存顧客や見込み客を混乱させたり、遠ざけたりすることで、スタートアップを傷つけるのです。初期段階のスタートアップの経営手法を調査した「スタートアップ・ゲノム・プロジェクト」では、マーケティングや製品開発の取り組みを早急に拡大しすぎたことが、スタートアップのありがちな失敗の原因だと結論づけています。

利益方程式

　ベンチャーの利益方程式とは、お金を稼ぐための計画のことです。どのくらいの収益を上げ、どのくらいのコストをかけるのか。利益方程式では、収益とコストをさらに詳細に見ていきます。収益はプロダクトの価格と販売数によって決まります。コストにはいくつかのタイプがあり、それぞれ特性が異なります。例えば、ジーボを1台作るための部品などの変動費は、販売台数に比例して増えます。マーケティングコストは、新規顧客の獲得数に応じ

て変化します。また、役員報酬や本社オフィスの家賃などの間接費（ここではビジネスとの直接的な関係性が薄いバックオフィス的費用を指す）は、短期的には固定費です。

　起業家が利益方程式を決めるわけではありません。むしろ、機会を構成する他の3つの要素、すなわち「提供価値」「技術とオペレーション」「マーケティング」に関する選択が、収益とコストを決定します。誰に、どのくらいの数のサービスを提供するのか、プロダクトの価格をどうするのか、新規顧客をどう獲得するのか、「ハイタッチ」のサービスアプローチを採用するのか、それに見合ったコストをかけるのか、などです。

　スタートアップが長期にわたって経済的に存続できるかどうかは、さまざまな指標のパフォーマンスにかかっていますが、特に以下の3つは他の指標よりも重要です。

ユニット・エコノミクス（単位当たりの儲け）：投資家は、その企業が販売したプロダクトが、1ユニットごとにどれだけの利益をもたらすかを知りたいと考えます。ジーボのようなメーカーの場合は、1台のロボットが1ユニットとなります。ネットフリックスのようなサブスクリプション・サービスでは、1カ月の加入者当たりの利益を見るといいでしょう。なお、ここで言う「利益」とは、売上総利益のことであり、1ユニット当たりの売上高から、1ユニットの生産やデリバリーに関して発生するすべての変動費（例：製造コスト、倉庫のコスト、配送コスト、クレジットカード会社への手数料など）を差し引いたものです。

　スタートアップのユニット・エコノミクスの分析では、典型的な取引（トランザクション）からどれだけのキャッシュを得て、どれだけのキャッシュを失ったかを見ます。

　健全なビジネスであれば、
　1）マーケティングコストと間接費
　2）さらなる成長のために必要な投資（在庫や工場設備など）
　3）負債の利払い

4）税金

5）投資家への適切な利益

これらを賄うキャッシュフローが、「1取引当たりのキャッシュ収入×取引回数」で得られます。ビジネスはそれぞれ異なるので、健全と言える「1取引当たりのキャッシュ収入」の額を決めることは、一概にはできません。しかし、すべての取引で損失を出しているビジネスは、経営者がその損失をリカバーするための明確な計画を持っていない限り、問題を抱えていると言えます。

LTV/CAC 比率： LTV（Life Time Value：顧客生涯価値）は、顧客とベンチャー企業との関係が続く間に得られる粗利益の現在価値に等しくなります。

CAC（Customer Acquisition Cost：顧客獲得コスト）は、典型的な顧客を獲得するために発生する、平均的なマーケティングコストを表します。LTV/CAC 比が1.0未満であれば、顧客の経済的な価値は、その顧客を獲得するためにかかったコストよりも低いことになります。したがって、LTV/CAC 比が1.0未満の状態が長く続くと、固定費的な間接費をカバーして利益を出すことができず、スタートアップは絶望的な状況に陥ります。そのため、多くのスタートアップは LTV/CAC 比を3.0以上にすることを目標にしています。

損益分岐点[13]**：** LTV/CAC 比が健全で、顧客ベースを積極的に拡大しているスタートアップでも、急速に手元資金を使い果たすことがあります。ベンチャーの基本ルールである「資金不足に陥らない」ためには、信頼できるキャッシュフロー予測[14]が必要です。起業家は、どのタイミングでスタートアップが変曲点を迎え、キャッシュを失うのではなく、生み出すようになるのかを、理解する必要があります。言い換えれば、スタートアップはキャッシュ

13　それ以上の売上高を上げれば黒字になるという売上高

14　キャッシュフローは実際の現金（キャッシュ）の動きのこと。通常、入金タイミングや支払いタイミングのずれなどにより、会計上の利益とは一致しない。手元の現金が少ないベンチャー企業にとっては、キャッシュフロー予測は非常に大切な意味を持つ。会計上利益が上がっていても、掛け売りの入金が遅く、キャッシュが足りずに倒産する「黒字倒産」もしばしば生じる。

フローの損益分岐点に到達しなければなりません。

　アーリーステージの起業家を対象とした調査から、これらの利益方程式の指標を使いこなすことで、ベンチャー企業の成功確率が高まることがわかりました。苦戦しているスタートアップの起業家は、成功している企業に比べて、ユニット・エコノミクス、LTV/CAC比率、6カ月間のキャッシュフロー予測の推定値に、自信を持っていませんでした。

リソースに関する要素

　ダイヤモンド＆スクエア・フレームワークの「スクエア」は、多くのスタートアップ企業が成功するために重要となる、4種類のリソース提供者を示します。起業家、チームメンバー、外部投資家、そして鍵となる技術や販売チャネルを提供する戦略的パートナーです。

　これらの4つの要素は、互いに補完しあう必要があります。例えば、業界経験の乏しい起業家を、経験豊富なシニアチームのメンバーや投資家がサポートするなどです。

起業家

　起業家（たち）は、ベンチャー企業の成果に決定的な影響を与えます。そして共同創業者の対立は、スタートアップを引き裂く可能性があります。彼らの中には、ベンチャーのコンセプトを共同で考え、最初から一緒に仕事をする人もいます。他の多くのスタートアップでは、1人の起業家が唯一の「アイデアマン」であり、事業機会を追求するうえでの最初のインサイトを持っています。このような起業家は、しばしば他者を創業チームのメンバーとして採用します。

　創業時からチームを組んでいた場合でも、時間をかけて集めた場合でも、起業家と投資家は、「機会の特性と起業家たちの能力を考慮したとき、共同

経営者を追加で採用すべきか、あるいは現在の共同創業者を解雇すべきか」を問わなければなりません。この決断においては、業界経験、業務経験、そして気質という３つの要素が重要になります。

業界での経験：例えば、ジーボの共同設立者は、ロボットの開発と市場への投入が自分たちの能力を超えたさまざまな課題を引き起こすことが明らかだったため、経験豊富な技術者であるスティーブ・チェンバースを CEO に採用しました。しかし、業界での経験が必ずしも決め手になるとは限りません。

機能面に関する業務経験：創業チームは、ビジネスの洞察力と、スタートアップが追求する機会に関連する業務スキルが、適切に組み合わさっている必要があります。「ハッカーとハスラー」という言い方がよく使われます。才能のあるエンジニア（ハッカー）と、ビジネスのノウハウ、特に販売能力のある人（ハスラー）という意味です。もちろん、創業チームは、関連するスキルを持つシニアマネジャーを採用することで、ギャップを補うこともできます。

　メンバー全員が同じような教育を受け、同じような業務経験を持つ創業チームは、注意が必要です。ビジネススクールで立ち上げられたスタートアップは、そうした特徴を持っています。

気質：前例のないことをやろうとする起業家には、かなりの自信が必要です。一般の人々と比較すると、起業家は平均して自信過剰であり、不確実な結果に対する予測の正確さを過大評価する傾向があります。幸いなことに、自信に満ちあふれた起業家の特性は、ベンチャーの成功確率を高めます。例えば、自信はレジリエンス（困難な状況に直面しても、しなやかに適応して生き延びる力）を高めます。レジリエンスは、ジェットコースターに乗る起業家にとっては非常に重要です。同様に、自信を持っている起業家は、将来の社員や投資家に自分のビジョンをピッチする際に、説得力を持ちます。
　しかし、自信がありすぎる起業家は、リスクを取りすぎてしまうことがあ

	頑固な起業家	ためらいがちな起業家
メリット	・レジリエンス ・投資家を引き付ける力	・徹底したリスク調査 ・衝動的な意思決定の回避
リスク	・見通しへの過信 ・傲慢で強欲、一緒に仕事をするのが難しい場合がある	・情熱の欠如 ・粘り強さの欠如 ・従業員や投資家を引き付けるうえで課題あり

ります。逆に、自信を失っていると、従業員や投資家を引き付けることができず、ベンチャー企業としては致命的になってしまいます。つまり、起業家の自信のレベルは、「強気すぎる」と「慎重すぎる」の中間に位置することが理想的です。

　起業家は、「頑固」と「ためらいがち」のどちらかに偏ったチームにすることは避けるべきです。また、共同創業者の性格が補完的であるかどうかを、確認することも重要です。例えば、頑固な2人の共同創業者は、何度も衝突して機能不全に陥る危険性があります。一方、頑固な創業者とためらいがちな共同創業者は、バランスを取ることができるでしょう。

　では、創業者が自信過剰かどうかを判断するには、どうすればよいのでしょうか。多くの場合、謙虚さの欠如、人の話に耳を傾けようとしない姿勢、問題を指摘されたときの反発や融通の利かなさ、などを見極めるとよいでしょう。起業家の過去の行動について元同僚に尋ねることもできますが、これは諸刃の剣です。彼／彼女は、かつては問題があったかもしれませんが、失敗から学んでいる可能性もあるからです。

チーム

　ダイヤモンド＆スクエア・フレームワークの他の要素がそろっていれば、弱いチームがベンチャー企業に致命的な打撃を与えることはないでしょう。

しかし、他の要素が正常でない場合は、弱いチームがラクダの背中をへし折る藁になる可能性があります。

アーリーステージのスタートアップ企業がチーム編成で悩むのは、態度とスキルのどちらを優先して採用するかということです。これには微妙なバランスが求められます。

もし態度を重視して採用すれば、チームはモチベーションが高く、勤勉で、状況に応じてすぐに仕事を変えることができます。組織文化（従業員間で共有されている行動様式や思考様式）のフィット感を重視した採用でも、同様の結果が得られます。ベンチャー企業のミッションに賛同し、チームメイトに強い親近感を抱く社員が集まり、山のような仕事をこなします。

しかし、マーケティングやエンジニアリングなどの難しい問題を解決するスキルを持った人材がいなければ、ハードワークだけで仕事を終わらせることはできません。

アーリーステージのスタートアップは、スキルを重視した採用により、業績を向上させることもできます。しかし、無名で資金力もなく、存続の見通しも立たないスタートアップにとって、優秀なスペシャリストを集めることは容易ではありません。また、特定の機能（職能）での経験がない起業家は、採用のための人脈を持っていません。たとえスペシャリストの採用候補者を集めることができたとしても、その候補者を正しく選別することは難しいで

図表8 | 採用方針に関するメリットとリスク

	姿勢を重視した採用	スキル獲得のための採用
メリット	・忠誠心が強く、勤勉で、柔軟な社員	・パフォーマンスの向上
リスク	・重要なドメインの専門知識の欠如	・人材の確保と維持が難しい ・不適切なやり方を強制する ・「私の仕事ではない」の姿勢 ・スタートアップのリズムを理解していない、プロセスの欠如をハンドリングできない

しょう。

　熟練したスペシャリストを雇うことには、落とし穴があります。例えば、彼らは、前職でうまくいっていたやり方、ただし設立間もないスタートアップには適さないやり方に固執するかもしれません。また、専門外の仕事を頼まれた場合、「私の仕事ではない」という態度を取るかもしれません。さらに、業務プロセスが確立されている企業で働くことに慣れている場合、ベンチャー企業の中でプロセスの欠如に戸惑うかもしれません。

　そして最後に、アーリーステージのスタートアップが新たな機会にピボットした場合、一部のスペシャリストのスキルが不要となることがあります。そうなると起業家は、有能な人材を解雇するという、困難かつ士気を下げる仕事に直面せざるを得ません。

投資家

　アーリーステージのスタートアップでは、起業家はいつ、どれだけの資金を、誰から調達するかを決めなければなりません。ここでミスをすると、好ましくない結果を招きます。さらに、実績のない起業家は、これらの選択に関する自由度が低く、資金調達に苦労し、「投資家とのフィット感」を犠牲にせざるを得なくなる可能性があります。

資金調達のタイミング：起業家は、ベンチャーが現在の資金を使い果たす時期、「フュームデート（fume date）」を予測しなければなりません。そしてそれを勘案しつつ、資金調達にどのくらいの時間が必要かを見極めます。この期間は、2つの要因に左右されます。

　第一に、収益の増加、顧客との関係構築、重要なマイルストーンの達成（プロダクトの完成、ベータテストの開始など）を通じて、強力なトラクション（牽引力）を持っていることを証明できれば、投資家の動きは速くなります。

　第二に、起業家は投資家のセンチメント（市場に対する感情）を予測しなければなりません。投資家は群れをなして行動します。VCにはブームとそ

の崩壊のサイクルがあります。ある分野が盛り上がっているとき、VC はその分野のスタートアップを投資ポートフォリオ（投資先の組み合わせ）に加えようと、躍起になります。一方で、投資家のセンチメントが悪化すると、健全なスタートアップであっても投資家に敬遠されることがあります。

　起業家が、重要なマイルストーンを達成する前に、あまりにも早い時期に資金を調達した場合、投資家は、スタートアップがつまずくリスクをより多く負担しなければならないため、株式のバリュエーション（評価）が低いことを求めます。バリュエーションが低ければ、起業家の出資比率の希薄化[15]が進みます。

　たとえば、起業家が初めて外部から資金を調達するにあたり、200万ドルのシードラウンド調達を目標にしているとします。投資家がスタートアップのポストマネー評価を800万ドル（この例では「プレマネー」評価＋新しい株式、つまり600万ドルと200万ドルの合計）とした場合、資金調達後、投資家は株式の25％を所有することになります（200万ドル÷800万ドル）。

　逆に言えば、スタートアップの株式のポストマネー評価額[16]が800万ドルであれば、起業家は75％を所有することになります。しかし、400万ドルのポストマネー評価額で200万ドルの資金を調達した場合、起業家は資金調達

図表9	資金調達のタイミングに関するメリットとリスク	

	早期の調達	後で調達
メリット	• ブームに乗れる可能性	• トラクションがあれば、よりスピーディに、より少ない株式希薄化で資金を調達できる
リスク	• 株式の希薄化が進む • トラクションが小さいと、投資家を引き付けにくい	• 予想以上に調達に時間がかかる場合は不利な条件となる • ブーム崩壊期に不利な条件となる

15　企業が発行する株式の数が増えれば増えるほど、1株の価値が下がること。当然、議決権の比率も低下する。
16　プレマネーの評価額は、資金調達前の評価額。ポストマネーの評価額は、資金調達後の評価額。

後、株式の50％しか所有しないことになります。

　反対に、資金調達を先延ばしにすると、予想以上に資金調達に時間がかかるリスクが生じます。その分野が投資家からの支持を失い、ブームと崩壊のサイクルの「崩壊」の段階に入ったからかもしれません。また、新たな資金を不利な条件で調達せざるを得なくなることがあります。バリュエーションは低くなり、経営陣とそれまでに投資してきた投資家の両方にとって、株式の希薄化を招くことになります。

どのくらいの額を調達するか：資金調達額を決定する際のトレードオフは、資金調達のタイミングと同じです。HBSの同僚であるビル・サールマンが言うように、このような決定を下す起業家は、欲と恐怖の間で悩むことになります。

　1）マイルストーンを達成するまで資金調達を遅らせる、2）次のマイルストーンを達成するために必要な最低額の資金を調達する、のいずれかを行えば、起業家（およびそれまでに投資した投資家）は出資比率の希薄化が少なくてすみます。

　一方で、資金調達を遅らせたり、調達額が少なすぎたりすると、新たな機会にピボットしなければならない場合や、競合に脅かされたりした場合など、苦境を乗り越えるための資金のバッファーが不足してしまいます。バッファーがなければ、スタートアップは「**ブリッジラウンド**（つなぎの資金調達ラウンド）」と呼ばれる資金調達を余儀なくされます。

　これは往々にして「**ダウンラウンド**」、つまり株価の下落を招きます。ダウンラウンドは、船が沈みかけていることを示すサインともなるため、新しい従業員を集めるのが難しくなり、スタートアップの凋落を加速させるおそれがあります。また、ストックオプションが「水面下」（行使価額よりも、直近の株価のほうが低く、ストックオプションの行使が現実的でない状況）にある既存の従業員は、退職する傾向が強くなります。

　起業家の中には「できるときに、できる限り多くの資金を調達する」とい

図表 10　資金調達額に関するメリットとリスク

	少なすぎる調達	調達しすぎ
メリット	・株式の希薄化を抑制	・サプライズに備える ・日和見主義のための「軍資金」
リスク	・頓挫に対するバッファーの不足	・浪費 ・株価が高すぎると、その後のダウンラウンドの可能性が高まる

う人もいます。たしかに、大量の資金を手に入れることは、スタートアップが攻撃的なライバルに立ち向かわなければならない場合には、武器となります。しかし、大規模な資金調達は、浪費につながることもあります。

マーク・アンドリーセンは、多額の資金を調達したスタートアップは、「自己満足、怠惰、傲慢の文化に染まってしまう」と指摘しています。その結果、1）過剰な雇用とそれに伴うマネジャーの多さによる意思決定の遅れ、2）社員が「緊急性はないのではないか。キャッシュはいくらでもある」と考える結果、スケジュール管理が甘くなる、といった機能不全に陥ってしまいます。

高額なバリュエーションで株式を購入してくれる投資家から資金を調達すれば、起業家の出資比率の希薄化は少なくてすみますが、それが裏目に出ることもあります。あまりにも高い価格のために、次の資金調達ラウンドでさらに高い価格を正当化するだけの成長を遂げることが難しくなるのです。その結果、ダウンラウンドとなり、先述した悪影響が生じます。

誰から調達するか？：投資家は、戦略上の課題について適切なアドバイスを提供したり、人材をその会社に紹介したり、起業家のマネジメントやリーダーシップのスタイルをコーチングしたり、次のラウンドの資金調達をする際に別の投資家を紹介したりすることで、スタートアップに付加価値を提供します。

著名な投資家から資金調達することは、そのスタートアップに大きな可能

性があることを示すことにもなります。その結果、投資家がスタートアップのために直接行動を起こさなくても、採用や資金調達の面でメリットが生じます。

　それとは逆に、起業家との適合性に問題があると、2つの面でスタートアップに打撃を与えます。1つめは、リスクとリターンのトレードオフに関するズレです。VCのビジネスモデルは、投資先のごく一部から多額のリターンを得ることで成り立っています。

　成功しているVCでは、一握りの成功した投資先企業からの大きなリターンが、損失やそこそこのリターンの案件をカバーします[17]。そのため、多くのVCは、投資先企業に対して、成功すれば大きな利益が得られる、リスクの高い戦略をとるよう促します。多くの起業家は、大きなリスクと引き換えに大きなリターンを望んでいます。一方で、投資家に促されなければ、より安全な戦略を選択し、ささやかな利益でかまわないと考える人もいるのです。

　2つめの問題は、資金不足のスタートアップに追加資金を提供する、投資家の能力と意思に関するものです。これは、投資家によって大きく異なります。スタートアップが、プロダクトのローンチが遅れたり、ピボットを実行するための時間が必要だったりと、より多くの資金を必要としている場合、一般的には、既存の投資家から追加の資金を調達するほうが簡単です。既存の投資家は、「盗人に追い銭」になることを心配するかもしれませんが、新規の投資家よりも、そのスタートアップの事情に精通しています。そして、最初の投資に対する自信を示すために、感情的な理由から「倍賭け」をする傾向もあります。

　一方、新規の投資家は、目標を達成できなかったベンチャー企業に対して、当然ながら警戒心を抱きます。こうした理由から、アーリーステージの起業家は、ブリッジ・ファンディング（つなぎ的な投資）の実績があり、現在の

17　VCは、数年おきに、3号ファンド、4号ファンド…といったように新しいファンドを組成し、投資家からお金を集め、それをベンチャー企業に出資し、リターンを得るべくサービスを提供する。VCのファンドごとのパフォーマンスは、「大ホームラン的な成功があったかどうか」に大きく左右される。その意味では、大ヒット作の有無に影響を受ける映画会社やゲーム会社などに似ている。

ファンドに十分な資金がある投資家を探すべきなのです。

ほとんどの VC は、数年ごとに新しいファンドを組成します。利益相反を避けるために、新しいファンドから既存の投資先企業へのフォローオン投資（追加の投資）を行うことは、ほとんどありません。そんなことをすれば、フォローオン・ラウンドのバリュエーションを通じて、一方のファンドに利益を誘導し、他方のファンドを犠牲にすることもできるからです[18]。したがって、起業家は、投資家が現在のファンドにフォローオン投資を行うのに十分な未拠出資金が残っているかどうかを、確認する必要があります。

パートナー

チームメンバーと同様に、パートナーの選択の誤りがスタートアップの破滅の主な原因となることは、ほとんどありません。むしろ、経営陣が対処しなければならない深刻な問題を 1 つ増やしてしまうことで、失敗の確率を高めてしまうと言ったほうがよいでしょう。

マーク・アンドリーセンはこう説明します。「大企業と取引することの欠点は、大企業があなたを転覆させるかもしれないことです。可能性が高いのは、悪いパートナーシップ関係であなたの足を引っ張ったり、会議で膨大な時間を浪費させたり、気を散らせたりすることです」

先に述べたように、パートナーシップを組むことで、固定費的な先行投資なしに、迅速にリソースを得ることができます。しかし、生き残る可能性の低い無名のスタートアップが、既存企業とパートナー契約を結ぶのは難しいでしょう。仮にパートナーが現れたとしても、その企業の関心を引き続ける

18　VC のファンドごとに、資金を提供している投資家は異なる。それゆえ同じ VC であっても、ファンド間での利益相反は避けなければならない。

補足　VC のファンドは通常、10 年の期間で設定される。最初の 3 年くらいで投資を終え、残りの期間は「収穫」へと比重が移る。成功している VC がおよそ 3 年おきに新しいファンドを組成するのは、このサイクルを平準化するためでもある。

ことは難しいですし、ベンチャー企業との利害を一致させることができない
かもしれません。

　パートナーシップがうまくいかない理由はいくつかありますが、プレーヤ
ー間のパワーバランスが崩れれば崩れるほど、取引が成立しなかったり、成
立しても最終的に脱線したりする可能性が高くなります。また、コミットメ
ントを得るまでに時間がかかる場合もあります。
　大企業の中には、スタートアップの技術や戦略を知り、アイデアを盗むた
めに、手軽に調査したいというだけの企業もあります。本当に興味を持って
いる場合でも、大企業の中ではパートナーシップの優先順位は低いものです。
また、大企業の交渉担当者は、交渉を有利に進めるために、意図的に交渉を
長引かせることがあります。スタートアップがその間にも現金を流出させて
いることを知っているので、必死になって譲歩するかもしれないと考えるの
です。
　いったん取引が成立しても、パートナーが約束を反故にすることもありま
す。大企業の社内政治は不透明で、大企業内の誰かが妨害工作を行うことも
あります。パートナーの中心人物が会社を去り、スタートアップがその会社
からのサポートを受けられなくなることもあります。問題が長く続くと、失
敗の確率がどんどん上がります。

図表11　パートナーとの連携に関するメリットとリスク

	パートナーとの連携
メリット	・固定費的な先行投資をせずにリソースに素早くアクセスできる
リスク	・実現しない取引に時間を費やす ・アイデアが盗まれるリスク ・大企業の社内政治や優先順位による合意の遅れ ・交渉力の非対称性による過酷な条件 ・インセンティブのズレによるパートナーのコミットメント不足

何もないところから何かを生み出すことは、大胆な行動であり、ビジョンと自信だけでなく、数え切れないほどの難しい決断が必要です。アーリーステージのスタートアップの起業家が直面する決断の多くは、ベンチャーの成功確率に決定的な影響を与えます。ダイヤモンド＆スクエア・フレームワークは、そのような意思決定を整理し、何が間違っていたのかを診断するためのツールとなります。

Chapter 2

良いアイデアと悪い相棒

クインシーの「有望な馬」と「有能なジョッキー」

2011年5月、私のかつての教え子の2人がスタートアップのアイデアについて意見を求めてきたとき、私は興味を持ちました。

アレクサンドラ（アレックス）・ネルソンとクリスティーナ・ウォレスは、有望なコンセプトを持っていました。若いプロフェッショナルな女性のために、手頃な価格で、スタイリッシュで、よりフィットする仕事着を作りたいというものでした。彼女たちの「秘密のソース」は、顧客がアパレルに関する4つの寸法（ウエストとヒップの比率、ブラジャーのサイズなど）を指定できるようにするサイズ体系で、これは男性のスーツに使われているアプローチに似ています。

2人は、百貨店や小売チェーンで売るという従来のやり方ではなく、**ボノボス**などの成功により注目されている、消費者に直接販売するビジネスモデルを採用しました。ボノボスは、**クインシー**の原型となるものです。ボノボスは、「よりフィットして、より格好良い」男性用パンツをオンラインで販売しており、設立後3年間で2,600万ドルのVC資金を獲得していました。

私は感銘を受けました。次のステップとして、私は2人に、ターゲットとなる顧客が本当にこのサービスを必要としていることを証明するように勧めました。2人は、教科書どおりのMVPを考案しました。女性たちがサンプルの服を試し、事前に注文できる販売会を、6回開催したのです。反応は上々でした。参加した若いプロフェッショナルな女性の50%が、平均350ドルの買い物をしました。

2人が行った調査によると、回答者の57%が、仕事着を選ぶ際に最も重要な要素として衣服のフィット感を挙げており、81%がフィットする仕事着を探すのに苦労していることがわかりました。また、ターゲットとなる顧客は、年間19億ドルもの金額を仕事着に費やしていることも判明しました。これらの消費者に関する洞察に後押しされ、2人はコンサルティングの仕事を辞め、クインシー・アパレルを立ち上げました。

そんなとき2人は、私に投資のチャンスを与えてくれたのです。私は、コンセプトも創業者も気に入っていました。彼女らは鋭く、機知に富んでいて、このベンチャーに補完的な力をもたらしていました。ウォレスは、大きなビジョンとそれを売り込むためのカリスマ性を持っていました。HBSに来る以前には、エモリー大学で数学と演劇学の学位を取得した後、メトロポリタンオペラで歌姫たちの管理をしていました。ネルソンは、慎重で規律正しい性格の持ち主でした。ボストン コンサルティング グループで働いた経験があり、MITでは機械工学を専攻しました。

　一方の創業者の気質とスキルは、資金調達、ブランディング、パートナーシップなどの外部活動をリードするのに適しており、もう一方の創業者の気質とスキルは、ウェブサイトの開発、倉庫の運営、顧客サービスなどの内部の活動を管理するのに適しているという、完璧な「アウトサイダーとインサイダー」の組み合わせでした。こうした組み合わせは、HBS卒業生が立ち上げた**バーチボックス**（美容用品の定期購入）や**クラウドフレア**（インターネットコンテンツ配信）などのスタートアップでも、うまく機能していました。

　2人ともスタートアップやアパレル製造業での経験はありませんでしたが、**アドアミー**（ランジェリー）や**スティッチ・フィックス**（定額制のパーソナル・スタイリング）の創業者など、HBSの「ファッションテック」起業家の中には、深い専門知識がなくても成功した人はたくさんいます。

　つまり、クインシー・アパレルは有望な馬であり、有能で勤勉なジョッキーが手綱を握っていました。私はもちろん投資しました。

早すぎる終焉

　2人は、ボノボスの上級管理職と会いました。彼らは戦略を惜しみなく説明してくれました。ネルソンは、これをクインシーの「ゴールデンチケット」と呼びました。2人は、そのミーティングで得た知見をもとに、クインシーが4年以内に5,200万ドルの売上高と1,800万ドルの税引前利益を残す、という財務予測を立てました。

　2人はこの予測を投資家に伝え、95万ドルのシード資金を調達しました。

目標の150万ドルには及びませんでしたが、春と秋のコレクションを発表するのには十分でした。さらに、テレビ番組「プロジェクト・ランウェイ」に出演したことのあるデザイナーを含む、ファッション業界のベテランたちを採用したのも賢明な選択でした。

初回の販売は好調で、リピート購入も多く見られました。春のコレクションの顧客の39％が、その後、秋のコレクションの商品を購入しました。しかし、事態はすぐに悪化します。好調な売上げを達成するために、多額の在庫が必要となり、手元資金が不足することが判明したのです[1]。また、生産上の問題により、一部の顧客の服のサイズが合わないこともありました。その結果、返品率は35％となりました。これは、送料無料で返品を受け付けている他のオンライン小売業者と同程度でしたが、2人が目標としていた返品率20％を上回る結果でした。返品による利益率の低下に加え、生産上の問題を解決するにはコストがかかります。創業からわずか9カ月しか経っておらず、それまでの支出ペースでいけば、クインシーはあと2カ月で資金が尽きてしまいます。

ウォレスは、さらなる資金調達を誓い、ギアを上げました。しかし、投資家とのミーティングから手ぶらで帰ってきた彼女は、悪い兆しを感じていました。既存の投資家が資金を提供してくれなければ、クインシーは事業を停止しなければなりません。これが大きな争点となります。ウォレスは、業者への支払いをすべて行い、従業員にはささやかな退職金を支給して、「潔く」事業を終了したいと考えていました。

一方、ネルソンは新たな投資家を探し続け、その間にオペレーションの複雑さを減らし、在庫を削減して服のサイズを絞ることを望みました。しかし、商品ラインを縮小することは、あらゆるサイズの女性にフィットした服を提供するという、ウォレスのビジョンとは相反するものでした。

緊迫した取締役会での対決の末に、ネルソンの計画が勝利します。ウォレ

1　在庫は先行投資的な意味合いを持ち、手元のキャッシュを減らす原因となる。在庫は売れるまではキャッシュにならない、という点がポイントとなる。

スは会社を追われ、数週間はソファで落ち込んでいました。一方、ネルソンは、たった5週間で自分の計画がうまくいかないことを悟りました。新たな投資は望めない。彼女はタオルを投げました。

　クインシーの早すぎる終焉に、私は夜も眠れないほど悩まされました。初期の販売会でのテストでは、リーン・スタートアップの手法が完璧に適用されており、彼女らの斬新なソリューションには明らかに需要があることが示されていました。そして、2012年3月にクインシーが始動した後、市場にはその需要が確かにありました。11月の月次売上げは、前月の4万2,400ドルから6万2,000ドルに増加しました。クインシーの全顧客の17%がリピート購入をしており、そのうち39%はクインシーの最初のコレクションの商品を購入した、という素晴らしい結果だったのです。

何が船を沈めたのか？

　クインシーの創業者たちが、ターゲットとなる消費者が明らかに求めているプロダクトを見つけたのなら、なぜ2人はつまずいたのでしょうか？　アパレル生産の複雑さを理解していない起業家にとって、「よりフィットする」という約束は野心的すぎたのでしょうか？　VCからの調達額が少なすぎたのでしょうか？　投資家の選び方が悪かったのでしょうか？　弱いリーダーシップが船を沈めたのでしょうか？

　掘り下げていくと、問題の根源が見えてきました。それは、有望な機会を生かすために必要なリソースを、クインシーが集めていなかったことです。その結果、私が「良いアイデアと悪い相棒」と呼ぶ、アーリーステージのスタートアップの失敗パターンに陥ってしまいました。前章で紹介したダイヤモンド＆スクエア・フレームワークに沿って言えば、リソースに関連するスクエアから発生した問題が内側にも波及し、機会のダイヤモンドの複数の要素に打撃を与えたのです。

　クインシーの場合、4つの機会要素のうち3つが、少なくとも当初は整っていました。販売会での好意的な反応、初期の売上増加、リピート購入率な

どからも明らかなように、クインシーの提供価値は、差別化され、満たされていない強いニーズに対応していました。

　クインシーの問題は、マーケティングの不備に起因するものではありません。このスタートアップは、満足した顧客からのクチコミ、「顧客が顧客を得る」インセンティブ（紹介1件につき50ドルのクレジット）、SNSでのプロモーション、PRなどに主に依存していました。これらのマーケティング戦術は意図したとおりに機能し、多くの顧客を引き寄せました。

　発売から1年目、クインシーの利益方程式はまだ実証されていませんでしたが、その根拠がないわけではありませんでした。たしかに、需要の増加に対応すべく必要な在庫を持つために、クインシーは急速に資金を使っていました。また、返品率が予想以上に高かったため、クインシーの粗利益率は目標を大幅に下回りました。しかし、このような初期の誤算にもかかわらず、クインシーは長期的な収益性を達成できる可能性を秘めていました。2人は、調査の結果、優先的な顧客のLTVは1,000ドル以上であり、そうした顧客を獲得するために予想される、95ドルから125ドルのコストをはるかに上回ると見積もりました。

　クインシーは、4つめの機会に関する要素——技術とオペレーション——に大きな問題を抱えていたのです。魅力的な価値を提供していましたが、それを一貫して提供することができなかったのです。特に、顧客に対する約束の中の重要な要素である「グッドフィット」を、実現することができませんでした。その結果、返品率は2人が予想していたよりも15％高くなり、返品された商品の68％がフィット感の低さを理由にしていました。

　残念ながら、後の私の調査では、クインシーには、起業家、チームメンバー、投資家、戦略的パートナーなど、リソースに関するスクエアの4つの要素すべてに問題がありました。これらの「悪い相棒」がクインシーのオペレーション面の問題の原因となり、失敗につながったのです。

起業家の側の問題

　クインシーの創業者の2人は、「ハッカーとハスラー」のような関係でした。ネルソンはMITで学んだエンジニアであり、戦略やオペレーション上の問題に対して、分析的で規律正しいアプローチをとりました。一方、ウォレスにはカリスマ性があり、スタートアップの大胆なビジョンを売り込むことができました。一方で、彼女らには2つの弱点がありました。それは、アパレル業界での経験が不足していたことと、「どちらがボスか」を明確にしていなかったことです。

業界経験の不足

　ネルソンは、さまざまなアパレル小売業者のコンサルタントを務めた経験があり、HBSの1年目夏のインターンでは、エルメスで在庫の最適化に取り組んだこともあります。しかし、2人には、衣服のデザインと製造に関する実務的な経験がありませんでした。

　当初、彼女たちはデザインは自分たちで行い、製造は製造マネジャーに任せることができると考えました。しかし、それは現実的ではなく、結局2人はプロのデザイナーを雇います。徐々に、デザインと製造には多くの作業が必要であること、そしてその作業には多くの専門的な役割（テクニカルデザイナー、パターンメーカー、サンプルメーカー、ファブリックカッターなど）があることを知りました。学べば学ぶほど、生産プロセス全体をゼロから構築しなければならないことが明らかになったのです。

　やってみるなかで判明した、品質上の問題もありました。同じような生地でも、伸縮性が違えばフィット感は変わりました。ジャケットのラインに使った生地から、汗でピンクの染料がにじみ出ることもわかりました。モデルとなったネルソンの手首が平均より細かったため、ブラウスの袖口がほとんどの女性に合わないことも想定外でした。

「良いアイデアと悪い相棒」という失敗パターンの核心は、起業家の、業界に関する経験不足にあることが多いものです。結局のところ、有望なアイデアがあっても、それを実行するための知識や経験がなければ、うまくいきません。クインシーのビジネスは非常に複雑でした。デザイン、生地の調達、パターン（アパレル製作のための型紙）の作成、アパレルの製造、品質管理、出荷など、さまざまな作業を緻密に連携させる必要がありました。

　業界での経験がない起業家は、有望な候補者を集めるネットワークがないため、人材を集めるのに苦労します。また、投資家は、どこに地雷が埋まっているかがわからない起業家のチームを警戒します。では、クインシーの2人のような起業家は、この問題にどう対処すればよかったのでしょうか？

経験者の獲得：まず、より経験豊富な共同創業者や、ベテランのシニアマネジャーを採用するという手がありますが、これは堂々巡りになってしまいます。2人は、アパレルに詳しい共同創業者を採用しようとしましたが、うまくいきませんでした。理由は簡単です。アパレル企業のデザインや生産を担う人材には、他の有望なベンチャーの起業など、魅力的な仕事がたくさんあるからです。もしそうなら、その候補者は、良いアイデアはあるものの実績がなく、1年分の**ランウェイ**（予想される収益とコストを考慮して、営業を続けられるだけの現金）しかない2人のMBAを、手伝おうとするでしょうか？

アドバイザーの獲得：第二に、戦略やオペレーションに関するアドバイスをアドバイザーに求めること、そしてアドバイザーのネットワークを活用して経験豊富なマネジャーを集めることができれば理想的です。クインシーの創業者たちは、良いアドバイザー何人かと関係を持っていましたが、もっと多くのアドバイザーを探すべきでした。彼女たちは、**リードインベスター**（主導的なVC）がファッションテック分野での経験や人脈を持っていると考えていましたが、最終的にはVCからの支援に失望しました。

自らの経験の獲得：最後に、マスターするには何年もかかることを承知のうえで、自分たちで特定の業界知識を得るために、より多くの時間と努力を注ぐ、という方法もあります。クインシーの創業者たちが、アパレルのデザインと製造のプロセスをマスターするには、確かにそれだけの時間がかかるで

しょう。もし2人が起業する前に、アパレル製造や在庫管理の課題について、もっと時間をかけて研究をしていたら、少なくとも採用活動をより正確に行うための十分な知識を得られたでしょう。ネルソンは失敗後の分析で、2人がコンサルティングの仕事を辞めるのは早かったのではないか、と考えました。振り返ってみると、フルタイムの仕事をしながら、自分たちのコンセプトを精査し続けるべきでした。しかし、このようなゆっくりとしたアプローチは、機会が限られていると考える起業家にとっては、有効な選択肢ではありません。

どちらがボスなのか？

ネルソンとウォレスは、自分たちの関係を管理するうえでも、大きな課題を抱えていました。

イェシーバー大学ビジネススクールの学長であるノーム・ワッサーマンの分析によると、**共同創業者が、家族や、ベンチャー企業を立ち上げる前からの親しい友人の場合、共同創業者の関係は安定せず、破綻する可能性が高い**とのことです。同じような目標や価値観を持ち、お互いの長所や短所、習慣、癖などをすでに知っているなど、親しい友人や家族と一緒にビジネスを始める理由はたくさんあります。しかし、個人的に親しい関係にある共同創業者は、役割や戦略について、厳しい話し合いをしにくくなるのです。衝突することで、個人的な関係が損なわれることを恐れるからです。

クインシーの創業者たちはHBS時代の親友であり、このような関係にありました。実際、一緒にベンチャーを立ち上げようと決めたとき、事業に関する意見の相違で友情を脅かさないようにしようと誓っています。2人は、自分たちの役割について苦渋の選択をしなくてすむように、戦略的意思決定の権限を平等に分担することを、最初から決めていました。

ウォレスはこう語っています。「私がCEO、ネルソンがCOOということで合意していたにもかかわらず、共同CEOのように機能していました。アレックスは生産、調達、Eコマースを担当し、私は、マーケティング、人事、財務を担当しました。製品戦略については責任を共有しました。CEOと

COOという肩書きは、MBAを取得した2人の共同CEOがどのように諍<ruby>諍<rt>いさか</rt></ruby>い
を解決するのかという、投資家の懸念を払拭するために使っただけです。重
要な意思決定は一緒に行いました。意見が合わなければ、前に進まなかった
のです」

　このやり方は、一見、理にかなった方法のように思えます。しかし、結果
的には逆になってしまいました。頑固な2人の共同創業者は、製品戦略やデ
ザインの選択などで衝突しました。
　ウォレスはこう語っています。「私たちは、美的センスや好みが違いまし
た。彼女はロンドン・クラシック、私はブルックリン・ファンキーでした。
一方の創業者が、完全に自分の思いどおりになると思って決断したことに対
して、もう片方が『なぜ私に相談しなかったの、私は完全に反対よ！』と言
うことがよくありました。私たちはいくつかの決定を取り消さなければなら
ず、それには多くのエネルギーが必要でした」
　2人は、激しい議論を目立たせないようにしていましたが、小さくオープ
ンなオフィスでは、それは不可能に近いことです。「近くのスターバックス
に行って、プライベートな話をしたり、そこで人を解雇したりもしました」
とウォレスは振り返ります。「すぐに、『コーヒーでも飲む？』は、何か悪い
ことが起きていることを意味していると、誰もが知るようになりました」
　このトラブルは、2人がクインシーに賭けているものの差異によって、さ
らに大きくなりました。ネルソンのほうが失うものが大きかったのです。ネ
ルソンは、母親が最初の投資家であり、兄がソフトウエア・エンジニアとし
て働いていました。ウォレスはこう述べています。「家族もゲームに参加し
ていると、利害関係やリスクが半々であるようには感じられません」

共同創業者の3つの選択肢

　少なくとも初期の段階では、共同創業者が意思決定を平等に分担すること
は、めずらしいことではありません。共同創業者は、他のメンバーがチーム
に加わる前に数カ月間、集中して仕事をすることが多く、あらゆる選択肢に

ついて話し合うことに慣れています。そして、複数の共同創業者がCEOの役割を切望している場合、これをめぐって争いになるリスクを冒すよりも、投資家から役割を明確にするよう求められるまでは、意思決定を先送りすることが多いのです。

　ワッサーマンの調査によると、21％の創業チームが、最初に正式な肩書きを決めるときに、CEOを指名することを避けています。グーグルの創業者2人（ラリー・ペイジとセルゲイ・ブリン）がエリック・シュミットを指名したように、共同創業者たちがどちらもCEOの役割には適していないことを理解し、外部からCEOを探す必要があると考えているのであれば、これは賢明な判断です。

　しかし、2人の創業者がCEOの座を熱望し、2人とも自分が適任であると考えている場合、決断を長引かせることは致命的な結果につながります。戦略的な方向性をめぐる争いによって、スタートアップが最も機敏に動く必要があるときに、スピードが遅くなってしまうのです。

　このような状況において、共同創業者には3つの選択肢があります。

内部で解決：共同創業者たちは、どちらがより適しているかを見極めるために、交互にCEOを務める試用期間を経て、合意に至ることができます。

外部の力で解決：中立的な第三者に決定を委ね、その人の選択に従うことに同意することもできます。取締役会に参加する経験豊富な投資家は、この判断を下すのに適しています。

厳しい対応：共同創業者の1人が、部下としての役割に満足できないことを認識し、退社するというやり方もあります。けっして良い選択肢ではありませんが、時には唯一の選択肢であり、関係者全員にとって最善の方法となります。

チームの側の問題

　アパレル業界のスペシャリストを中心に構成されたクインシーのチームは、

柔軟性と主体性が欠如しており、そのことが崩壊を加速させました。

柔軟性の欠如：先述したように、クインシーの創業者たちは、アパレルのデザインや製造にかかわる多くの仕事や、関連する役割を理解するのに時間がかかりました。2人は、最初の数人の従業員は経験豊富であるため、必要に応じて複数の機能を果たすことができると考えていました。しかし、クインシーが採用した業界のベテランたちは、既存のアパレル企業が持つ高度な専門性に慣れていました。そのため、自分の専門外の仕事を頼まれても、柔軟に対応できなかったのです。つまり、ゼロからプロセスを生み出したり、複数の役割を担ったりするのではなく、慣れ親しんだ明確なプロセスの中で仕事をすることに慣れていたのです。

主体性の欠如：さらに、業界のベテランたちは、スタートアップを成功させるために必要なイニシアチブを発揮しませんでした。「自分の仕事ではない」という態度に加えて、業界のノウハウがあれば潜在的な問題に気づくはずなのに、声を上げようとしなかったのです。例えば、ジャケットの裏地に使われている生地がピンク色ににじむ可能性があることを、誰も指摘しませんでした。

　これらのミスは、
　1）生産プロセスがスムーズに機能していて、経営陣の決定に異議を唱える必要がほとんどない、既存のアパレル業界の規範に従っていた
　2）何か問題があると感じたときに、質問するほどのモチベーションがなかった

ということを示唆しています。いずれも、起業家が従業員を採用し、監督し、動機づけを行う際のアプローチに、問題があったことを示しています。

チームを強くする社員を見つけるステップ

　ウォレスは自分の失敗を認めています。「私はチームを十分にプッシュしませんでした。ネルソンは悪い警官役（口やかましく指示する役）になって、

結果を求めました。私は、彼女が誰かを厳しく叱った後、事態を落ち着かせようとしました。しかし、社員たちが、私に文句を言ってもいいと知ると、ネルソンの権威は失墜しました」

さらに、こう続けました。「資金力のないスタートアップで働くことが自分たちのためになる、と考えている人を何人か雇いました。しかし、これを人生最大のチャンスだと考える人は、あまりいませんでした。その結果、私は『このようなお願いを聞いてくれてありがとう』という形でマネジメントを行うことになったのです」

クインシーは、スキルはあるものの柔軟性や主体性に欠ける社員を雇うのではなく、アパレルの生産とベンチャーの両方の経験のある、シニアマネジャーを探すべきでした。そうすれば、必要なスキルとスタートアップのリズムに対応できる柔軟性を兼ね備えた、スペシャリストを採用することができたでしょう。

アーリーステージのスタートアップで、専門的なスキルと、「それはできます」という態度を、バランスよく持つ社員を見つけるための方法は3つあります。

ステップ1：1）ネットワークを活用して、優秀な候補者を採用パイプラインに加える、2）候補者のスキルを評価するための面接をサポートしてくれるような、関連業界での経験を持つ人を見つける。このような人材を従業員として採用するのは難しいため、投資家やアドバイザーとして迎え入れることもできます。

ステップ2：面接での態度を見ます。起業家は候補者の過去の業績を調べて、新しい問題を解決した経験や、イニシアチブをとった経験があるかどうかを判断します。同様に、面接では候補者がスタートアップで働く動機を探る必要があります。

ステップ3：候補者をフルタイムで雇用する前に、できるだけ「トライアウト」を行います。例えば、ある程度の規模のプロジェクトについて、現在の従業員と一緒に仕事をしてもらいます。その際、候補者と起業家は、プロジ

ェクトの終了後にお互いのフィット感を判断することに、合意しておく必要
があります。

投資家の側の問題

　クインシーの創業者たちは、当初150万ドルのVC資金を調達する予定で
したが、シード資金として95万ドルしか確保できませんでした。その結果、
シードステージのベンチャー企業が一般的に目標とする18カ月間のランウ
ェイではなく、ローンチ時には12カ月未満のランウェイしかありませんで
した。これでは、失敗する余地がありません。もし2人が当初の資金調達目
標を達成していたら、3回目のコレクションに必要な在庫を生産できたかも
しれませんし、資金が尽きる前に生産上のバグを解消する時間もあったでし
ょう。

　1つの解釈は、堂々巡りが起きたということです。つまり、潜在的な投資
家は、起業家のアイデアや、初期のMVPテストで得られた需要の証拠に感
銘を受けたものの、業界での経験がないために、彼女たちの実行能力に懐疑
的だったのです。

　もう1つの可能性は、テクノロジー系VCがクインシーを、通常は避ける
べきカテゴリーである、アパレルメーカーと見なしたことです。テクノロジ
ー系VCは、投資した企業に10倍のリターンを期待しますが、そのような
リターンを得られる企業はごく一部に限られます。一方、ファッション・小
売セクターの投資家は、2倍から4倍のリターンを求めます[2]。その一方で、
より多くの比率の投資先が確実に利益をもたらすことを期待しているため、
よりがまん強く、つまずいたスタートアップへの追加投資をそれほど躊躇し
ません。

2　日米を問わず、テクノロジー系主体のVCは、ハイリスクであるぶん、高いリターンを求める傾向がある。
　急拡大のための先行投資が必要で、長期間赤字が続く企業の場合、その傾向はより強まる。一方で、通常
　のサービス業などに投資するVCは、急拡大以上に早期の収益化を求める傾向があり、まれな大ホームラン
　よりも、そこそこのヒットをコンスタントに出したいという傾向がある。ただし、近年、純粋なサービス業
　はVC資金を集めにくくなっており、VCもITを活用して急成長するスタートアップに投資する傾向がある。

ネルソンとウォレスは、クインシーを、アパレル分野で消費者に直接販売するモデルを採用した、テクノロジー系スタートアップと位置づけました。しかし、2人にとって、テクノロジー系VCから資金を得たことは間違いでした。

　2人が引き寄せたVCは、スタートアップの悩みをさらに増幅させました。第一に、これらの投資家は、戦略的な助言や採用のための人脈を、あまり提供してくれませんでした。2人は、リードVCが、ボノボスなど、消費者に直接販売するファッション・テクノロジーのスタートアップに投資した経験があるため、関連する専門知識を持っていると考えていました。しかし、クインシーのVCは、創業者たちが想像していたほどには、そうしたベンチャーにかかわっていなかったのです。

　ウォレスは振り返ります。「彼らは、過去の投資案件で取締役会の席を得られませんでした」。しかし、それこそが投資家が経験を積む方法です[3]。さらに、クインシーの主要な投資家からの資金提供には、条件がありました。資金は四半期ごとに「トランシェ」と呼ばれる単位で提供されたのですが、それはクインシーが売上成長のマイルストーンを達成した場合に限られていました。これは、シードステージのVC投資ではめずらしいことですが、けっしてないことではありません[4]。スタートアップが失敗した場合に、VCが受ける影響を抑えるためのやり方です。

　しかし、それはベンチャー企業に、不当な圧力をかけることにもなりかねません。ネルソンはこう言っています。「私たちは、投資家にクインシーを売り込み続けなければならないような気がして、戦略やオペレーション上の課題を率直に話すことができませんでした。投資家が真のパートナーとは思えなかったのです」

3　社外取締役になることがキャピタリストのスキルアップにつながることは確かだが、その他にもスタートアップが定期的に開催する株主報告会に参加することなども重要である。
4　日本ではこの手法はあまり利用されていない。

ブリッジ・ファイナンス

最後に、クインシーのリード VC は、小規模かつ比較的新しい VC であり、スタートアップが苦戦し始めたときに、ブリッジ・ファイナンスを提供できませんでした。また、VC の 1 社は新たなファンドを組成しようとしており[5]、現在のファンドから、さらにクインシーに資金を提供する余裕はありませんでした。

では、起業家はいかにして適切な投資家を見つければよいのでしょうか。2 つの質問をする必要があります。第一に、投資家は、資金を提供するだけでなく、スキルや経験という付加価値を提供してくれるでしょうか？　第二に、彼らのリスクとリターンの選好は、起業家の選好と一致しているでしょうか？

起業家との相性を見極めるには、その VC の実績を確認する必要があります。ヒット率は高いでしょうか？　ヒット率が高ければ、次の資金調達ラウンドで投資家を引き付けるのに役立ちます。彼らと一緒に仕事をしたことのある起業家は、彼らが良いアドバイスや紹介をしてくれたと言っていますか？　起業家（特に失敗したベンチャーの起業家）は、投資家が支援してくれた、また一緒に仕事をしたいと言っていますか？　そして、その VC は、必要に応じてブリッジ・ファイナンスを提供できるだけの十分な資金を、現在のファンドに残していますか？

VC が常に正解ではない

起業家の多くは、自分が利用できるあらゆる資金調達手段を検討してはいないものです。特に、VC がもてはやされるエリート MBA の卒業生にとっ

5　仮に 3 年程度のインターバルで新しいファンドを組成する VC の場合、最初の 3 年程度で前のファンドからの投資は終えてしまう（48 ページ参照）。

6　ハーバードやスタンフォードといったトップ MBA の卒業生が作るスタートアップは、速いスピードで成長すべく VC から資金調達するケースが多い。日本に比べ、潤沢な VC マネーがあるという事情もある。また、VC はトップ MBA の人気職種でもあり、起業家と関心が似ているという側面もある。起業家から VC へといった転身も多い。

ては、VC がデフォルトとなっています[6]。しかし、VC がもたらすプレッシャーは、すべてのビジネスに適しているわけではなく、また、リスクとリターンの選好がすべての起業家の気質に適しているわけでもありません。

実際に、クインシーの VC は、2 人に「思い切って行動しろ」と迫り、積極的な成長目標を課しました。ネルソンはこう語っています。「投資家たちは、在庫をたくさん持つようにアドバイスしました。後から考えれば、『いや、保守的に新しいスタイルの売れ行きを見てから在庫を補充しよう』と言うべきだったのです。ファッションの世界では、嗜好の変化を予測することが難しいため、過剰な注文は大きなリスクとなります」

今思えば、クインシーは VC ではなく、服飾工場に資金援助を求めればよかった、とウォレスは結論づけています。そうすれば 2 つの問題が解決します。工場がクインシーに出資していれば、注文を迅速に片付けるでしょうし、生産上の問題を解決するための努力を怠らなかったでしょう。業界に精通した工場のオーナーは、新しいアパレルの成長に最適なペースを設定する方法を知っていたかもしれません。

最初の資金調達が起業家の目標を大きく下回った場合、クインシーのように粘り強く活動するかどうかは、難しい問題です。投資家がスタートアップを支援しないのは、アイデアに問題があるのか、チームに問題があるのか、あるいはその両方に問題があると考えているのか。

例えば、市場からのフィードバックに基づいてより良いアイデアにピボットしたり、先述したような方法でチームを強化したりするなど、起業家が投資家の懸念を解消するために最善を尽くしたと仮定した場合、資金調達できなかったことは、ベンチャー企業の実行可能性の欠如を示すシグナルと考えるべきでしょうか？　もしそうであれば、起業家はプラグを抜くことを検討すべきでしょう。

しかし、資金調達のシグナルにはノイズが多いものです。**投資家の集団行動は、誰かが投資するまで誰も投資しないという事態をしばしば招きます。**そして、この集団行動が長く続くと、有望なベンチャー企業であっても、古くて傷んだ商品と思われてしまいます。

クインシーの創業者たちは、当初目標としていたよりもはるかに少ないシード資金しか調達できなかったため、難しい選択を迫られました。2012年5月までに、彼女たちはエンジェル、友人、家族から25万ドルを調達していましたが、そのほとんどが最初のコレクションの生産に費やされました。同じ5月には、2つのVCからさらに70万ドルの出資を受けました。これは、年末までに2つめのコレクションのデザイン、生産、マーケティングを行うのに十分な資金でしたが、そこまででした。

　3つめのコレクションのための十分な資金を集めることができなかった彼女たちは、新しいVCからの資金を受け取る代わりに、プラグを抜くべきだったのでしょうか？　少ない資金で事業を進めるということは、年末にはより大きな資金を調達できるだけのトラクションがあることを意味しますが、それは同時に、戦略やオペレーション上のミスが許されないことを意味します。一方、プラグを抜くと、初期の支援者に、投資がリターンにつながらないことを伝えなければなりません。さらに、70万ドルの追加資金があったにもかかわらず、実行する自信がないことを認めることになります。2人がなぜ続けるという賭けに出たのかは、想像に難くありません。

　私が調査した、苦戦中または閉鎖したスタートアップは、成功している企業に比べて、最初の資金調達ラウンドで目標を達成できなかった比率が高かったのです。そして、これらのスタートアップの起業家／CEOは、投資家から受けたアドバイスの質に失望する傾向があります。戦略的な優先事項をめぐって、投資家と頻繁かつ深刻に対立する傾向も見られました。

パートナーの側の問題

　適切な戦略的パートナーを見つけることは、アーリーステージのスタートアップのパフォーマンスに大きな影響を与えます。パートナーは、重要な技術、製造能力、倉庫、コールセンターなどのリソースを、自社で構築する手段や時間がないスタートアップに貸してくれます。しかし、資源の豊富な成

熟した大企業とスタートアップとの間には、交渉力の非対称性（持っている情報やリソースに違い）があるため、適切な条件で適切なリソースを確保することが困難な場合があります。

　例えばクインシーは、第三者のアパレル工場に製造を委託していました。しかし、2人は業界での経験がなかったため、これらのパートナーとはそれまで何の関係もありませんでした。その結果、既存顧客が注文を急いでいるときに、工場側がクインシーの注文を後にまわしてしまうことがありました。

　ウォレスはこう振り返ります。「工場のマネジャーに『これはいつ頃できますか』と聞くと、2週間と言われました。しかし、実際に行ってみると、何も用意されていませんでした。また、『これはいくらかかりますか』と聞くと、最初に提示した金額よりも50％も高い金額を提示されることもありました。こうした障害は、オペレーションを混乱させ、出荷の遅れにつながりました」

「振り返ってみると、何の評判もなく、特殊なサイズで少量の注文しかできないスタートアップが、アパレル工場から良いサービスを受けられなかったのは当然です。ネズミが象に踏みつぶされるのは簡単です。善意の象であっても、不器用で動きが遅いために、ネズミを踏みつぶすのを避けられないことがあります」

　残念ながら、アーリーステージのスタートアップが、大企業のパートナーが約束を果たすようにするためにできることは、あまりありません。契約違反で訴訟を起こすことは現実的ではありません。スタートアップの経営者は、長期にわたる訴訟にかかわるには多忙すぎますし、限られたキャッシュを法的サービスに費やすことは賢明ではありません。とはいえ、起業家はパートナーに対して、いくつかの強みを持っています。それは躊躇なく使うべきです。例えば、大規模なSNSプラットフォームを持つ起業家は、パートナーから受けたひどい経験を世間に知らしめることで、大規模なパートナーの評判に悪影響を及ぼす潜在力を持ちます。

　交渉の土俵を平らにするために、起業家は、ビジネスの拡大を望んでいる

パートナーを選ぶこともあるでしょう。もちろん、この方法にはリスクがあります。パートナーがそのビジネスを必要としているのは、重要な能力が不足しているからではないでしょうか？　また、過去に失敗したことがあるかもしれません。このような場合には、最初の段階でパートナー候補について慎重にデューデリジェンス（精査）[7]を行い、似たようなプロフィールを持つ人に話を聞いて、パートナーが約束を守ったかどうかを確認するのが最善の方法です。もう1つの方法は、起業家がパートナーに株式を提供し、双方がスタートアップの成功にコミットするように仕向けることです。ただし、このオプションは出資比率の希薄化を伴います。また、パートナーシップが崩壊した場合には、厄介な問題をもたらします。

スモールスタートこそ善

　クインシーの創業者たちは、有望な機会を見つけたものの、それを獲得するために必要なリソースを集めることができませんでした。クインシーが追求した事業機会の特性が、リソースを集めるという課題をより難しいものにしました。アパレルのデザインと製造は複雑なプロセスであり、多くの専門的な機能の緊密な連携が必要です。このような場合、業界での経験が重視されますが、2人にはそれが不足していました。

　さらに、計画した生産プロセスがうまくいくかどうかを事前に証明するための、リーン実験（立ち上げ初期の過大な投資を避け、最低限のプロトタイプまたは最小限の商品数で試行すること）ができないという問題もあります。2人は販売会でのテストはしましたが、アパレル製品をサンプル量で生産することは、大量に生産することとはまったく次元が違います。2人は、従業員や投資家に対して、販売会のテストで需要が存在することをある程度示すことはできても、経営をうまく行えることを事前に証明することはできませんで

7　提携企業や投資先、買収先企業の価値やリスクなどを多面的に精査すること。簡単な調査ではないため、一定の時間を要する。それがスピード重視のスタートアップにとって重荷になることも多い。

した。リソースを提供する側は、それを信じて行動しなければなりません。

　もう1つの課題は、大量の在庫を持たなければならなかったことです。クインシーのサイズ対応の方法では、従来のアパレルメーカーが生産するよりも多くのSKU（Stock Keeping Unit：在庫管理単位）が必要でした[8]。十分な在庫を持つためには資金が必要です。そして在庫を持つことはリスクです。もし失敗すれば、大幅に値引きをしなければなりません。

　また、アパレル製品は、季節ごとにコレクションを展開します。クインシーに必要な資金は額が大きいだけでなく、ばらつきがありました。2つのコレクションに加え、3つめのコレクションを展開するためには、多額のシード資金が必要でした。

　つまり、スタートアップは、
　1）異なるスペシャリストの仕事を緻密に調整しなければならない
　2）物理的な商品在庫が必要
　3）多額のまとまった資金を必要とする
　といったケースにおいて、「良いアイデアと悪い相棒」の失敗パターンに陥りやすいのです。

　一方、ツイッターのような純粋なソフトウエアのスタートアップの場合、立ち上げ時に必要な経営資源は、それほど多くありません。少人数のエンジニアチームが作ったツイッターのサイトは、有料のマーケティング活動を行わなくても、自然に広がっていきました。必要な資金も少なく、物理的な在庫もありません。ツイッターが成長するにつれ、コミュニティへの対応、サーバーのインフラ管理、著作権の遵守など、さまざまな領域を担当するスペシャリストが増えていきましたが、初期はこうしたスペシャリストは不要でした。

　「悪い相棒」のリスクに直面している起業家が、成功の確率を高めるために

8　アパレルは、仮に同じデザインのものであっても、サイズや色など、多くのSKUを在庫としてそろえないといけないケースが多い。

できることは何でしょうか？　それは、「リソースの強化」と「機会の制約」という、２つの大きなカテゴリーに分類できます。本章ではここまで、リソースの強化に関してさまざまな議論を行ってきましたが、必要な経営資源を集めることができないかもしれないとの懸念を抱く起業家は、機会を制約するという方法も検討する必要があります。

　少なくとも最初は、コンセプトが確立されてリソースを集めやすくなるまで、ビジネスの範囲を縮小するのです。スタートアップの常識では、成長こそがベンチャーの最大の目標であるとされているため、このアプローチは直感に反しますが、「大きくなるためには、小さく始めるべき」ということです。

３つの注意点

　起業家とそのチームの能力が限られている場合、パートナーのサポートが不安定な場合、資金が不足している場合、機会を制約することは理にかなっています。例えば、製品ラインの幅を狭めたり、習得が困難な業務をアウトソーシングしたり、単一の顧客セグメントや特定の地域に集中したりするなどです。

　クインシーの場合、２人は、最初にプロダクトラインをブラウス、ドレス、ジャケットなどに限定することで、リソース調達の課題をクリアできたでしょう。ボノボスはこの方法をとっています。数年間、生地や色の異なる１種類のパンツのみを販売し、その後、複数のスタイルやスーツなどのアパレル商品にビジネスを広げたのです。

　クインシーもこうすれば、複雑な作業に取り組む前に、製造方法をマスターし、着心地の良さを確認することができたでしょう。「やり直せるとしたらどうするか」と聞かれたネルソンは、こう答えています。
「例えば、最高のブラウスがあるという評判を得ることができたかもしれません。１種類の衣服、１種類の生地タイプで、１つのパターンにしつつ、色やトリミングのオプションでバリエーションを増やすこともできました。フォーカスされたサプライチェーン[9]が機能すれば、他の生地やスタイルも

徐々に導入できたでしょう」

　ネルソンは、2人は生産プロセスを一から考えずにすむように、生産プロセス全体の管理を1つのアパレル工場に、エンド・トゥ・エンド（端から端まで）で委託することもできたと言います。ただ、この方法には欠点もあります。製品の品質をコントロールすることができず、また製品デザインに関する学習の機会が少なくなるのです。

　最後に注意点を指摘しましょう。機会の範囲を限定するか否かを検討している起業家は、リスクと便益を比較検討すべきです。

　第一に、ビジネスの範囲を狭くすると、顧客にとって魅力のない製品・サービスになってしまうおそれがあります。

　第二に、投資家は、スタートアップが将来的に規模を拡大できると確信していない限り、利益が小さすぎるという理由で、「ゆっくり小さく始める」というプランへの資金提供に消極的になるかもしれません。

　第三に、範囲を限定することにより、スタートアップのチームは、より複雑なオペレーションを管理するために必要な、「やりながら学ぶ」ことを先延ばしにするリスクを抱えます。ベンチャーの規模はどんどん大きくなるため、製品ラインを拡大したり、アウトソーシングしている業務を内部化したりする際にチームが犯すエラーは、より大きなダメージをもたらします。

9　プロダクトが消費者の手元に届くまでの、調達、製造、在庫、販売、配送といった一連の流れ。

Chapter 3

フライングの罠

トライアンギュレート

　スニル・ナガラジは HBS 在学中の2009年に、**トライアンギュレート社を設立しました**（トライアンギュレートは三角測量の意味）。当初の計画では、「マッチングエンジン」を作ることを目指していました。これは、デートや仕事の依頼、不動産取引といったやり取りの中で、それぞれの相手候補の属性や好みに関するデータをアルゴリズムで分析し、相性の良い相手を推薦するソフトウエアです。彼はまず、eハーモニーやマッチなどの既存の出会い系サイトに、エンジンをライセンスすることを目指しました。

　ナガラジのソフトウエアは、ユーザーが閲覧したウェブサイトやブックマーク、使用したアプリやその使用時間、ネットフリックスやスポティファイで視聴した映画や音楽など、デジタル上の「足跡」を分析することで、ユーザーの傾向や、将来のパートナーに対する魅力度を推し量ります。多くのマッチングサイトで使用されている自己申告の情報よりも、コンピュータで生成された行動データからプロフィールを「三角測量」するほうが、より正確な人物像を描くことができ、結果としてより良いマッチングを実現できると考えたのです。

　多くのマッチングサイトでは、ユーザーがプロフィールを作成する際に、誇張したり、嘘をついたりすることがよくあります。「……そして、ロシア文学、マラソン、地元の動物保護施設でのボランティア活動が好きです」といったようにです。

　ナガラジがトライアンギュレートの最初の市場としてオンラインデートを選んだのは、この業界が破壊（デスラプション）の機運に満ちていると考えたからです。12億ドル規模のこの業界は、2000年にeハーモニーが、長いアンケートの回答を高度なアルゴリズムで分析するというやり方でローンチして以来、革新的な動きを見せていませんでした。またナガラジは、自己申告という方法に関する問題は、トライアンギュレートがいつか参入するであろう他の市場（企業の採用活動、学校の入学手続き、個人とサービス提供者（ト

レーナー、セラピスト、投資アドバイザーなど）とのマッチングなど）よりも、オンラインデートのほうが深刻であると考えたのです。

ナガラジの仮説

　ナガラジのアイデアは、３つの重要な前提に基づいています。１つめは、コンピュータで生成された客観的なデータは、自己申告の情報よりも優れたマッチングを実現できるということ。次に、オンラインデート・サイトのユーザーは、この優れた結果を認識し、それに対してプレミアムを支払うということ。３つめは、既存の出会い系サイトが、より良いマッチングを実現すべくライセンスを希望すること。ナガラジは、例えば、消費者がトライアンギュレートの「eハーモニー・ゴールド」にアクセスするために（通常の60ドルの契約に加えて）毎月10ドルを追加で支払い、トライアンギュレートがそのプレミアムの半分を取る、というモデルを想定していました。

　VC資金を得るためには、これらの仮説を検証しなければならないとナガラジは考えました。まずは、マッチングアルゴリズム[1]を構築しなければなりません。そのためには、幸せなカップルと見知らぬ他人のネット上での行動を、比較するためのデータが必要です。ナガラジは、卒業の数カ月前に100人のボランティアを募り、「レスキュータイム」をインストールしてもらいました。

　レスキュータイムは、さまざまなアプリケーションやウェブサイトの利用時間を記録するためのアプリケーションです。しかし残念ながら、彼が修正を加えたレスキュータイムは、ほとんどの参加者のコンピュータで正常に動かず、彼の仮説を検証する前に実験は頓挫してしまいました。しかしこの実験により、ナガラジはトライアンギュレートを完全にクラウドで運用し、アプリケーションのダウンロードは回避するほうがよいと気づきます。

1　アルゴリズムは、目的を効果的に果たすための手順や計算方法のこと。アルゴリズムの巧拙によって、パソコンやスマートフォン上でのユーザーインターフェースが変わったり、目的を達成できる度合いなどが変わるため、ユーザーの満足度は大きく左右される。

ほかにも、より良いマッチング結果に対して消費者がプレミアムを支払うという仮説や、トライアンギュレートの技術を既存の出会い系サイトにライセンス供与できるという仮説など、ナガラジの重要な仮説はほとんど検証されていません。ナガラジは、「オンラインデートに関する消費者のニーズを理解するのに、十分な時間をかけられませんでした」と認めています。また、eハーモニーのCEOに会ったことはあっても、トライアンギュレートのコンセプトについては、まだ話していませんでした。

　さらに、トライアンギュレートを一緒に開発してきた共同創業者のジャック・ウィルソンを失ったことで、ナガラジは新たな壁にぶつかります。かつての同僚であり、親友でもあるウィルソンは、2つのスタートアップ企業を立ち上げた経験があり、エンジニア出身のナガラジがプロダクト開発に専念する一方で、資金調達や出会い系サイトとの提携をリードすることに同意していました。しかし、ウィルソンが共同CEOを提案し、ナガラジは迅速な意思決定を理由に単独CEOにこだわるなど、意見が対立します。こうした状況の中、ウィルソンは、ほかにもチャンスがあると判断し、辞任します。

フライングの兆候

　そこで、ナガラジは卒業後に、自分のビジョンを1人で追求することにしました。「盲目的な信念を持っていましたが、自分のアイデアを検証することはしていませんでした。投資家も、プロダクトも、チームもありませんでした。振り返ってみると、どうしてそんなことができたのか不思議です」

　ナガラジはエンジニアとデータサイエンティストの2人を、新たに共同創業者として迎え入れます。2009年10月、チームはトライアンギュレートのマッチングエンジンの最初のバージョンを完成させました。このバージョンでは、ブラウザのプラグインやAPI（アプリケーション・プログラミング・インターフェース）を使って、フェイスブック、ツイッター、ネットフリックスなどのサイトからユーザーのデジタル情報を自動的に収集します。

　ナガラジはこれらのプラグインやAPIを「ライフ・ストリーム・コネクター」と呼びました。これらのデータを使って相性の良い相手を推薦するバ

ージョン2では、幸せなカップルと見知らぬ他人の過去のデータを使って、相性を見極めるよう、アルゴリズムを「トレーニング」する必要があります。トレーニング用のデータを大量に得るためには、デートサイトをパートナーとして必要とします。しかし、パートナーを得るためには、バージョン2のマッチングエンジンが完全にトレーニングされ、うまく機能していることを証明しなければならない、という難題がありました。

「顧客の頭の中に入り込む」ことなくマッチングエンジンを構築したことで、ナガラジと彼のチームは、多くのアーリーステージのベンチャー企業に共通する失敗パターンである「フライング」に陥りました。**フライングは、顧客調査を十分に行わずに最初のプロダクトを急いでローンチした結果、せっかく見つけたチャンスに問題があることに気づく、というパターンです**。早期の正しい顧客からのフィードバックを軽視し、MVPによる検証を怠ると、欠陥をすべて修正するための時間がなくなり、リーン・スタートアップの「早く失敗する」の言葉を、自己実現的な予言に変えてしまいます。

　時間はアーリーステージのスタートアップにとって最も貴重な資源であり、フライングはフィードバック・サイクルを無駄にします。その後も、チームはより魅力的な機会に向けて、ピボットを試みます。しかし、ピボットには時間がかかり、それに伴って希少な現金も消えていきます。さらに資金を得るためには、複数のピボットが必要になることもあります。エリック・リースは著書『リーン・スタートアップ』の中で、スタートアップのランウェイを、従来の方法である「現在のキャッシュバーン・レート[2]で現金をすべて使い切るまでの残り月数」ではなく、「手元のキャッシュが枯渇するまでに完了できるピボットの数」と定義しています。時計が時を刻むなか、1回の無駄なサイクルは貴重なランウェイを浪費し、魅力的な機会にピボットするチャンスが1回減ることを意味します。

　トライアンギュレートが前進するにつれ、オンラインデート・ビジネスは、

2　現金を使っていく（失っていく）スピードのこと。例えば、手元の現金が1億円の場合、キャッシュ・バーンレートが月当たり2000万円ならば、5カ月で現金が尽きることになる。

問題が次々と発生し、**ピボット**を必要とする機会の典型的な例であることがわかりました。

第1のピボット：ウィングズ

　マッチングエンジンの開発と並行して、ナガラジはトライアンギュレートをVCに売り込んでいましたが、返ってきた答えは「eハーモニーとの契約が取れたら連絡してくれないか」というものでした。2009年11月、オンラインSNSのスペシャリストであるアドバイザーからの意見を受け、ナガラジは戦略を見直すことにしました。

　大手出会い系サイトへのマッチングエンジンのライセンス提供と並行して、急成長中の**フェイスブック**のプラットフォーム上に、自社の出会い系サービスを立ち上げようというのです。そうすれば、マッチングエンジンの改良やライセンス先への有効性のアピールに必要なユーザーのデータを得ることができ、競争の激しいオンラインデート市場に参入できます。

　2年前にスタートしたフェイスブックのプラットフォームは、フェイスブック・ユーザーのデータの宝庫にアクセスすることを可能にしていました。その中には、4,000万人の会員を持つ出会い系サイトのズースクも含まれており、彼らは2007年の設立以来、VCから1,050万ドルの資金を調達していました。

　ズースクと比較して、トライアンギュレートのサイトでは、フェイスブックのユーザーの行動に関するデータをより多く利用します。また、トライアンギュレートは、ユーザーのデジタル行動の客観的データに加えて、友人の推薦という「社会的証明」を加えるユニークな試みも行いました。ナガラジは、この斬新なコンセプトが、サイトのバイラル的成長に役立つと考えたのです。

　これは、独身者が公の場で恋愛相手にアプローチするときに頼りにしていた「ウィングマン[3]」のオンライン版とも言えるものでした。しかし、ナガ

ラジはまたしても消費者インタビューを行わずにプロダクトを開発してしまい、ウィングマンのコンセプトの魅力を伝えることができなかったのです。

シード資金の獲得

　フェイスブックのアカウントがあれば誰でも無料で、彼らが開発した「ウィングズ」を使うことができました。ユーザーは1人で参加することもできますし、誘われればウィングマンとして参加することもできます。ユーザーは、フェイスブックのデータやトライアンギュレートの他のライフ・ストリーム・コネクターで収集された情報を使って自動的に生成されたプロフィールを編集し、補強することができました。

　ユーザーには、写真に多くタグ付けされていると「セレブのサングラス」、音楽に強い関心を持っていると「ヘッドフォン」など、データから得られた行動や興味を示すバッジが与えられます。サポート役のウィングマンは、友人のプロフィールを強調したり、エピソードを加えたりすることができました。独身者はお互いのプロフィールを閲覧することができ、また、1日5件の無料推薦マッチングを受け取ることができました。

　サインアップすると、ユーザーは無料のデジタルコインを受け取り、これを使ってバーチャルギフトや追加のマッチング、マッチング相手へのメッセージ機能などを購入できます。ユーザーは、現実の通貨を使ったり、トライアンギュレートに自分のネットフリックス・データへのアクセスを許可したり、友人を招待したりすることで、コインを獲得できます。ズースクは、似たようなやり方で無料の出会い系サイトを収益化（マネタイズ）することに成功していました。

　チームはウィングズの初期データを使ってマッチングエンジンを改良し、相性を予測する能力を強化しました。2010年1月に行われたテストでは、見ず知らずの異性である50組の独身者と、長年の恋愛相手をこのテストに

3　異性にアプローチする際のサポート役。特に男性が女性を口説く際に「こいつは良い奴だよ」などと言ってくれる仲間。

連れてきた50人のウィングマンが参加しました。エンジンは、どのカップルが実際のカップルであるかを、高い精度で予測しました。

この段階で、ナガラジはVCからまったく異なる評価を受けました。「VCは、我々が洗練されたマッチングエンジンを持っていることを信じてくれましたが、アルゴリズムの技術的な詳細については後押ししてくれませんでした。それよりも、このエンジンについてどのように語るかのほうが重要だと考えたのです」。VCは、ウィングズのバイラル的成長にも興味を示しました。

大手出会い系サイトの新規会員獲得コストは100ドルを超えていましたが、ナガラジは、トライアンギュレートは45ドルでウィングズの有料ユーザーを獲得でき、平均的な有料ユーザーのLTVは135ドルと予測しました。これは、顧客が9カ月間使用し、毎月の収益が15ドルになるという前提に基づくものです。

2010年3月、トライアンギュレートは、シリコンバレーの著名なVCであるトリニティ・ベンチャーズを中心に、75万ドルのシードラウンドを完了しました。資金を手にした共同創業者たちは、最初の従業員としてグラフィックデザイナーを雇いました。

第2のピボット：
翼（ウィングズ）が折れ、エンジンが止まった

ウィングズが稼働すると、チームはそれまでほとんど無視していた、ユーザーからの直接の意見を得られるようになりました。そしてこのフィードバックを利用して、テストと学習を繰り返しながら、迅速に新機能を追加していきました。

「最初の頃は、ユーザーのプロフィール写真をとても小さくしていました。それは、ユーザーが見た目で判断するのではなく、私たちのエンジンを信頼するべきだと考えたからです。しかし、ユーザーはたくさんの大きな写真を見たがっていました。そこで、ダミーの『写真』ボタンを用意してテストしました。ユーザーがそれをクリックすると、『もうすぐ公開』と表示される

ようにしました。膨大な数のクリック数があったため、数日後には完全な機能を持つフォトアルバムを追加しました」

　ウィングズは、テクノロジー関連の新聞で取り上げられたことや、フェイスブックがパートナーを紹介するダッシュボードにウィングズを追加したことで、初期のユーザーを獲得しました。また、新しいユーザーを獲得するために、オンライン広告に毎月約5,000ドルを費やしました。9月には、ウィングズのユーザー数は3万5,000人に達し、3万2,000人の独身者と3,000人のウィングマンがいました。1万人のユーザーは、男性が70％、女性が30％で、彼の住むカリフォルニア州に集中していました。

　ここでトライアンギュレートは、フェイスブックやその他のネットワーク上で、地理的にターゲットを絞った広告を行います。新規ユーザーを1人登録するのに約5ドルが必要でした。また別のネットワークでは、ウィングズに登録すると「ファームヴィル」などのソーシャルゲームで使えるデジタルコインなどのインセンティブを提供する広告を掲載しました。

　トライアンギュレートは、これらのソーシャルゲームのネットワークで、新規ユーザーを獲得するごとに50セントを支払うだけでしたが、このやり方には2つの問題がありました。まず、インセンティブを与えられたユーザーのすべてが、デートに興味があるわけではなかったのです。

　最初のサイト訪問から1週間後までにウィングズのサイトに戻ってきたユーザーは、25％しかいませんでした。2つめは、ユーザーがアメリカ国内に分散していたことです。人口の多いカリフォルニア州のユーザーは、近くにいる相手を見つけられる確率も高かったのですが、人口の少ないノースダコタ州[4]のような場所にいる新規ユーザーには、それは難しいことでした。さらに悪いことに、フェイスブックのアプリストアでウィングズに低い満足度評価がついてしまったため、顧客獲得コストが増加しました。

4　人口はおよそ67万人で、カリフォルニア州の60分の1程度。

マッチングエンジンの廃止

　ユーザーから寄せられたコンテンツを管理することで、ユーザーの好みに関する重要なインサイトを得ることができ、新しい機能を生み出すことにはつながりました。例えば、不適切な写真を投稿するごく少数のユーザーに対処するため、当初ナガラジは、すべての写真投稿を自分で確認していました。1日当たり約1,500枚もの写真です。

　この負担を軽減するために、チームは「レイト・シングルズ」という機能を作りました。この機能では、審査をユーザーに委ね、写真の魅力を評価してもらいます。協力してくれたユーザーは、自分のマッチングが向上するのです。この機能は非常に人気を博し、病みつきになる人もいました。ヘビーユーザーは、約5秒ごとに新しい写真をクリックして、一度に45分もの時間を費やしました。「レイト・シングルズ」機能は、すぐにウィングズのページビューの20％を占めるようになりました。

　2010年10月には、ユーザーがこのマッチングエンジンのアルゴリズムで生成された結果を、優れたものとは考えていないことが明らかになりました。トライアンギュレートは、オリジナルのエンジンを使うことをあきらめます。その代わりに、チームは実用的な指標に基づいて、ユーザーの「クオリティスコア」を算出することにしました。プロフィールが完成しているユーザー、コミュニティから「魅力的」と評価された写真、メッセージへの反応のよさ、利用頻度の高さなどに高い評価が与えられるように変更されました。

　マッチングエンジンを廃止した理由について、ナガラジはこう述べています。「約2年が経過してわかったことは、消費者は単にデートをしたいだけだということです。自分が関心を持つ人に応えてもらいたい。これは非常に実用的なニーズです。目的はアルゴリズムではなく、人を見つけることなのです」

ウィングズの終焉

2010年秋、トライアンギュレートはウィングマンの機能を廃止します。独身者に比べてウィングマンは、期待していたほどのバイラル効果をもたらしませんでした。さらに、この2つの役割があるせいで、サイトの操作が煩雑になり、新しい機能をプログラムするのに必要な時間が増えていました。

2010年9月、このサイトに関する指標はさまざまでしたが、良いニュースがありました。ウィングズのユーザー数が前月比で44％増加しました。一方で、悪いニュースもありました。カリフォルニアの新規ユーザーのうち、登録後2週目までにサイトに戻ってきたのは27％と、ユーザーのエンゲージメントは圧倒的に低いものでした。また、バイラル性も低いものでした。

強力なネットワーク効果とウィングマンによる後押しを期待して、ナガラジは当初、1人の新規ユーザーが平均0.8人の新規ユーザーをもたらすと予測していました。しかし、9月の時点では、カリフォルニア州の実績はわずか0.03人でした。コインの消費量も少なく、カリフォルニア州のユーザー1人当たりのコイン消費量は、月平均177枚でした。さらに悪いことに、トライアンギュレートはこれらのコインのごく一部しか有料で販売できておらず、残りのコインはサインアップ時に無料で与えられる200枚分と、ウィングズでのアクションによって獲得されるものでした。

コインの価格は1セントだったので、ナガラジの当初の予想である「有料ユーザー1人当たり月15ドルの収益」を達成するには、まだまだ時間がかかります。

チームは、エンゲージメントとバイラル性、そして収益を向上させるために、ウィングズにサブスクリプション[5]のオプションを追加するなど、さまざまな計画を立てていました。2010年10月、ナガラジはこうした計画に興奮し、シリーズAラウンドの資金調達に向けて準備を進めます。マーケテ

5　定額で利用し放題のサービス提供方法。ネットフリックスやDaznといった動画サービスや、多くのITサービスで多用されている。これは、こうしたサービスの場合、使用に伴う追加コスト（限界費用）が非常に低いことに起因する。

ィング責任者と最高技術責任者を採用したばかりでしたが、その月、彼は痛い一撃を食らいます。取締役会で、オンラインゲーム会社を設立した投資家やアドバイザーが、ナガラジにこう言ったのです。「バイラルは数カ月以内に起こるものだが、もうその数カ月は経ってしまった」。取締役会では、トライアンギュレートの手元資金の減少を遅らせるために、直近の2つの仕事のオファーを取り消すことも検討されました。

第3のピボット：データバズ

　取締役会の後、共同創業者たちは考え直しました。社員はそのまま採用することにしましたが、取締役会のアドバイスを受けて、新たな出会い系サイトの構想を練ることにしたのです。レイト・シングルズの成功を受けて、彼らは出会い系サイトをよりソーシャルなものにするための新しいアイデアを出しました。

　2010年12月、トライアンギュレートはデータバズを立ち上げます。これは、ユーザーがほかのユーザーの写真を見る前に、自己紹介、好きな映画や楽曲のリスト、バッジなど、プロフィールのさまざまな「一口サイズ」の要素に投票できるというものです。

　ナガラジは次のように述べています。「オンラインデートのユーザーの多くは、自分の交流度合いに不満を持っています。多くの場合、写真への反応に左右されます。魅力的でない人は注目されず、魅力的な人は注目されすぎるのです。データバズは、ユーザーの投票に基づいて、トライアンギュレートのソフトが提案する、ユーザーが好みそうなマッチングを表示します。魅力的でない人も、多くはより大きな注目を浴び、魅力的な人は依然として多くの注目を浴びます。私たちはトラフィック（アクセス数や閲覧者の流れ）と注目度をうまく差配して、より幅広い層のユーザーが互いに交流できるようにしたのです」

　データバズはオンラインユーザーの大きな悩みを解決したものの、すぐに

は軌道に乗りませんでした。閉鎖されたウィングズのユーザーを優先したのですが、ウィングズのアクティブユーザーの約3分の1の、3,000人しかデータバズに移行しませんでした。そこで、オンライン広告を出したり、駅でチラシを配るなど、さまざまなゲリラ的なマーケティングも試みました。しかし、数カ月後には、データバズの新規ユーザー獲得のための平均コストは、ウィングズのときと同様に5ドル程度に高止まりしていました。

2011年2月、トライアンギュレートにはまだ20万ドルの現金がありましたが、毎月5万ドルの支出があったため、ナガラジはトリニティ・ベンチャーズにシリーズAの資金調達を申し込みました。「あなたが何に興奮しているのかを教えてくれるなら、何か解決策を考えよう」という返事でした。この言葉に、ナガラジは「このまま進めていいのか」と考え込みました。

トライアンギュレートのチームは、ナガラジが言うところの「よく整備された機械」になっていました。「データバズでは、ウィングズの最も重要な機能である"一口サイズ"の投票機能を転用して、オンラインデートのダイナミクスを変えました。我々は、ユーザーを獲得できさえすればよかったのです。クリティカルマスのユーザーに体験してもらえれば、バイラル性を向上させることができます」

一方で、起業家の友人やVCに勤めている友人たちは、ナガラジに「トライアンギュレートはシリーズAの調達基準を満たさないだろう」と言いました。ナガラジはトライアンギュレートを大手ハイテク企業に売却しようとしましたが、オファーはありませんでした。2011年3月、彼は会社を閉鎖し、従業員に退職金を支払い、全員の再就職を支援し、シードラウンドの75万ドルのうち12万ドルを投資家に返しました。

トライアンギュレートのチームは、2年間で3回の大きなピボットを行いましたが、結局市場を見つけられませんでした。こうした状況はよく起こります。CBインサイツ社が行ったスタートアップの分析によると、失敗の原因として「市場のニーズがない」が最も多く挙げられています。さらに、ターゲットとしていた市場が弱い、あるいは存在しないことが判明したアーリ

ーステージのスタートアップを調べてみると、トライアンギュレートのように、十分な顧客調査を行う前に最初のプロダクトのローンチを急いでしまったケースが多いことがわかりました。当然のことながら、彼らのプロダクトはヒットしません。そして、貴重な資金と時間を無駄にしたまま、振り出しに戻るのです。

何が問題だったのか？

　これらの新たな洞察を踏まえ、私はトライアンギュレートについて事後の検証を行いました。私の最初の疑問は、ナガラジは単なる不運なジョッキーだったのか、ということです。おそらくそうではありません。ナガラジは、元々の共同創業者のウィルソンと共同CEOになることを、賢明にも避けました。彼は、顧客からのフィードバックを迅速に処理し、それに対応して新しい機能を驚くべき速さで生み出すことができる、非常に優秀なチームを作りました。そして、ナガラジは一流のVCから資金を調達しました。弱い起業家が、強いチームと賢い資金を引き寄せることはできません。

　では、何が悪かったのでしょうか？　リーン・スタートアップの達人たちは、起業家に「早く、何度もローンチすること」を勧めています。実際のプロダクトを実際の顧客の手に渡して、できるだけ早くフィードバックを得るのです。トライアンギュレートのチームは、それを何度も何度も繰り返しました。顧客からのフィードバックに迅速に対応し、軽快にピボットしていったのです。

　しかし、トライアンギュレートは、多くの起業家と同様、リーン・スタートアップのもう1つの教訓である、「顧客の発見」を怠っていました。ナガラジは、この重要な初期ステップを省略したことを認めています。「振り返ってみると、コードを書き始める前に、数カ月かけて、できるだけ多くの顧客と話をするべきでした。私は、多くの友人たちが尋ねていた、『サイトにはセクシーな女の子や男性がいるの？』という、真のニーズに基づいた質問を、完全に無視していました」

その結果、トライアンギュレートが追求した機会は、欠陥だらけでした。機会関連の４つの要素を見ると、「技術とオペレーション」だけが順調で、ほかの３つは深刻な問題を抱えていたのです。

提供価値：トライアンギュレートは、満たされていない強いニーズに対する、差別化されたソリューションを特定できませんでした。ウィングマンのコンセプトは、限られた魅力しかありませんでした。さらに、ユーザーの魅力度やエンゲージメントを基準としたマッチングに軸足を移したことで、既存の出会い系サイトとの差別化が十分に図れなくなりました。

　データバズは、より良い方向に向かっていました。ソーシャル機能はエンゲージメントを高め、写真以外のユーザーのプロフィールに投票することで、ユーザーの真のニーズに応えることができました。しかし、この有望な機会を見つけたときには、資金が枯渇していました。

　トライアンギュレートは、市場のタイミングの悪さにも悩まされました。ウィングズがローンチされたときには、ズースクがフェイスブックで圧倒的なシェアを獲得していました。後発の企業が優れたソリューションを提供できない場合、ネットワーク効果の高い出会い系市場では苦戦を強いられます。この業界は、毎週のように新しいオンラインデートのスタートアップが立ち上がっています。

「起業家の多くは、私と同じように独身です。彼らは自分の経験から、出会い系サイトには多くの問題点があり、改善すべき点があると考えています。しかし、出会い系サイトではネットワーク効果が非常に大きく働きます。それは、人々が本当にこだわりを持っているからです。例えば、サンフランシスコに住む28歳の若者で、スポーツマンで、文法がしっかりしていて、プロフィールに神のことを書いていない人、あるいは書いている人など、ネットワークの中に多くの次の候補が必要なのです。想像できるあらゆるバリエーションが必要です」

「このようなユーザーを獲得するためには、過去20年間に顧客獲得コスト

を引き上げたマッチのような巨大企業と、成熟市場で競争しなければなりません。彼らはハイテク企業のように見えますが、実際は巨大なマーケティング・マシンです。マッチは収入の70％を広告に使っているので、誰もが知っています。トライアンギュレートを、優れたプロダクトだけで成功するテクノロジー企業と考えていたのが間違いでした」

　優れた提供価値を開発するというウィングズとデータバズの課題は、ユーザーが最初に受け取ったコインを使い果たして、メッセージを送りたいと思うまでは無料であるという事実によって、さらに悪化しました。無料であることは、ネットワーク効果を考えれば、登録の障壁を取り除くことにつながりますが、トライアンギュレートには「ちょっとのぞいてみる」程度のカジュアルなユーザーが多く集まりました。対照的に、ｅハーモニーの月額サブスクリプションに60ドルを支払う人は、時間をかけてメッセージに返信する、真剣なデートを望む人である可能性が高いのです。
　そして、無料であるがゆえに、ウィングズとデータバズは、多くのデートサービスが直面する難問に対処しにくくなりました。顧客を満足させれば、その顧客はいなくなるのです。マッチやｅハーモニーのようなサービスでは、満足した顧客が契約を解除すると、その顧客のプロフィールはサイトから削除されます。しかし、無料サイトでは、何らかの理由で興味を失った人間のプロフィールが、再び表示されます。こうした古いプロフィールにメッセージを送ったユーザーは失望し、サイトから離れる可能性が高まります。

マーケティング：ウィングズとデータバズは、クリティカルマスのユーザーがいないため、ネットワーク効果を活用できず、新しいユーザーを獲得することが困難になりました。これは堂々巡りです。また、ナガラジは、ウィングマンによるクチコミがバイラルな成長をもたらし、マーケティングに大きな費用をかける必要がないと勘違いしていました。
　結局、ウィングズは広告で60％のユーザーを獲得しました。それに対してクチコミや報道、フェイスブックのダッシュボードでは30％しか獲得できず、アプリ内でのバイラルな顧客の行動からの獲得は、わずか10％でした。

75万ドルのシードラウンドでは、ユーザーの注目を集め、新しいブランドを確立するためのマーケティング資金を調達するには不十分だったのです。

利益方程式：バイラル性がなく、ネットワークの規模も小さいため、トライアンギュレートはユーザーを獲得するために、広告やプロモーションのインセンティブに、当初の予想以上の費用をかけなければなりませんでした。ユーザーがメッセージやバーチャルギフトを送ることで得られるわずかな収入では、マーケティング費用をカバーすることができなかったため、利益方程式は大打撃を受けました。サブスクリプションのプランがあれば、収益の見通しを改善できたかもしれませんが、このアイデアを試す前にチームは解消してしまいました。

　要約すると、これらの好ましくない結果は、一連の誤った仮説に起因します。トライアンギュレートを立ち上げたとき、ナガラジは、行動データに基づいてコンピュータが生成したマッチングは、自己申告の情報に基づいたマッチングよりも優れており、オンラインデート・サイトのユーザーは、この結果に対してプレミアムを支払うことになる、と考えていました。しかし、チームがエンジニアリング作業を開始する前にこれらの仮説を検証しなかったため、誤りに気づくのが遅れたのです。

　こうしたアルゴリズムは、例えば金融サービスを選ぶときなど、自分の選択能力に不安を感じるときには有効です。しかし、7人の女性のプロフィールを見せられたとき、会いたい女性を選ぶのに助けはいりません。

　2009年末、ナガラジはウィングズを立ち上げる前に、150人の消費者にオンラインアンケートを実施し、アンケートの回答に基づいてマッチングを行うか、コンピュータで生成された客観的なデータに基づいてマッチングを行うかを尋ねました。問題は、このアンケートが、実際のプロダクトのコピーをユーザーの手に渡して需要を測る、真のMVPのレベルに達していなかったことです。

　トライアンギュレートは、新しい出会い系サービス（コンピュータで生成された行動データを利用してマッチングを行うサービス）の、説得力のある、本

物そっくりの宣伝文句を掲載したウェブサイトをすぐに作成し、ユーザーに登録してもらうことで、ランディングページ（訪問者が最初にアクセスするページ）のテストを行うことができたはずです。ウィングマンのコンセプトに対する調査も同様です。

もしナガラジが最初に見込み客と話をしていたり、真のMVPをテストしていれば、彼はトライアンギュレートの最初のプロダクトを、より市場のニーズに近い形で設計できたでしょう。結局、棚上げになったソフトウエアや機能に、数カ月を費やすこともなかったはずです。一口サイズのプロフィール要素を投票で決めるという強力なコンセプトを、もっと迅速に改善できたはずです。

なぜ起業家はフライングしがちなのか？

ナガラジは、消費者のデートの好みについて話すことにもっと時間を割かなかったのは、システム構築を始めるのが待ち遠しかったからだと認めています。起業家にありがちな、「早く作りたい」という行動力。そして、ナガラジや彼の同僚のようなエンジニアは、作ることが大好きです。だから、エンジニアでもある起業家は、できるだけ早くプロダクトを作ってローンチしたがるのです。

私がアドバイスしている多くのMBA学生を含め、エンジニアリングのバックグラウンドを持たない起業家も、この間違いを犯します。エンジニアではない起業家は、自分が思い描くソリューションを構築できないことに不安を感じる傾向があり、優れたプロダクトを持つことは「やるか、やられるか」の条件だと繰り返し言われています。エンジニアではない起業家は、このギャップを埋めるために、エンジニアを採用することがよくあります。

しかし、エンジニアの給与は高いため、キャッシュが減るスピードは速く、早急にプロダクトを作ってローンチしなければならない、というプレッシャーがかかります。その結果、チームが問題やソリューションを十分に理解する前に、エンジニアが製造を開始してしまうことになるのです。

固定観念と思われるかもしれませんが、エンジニア畑の起業家が見込み客との面談を避けるもう1つの理由は、彼らが内向的で、見知らぬ人に無理して声をかけることができないからです。実際にインタビューを行ってみると、エンジニアも、非エンジニアの起業家も、「私たちのアイデアは気に入りましたか？」といった誘導的な質問をして、聞きたいことを聞いてしまうのです。最も悪いのは、なまじ業界での経験があるためか、自分たちが考え出したソリューションに関して非常に傲慢で、顧客の意見にまったく耳を傾けない人たちです。

フライングを防ぐためにすべきこと

　起業家は、エンジニアリングの作業を開始する前に、徹底的に考え抜かれたプロセスを踏むことで、フライングを避けることができます。リーン・スタートアップの論理を理解していない起業家は、初期プロセスのステップを飛ばしてしまうことがよくあります。つまり、いきなりMVPテストに飛びついてしまうのです。MVPテストは、プロセスの最後から2番目であるべきです。MVPから始めると、それ以前のステップから得られる重要な学びを得られなくなります。

　このプロセスは、ブリティッシュ・デザイン・カウンシルが開発した「**ダブル・ダイヤモンド・デザイン**」というフレームワークで表現できます。左側のダイヤモンドは、プロセスの第一段階である「問題定義」を、右側のダイヤモンドは第二段階である「ソリューション開発」を表しています。問題定義の段階では、満たされていないニーズと、そのニーズを最も必要としている顧客層を特定します。真の不満や欲求、つまり本当に解決する価値のある問題を見つけ出すのです。問題が明らかになったら、その問題を解決するためのさまざまな方法を検討し、最適な方法を選択するソリューション開発のフェーズに入ります。

　図に示すように、それぞれのダイヤモンドの左側には、互いに遠ざかることを示す矢印があり、ダイヤモンドの右側には、互いに近づくことを示す矢

印があります。これらの矢印は、最初は「たくさんのアイデアを生み出す」という発散的な思考に重点を置き、次に「どのアイデアが最適かを決める」という収束的な思考に重点を置くことを表しています。問題定義の段階では、発散的思考とは、サービスを提供する可能性のある顧客セグメントをすべて調査し、各セグメントについて、考え得る、満たされていないニーズのすべてを特定することを意味します。

次に、収束的思考によって、どの顧客層をターゲットにするか、どのニーズに焦点を当てるかを絞り込みます。この「発散→収束」のパターンは、ソリューション開発でも同様です。顧客の問題に対するソリューションの可能性をたくさんひねり出し、その中から最も有望なものを選ぶのです。

| 図表12 | ダブル・ダイヤモンド・デザイン・モデル

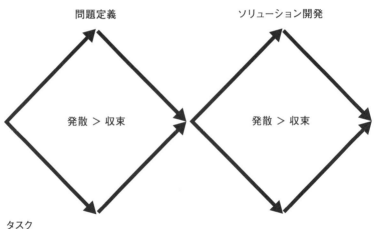

このプロセスは、左から右への直線的な流れとして描かれていますが、すべてのステップでフィードバック・ループが発生します。ある時点で何か新しい発見があり、それによって前のステップに戻り、以前の作業を再考することもあります。

イテレーション（繰り返し）は、説得力のある提供価値（ポジショニング・ステートメントとも呼ばれる）を策定できたと確信できたときにのみやめます。それは、下記の質問に答えられることを意味します。

- どの顧客セグメントのために
- 何に不満がある
- 満たされていないニーズは
- どのようなプロダクト・カテゴリーを提供するのか
- 差別化されたソリューションの主な便益は

起業家の多くは、最初にソリューションを考えます。しかし、ダブル・ダイヤモンド・デザインは、そのソリューションに執着しすぎないように促します。むしろ、可能性に目を向けるべきです。もっと切実な、満たされていないニーズがあるかもしれませんし、もっと良いソリューションがあるかもしれないのです。フライングに陥った起業家は、こうした可能性に目をつぶり、いきなりプロセスの最後に飛び込んでしまうのです。

アーリーステージの起業家を対象とした私の調査によると、多くの起業家がフライングに弱いことがわかりました。具体的には、成功しているベンチャー企業の起業家／CEO と比較して、苦戦している、あるいは事業を停止したベンチャー企業の起業家／CEO は、事前の顧客調査が大幅に少なく、厳密な MVP テストを完了することも少なく、顧客ニーズを深く理解していると答えることも少なかったのです。

また、成功している企業と比較して、これらの起業家／CEO は、ピボットの数が少なすぎたり、多すぎたりしたと答えています。この結果は、フライングの失敗パターンと合致します。つまり、事前の調査を省略した起業家

は、最初に失敗したソリューションからピボットしなくてはならない可能性が高いのです。同様に、フライングはキャッシュを消費し、スタートアップが最終的に完了できるピボットの数を減少させます。

　フライングをしないためには、ダブル・ダイヤモンド・デザイン・プロセスの各ステップの目的、各ステップで行うことのできるタスク、そしてそれらのタスクを実行するためのベストプラクティスを理解することが必要です。ここでは、それぞれの重要なタスクについて、いくつかのポイントと、それを実行する際に起業家が犯しがちなミスを紹介します。

顧客インタビュー

　顧客インタビューは、問題定義フェーズのバックボーンとなるものです。リーン・スタートアップの第一人者であるスティーブ・ブランクは、起業家たちに、まず顧客発見インタビューを行うようにと説いています。「発見」は正しい考え方です。起業家は、満たされていない顧客のニーズを探すべきです。もし起業家が十分な数の顧客インタビューを行わなかったり（ナガラジのミス）、間違った相手に話をしたり、会話をうまく管理できなかったりすると、解決する価値のある問題を発見できなくなります。顧客インタビューに関するよくある失敗は、以下のとおりです。

自分が顧客であるがゆえに、顧客のニーズを理解していると思い込んでしまう：自分のニーズを満たすソリューションを作ることは、必ずしも間違いではありません。ただし、十分な数の潜在顧客と話をして、かなりの数の顧客が同じニーズを持っていると確信できる場合に限ります。

安易なサンプリング：起業家が友人や家族、同僚にインタビューするのは、簡単に連絡が取れ、協力してくれるからです。ただ残念ながら、私たちは自分と似たような人たちに囲まれがちなので、これは自分自身にインタビューしているようなものです。また、友人や家族は、起業家に対して、本当に思っていることではなく、彼／彼女が聞きたいと思っていることを話す傾向が

あります。

関係者全員にインタビューしていない：購入の意思決定に影響を与えるすべての関係者に、インタビューすることも大事です。例えば、BtoBの取引の場合、システムを選択したり、購入を承認したりするのは、通常、エンドユーザーではありません。同様に家庭では、親が子どものために買うものを決めることがあります。このような場合には、エンドユーザーと購買意思決定者の両方から、フィードバックを得る必要があります。

アーリーアダプターのみを対象としている：アーリーアダプターのニーズに応えようとする本能は、理解できます。なぜなら、彼らはプロダクトを広めてくれる人たちだからです。しかし、新しいソリューションのアーリーアダプターは、後から購入する「メインストリーム」の人々とは異なる、より強いニーズを持っていることが多いものです。例えば、ドロップボックスのアーリーアダプターは、超マニアックな人々でした。一方、サービス開始から数年後の典型的な新規ユーザーは、PCの電源ボタンを探すのに苦労するような人々かもしれません。ドロップボックスは賢明にも、このようなユーザーでも問題なく操作できるように、プロダクトを設計しました。

　アーリーアダプターとメインストリーム・ユーザーのニーズを同時に満たすのは、難しいことです。このジレンマについては次の章で説明しますが、ここではそれぞれのニーズの違いを理解することが重要であることを強調しておきます。つまり、両方を調査する必要があるということです。

誘導尋問：起業家は、質問者が望んでいることを回答者に言わせるような質問の仕方をしないように、注意しなければなりません。「古くなった『マッチ』のプロフィールを整理するには、時間がかかりすぎると思いませんか？」ではなく、「『マッチ』のプロフィールを検索した経験は、どのようなものでしたか？」のような質問をしましょう。

予測を求める：誰かに将来何をするかを尋ねると、希望的観測が返ってくることがよくあります。その行動が望ましいものであれば、なおさらです。例えば、「来月はどのくらいの頻度でジムに行きますか」と聞くと、「1日おき」という答えが返ってくるかもしれません。そうではなく、過去の行動について聞きましょう。例えば「先月はどのくらいの頻度でジムに行きましたか？」と聞くと、「うーん、忙しくて3週間は行っていません」という答えが返ってくるかもしれません。

自分のソリューションを売り込む：起業家は、自分のアイデアに興奮するあまり、ついピッチモードに入って人の反応を見てしまいがちです。これは有益な方法ではありません。あなたの気持ちを傷つけたくないからなのか、あなたの強さに恐れを抱いているからなのか、多くのインタビュー対象者は、あなたのコンセプトが好きでなくても、好きだと言うでしょう。この時点では、起業家は満たされていないニーズを探るだけで十分です。

既存のソリューションのユーザーテスト

　ターゲット顧客がライバル社の既存プロダクトをどのように使っているかを観察することで、満たされていないニーズについて、多くのことを知ることができます。典型的なタスクをこなしてもらいながら、好きなこと、嫌いなこと、戸惑ったことなどを、声に出して話してもらいます。

フォーカスグループとエスノグラフィー

　フォーカスグループは、強い感情的な反応を引き起こすプロダクトに最適であり、その意味ではトライアンギュレートにも有効でした。フォーカスグループでは、よく訓練されたファシリテーター[6]が、心理的に安全[7]だと思わ

6　会議などの場で参加者の発言を促進し、議論の流れをコントロールする役割の人。
7　心理的安全性とは、「ここでは何を言ってもリスクはない、非難されることはない」と感じられる状態にあること。

れる環境で、同じような背景を持つ6人ほどの見知らぬ人の間でディスカッションを行います。

　理想は、1対1のインタビューでは出てこないような反応や記憶、ストーリーが、多くのメンバーから出てくることです。しかし、全員の話を引き出すには、熟練したファシリテーターが必要です。また、集団浅慮[8]を避け、議論を支配しそうな個人を穏やかになだめ、他人のコメントに対する厳しい評価を和らげる必要もあります。

　一方、プロのデザイナーが好んで使う手法に、エスノグラフィー（現場に行って、問題解決をしようとする個人を直接観察すること）があります。例えば、食料品のオンラインサービスを立ち上げようとしている起業家は、実店舗の食料品店で買い物客の様子を観察することで、多くのことを学べます。もちろん、これが常に可能なわけではありません。例えば、カップルがどの避妊方法を用いるかを決める場面を観察することはできません。また、フォーカスグループと同様、現場で何を見るべきかを学ぶには、ある程度の訓練が必要です。

ジャーニーマッピング

　これらのリサーチツールを使って問題への理解を深めた後は、そこからの学びを統合することが大事です。ジャーニーマップ[9]は、視覚的な方法を提供します。マップの横軸には、問題意識の芽生え、解決策の調査、購入、使用、アフターサービス、再購入の検討など、顧客の購買行動における一連のステップをプロットします。そして縦軸には、それぞれのステップで顧客の満足度や感情に影響を与える事柄を、ポジティブな意味でもネガティブな意味でも、簡潔に説明するテキストを追加します。例えば、ドロップボックスの場合、初期の購買行動である「インストール」のステップでは、「簡単で

8　集団ゆえに、みんなの意見が特定の方向に流され、愚かな結論に至ること。参加者の当事者意識の欠如などによって生じる。グループシンクとも言う。
9　顧客の行動や思考、感情を時系列で可視化したもの。近年、「体験価値マーケティング」が注目を浴びるなかで使用される機会が増えている。

素早くダウンロードできる」が縦軸のプラス側にプロットされます。

競合分析

　さまざまな顧客セグメントに対する、広範かつ満たされていないニーズを特定した後は、収束的思考モードに移行します。目標は、どの満たされていないニーズに対応するか、どの顧客セグメントをターゲットにするかを決めることです。重要なのは、そのニーズが本当に満たされていないかを確認することであり、そのためにはより包括的な競合分析が必要となります。競合他社がすでに優れたソリューションを提供している可能性はありませんか？既存のソリューションはすべて網羅していると思っていても、起業家は常に競合に脅かされるものです。後になって脅かされるよりも、早い段階でシステマティックに競合を見極めておくほうがよいでしょう。

　競合分析は、格子状のプロットで行います。横軸には機能や性能の属性（信頼性、使いやすさなど）を、縦軸には既存のソリューションと自社のスタートアップが想定しているプロダクトを書きます。このチャートのバージョンは、ほとんどすべての起業家のピッチのパッケージに含まれています。往々にして、スタートアップの自社プロダクトは、すべてのセルにチェックマークが付いています。「私たちはすべてを具備しています！」ということです。

　競合分析を行う際には、2つの罠を避ける必要があります。1つめは、自社のソリューションに不足している機能や性能の属性を無視することです。特に投資家にアピールする際には、「この機能は本当に重要ではない」といった希望的観測にとらわれがちです。2つめの罠は、「自分のプロダクトは世界で初めてのものだから、競合他社はいない」と考えることです。エア・ビー・アンド・ビーのように、まったく新しいコンセプトのサービスが、本当に新しいカテゴリーを開拓することもあります。しかし、そうしたケースはまれです。あなたが取り組もうとしている問題を解決するために、人類は何らかの方法で試行錯誤してきたのです。

顧客アンケート

アンケートは、どの問題や顧客層をターゲットにするかを決定する際の、強力なツールとなります。アンケートは、既存のソリューションが特定のニーズをどの程度満たしているか、という仮説を検証するために使用されるべきです。また、特定の顧客層のニーズや好みの違いについての仮説を裏付けるためにも、調査を行うことができます。さらに、アンケート調査は、回答者が特定の行動をとる頻度を尋ねることで、市場機会の大きさを測るのにも役立ちます。

起業家がアンケート調査を実施する際には、安易なサンプリング、誘導尋問、回答者に将来の行動を予測させる質問など、顧客インタビューと同じような間違いを犯しがちです。ほかにも、質問の内容を明確にするための事前テストを行わなかったり、アンケートが長すぎたり、サンプル数が少なすぎて有効な推論ができなかったり、といったミスがあります。

もう1つの落とし穴は、プロセスの早い段階でアンケート調査を行うことです。オンラインサービスを利用すれば簡単にアンケートを実施できるため、起業家が早まってしまうのも無理はありません。また、調査結果は科学的に感じられ、ピッチの信頼性を高めます。例えば、ナガラジが行動マッチングの魅力を測るためにオンラインアンケートを実施したとき、彼の主な動機は、投資家に好印象を与えたいというものでした。

市場規模の推定

アクセス可能な市場（TAM：Total Addressable Market）の規模を見積もることは、問題定義の段階から抜け出す前の重要なステップです。あなたのスタートアップが現実の問題に対して魅力的なソリューションを提供していても、最初にターゲットとする市場が小さすぎて、サービスを提供する顧客セグメントを拡大するための明確な道筋がなければ、失敗するでしょう。市場の規模を決めるために、自社のプロダクトに興味を持つ可能性のある顧客数を見積もる必要があります。競合の既存顧客で、自社のより優れたソリュー

ションを好む可能性のある人や、既存の競合他社のサービスではニーズが満たされていない非顧客などです。市場規模の推定は、通常、顧客調査の結果や公表データに基づいて行われます。ここでの落とし穴は、投資家に好印象を与えるために、自分の誇張された予測を信じてしまうことです。これは、ベンチャーのピッチの TAM 推定値の多くが、10億ドル以上に達する理由でもあります。

ペルソナ

　ペルソナとは、プロダクト設計やマーケティング・メッセージを作成する際に使う、典型的な、架空の顧客像です。ペルソナには、例えば「ピッキー・ポーラ」のような覚えやすい名前と、想像上の写真、具体的なデモグラフィックや行動の属性（例：デューク大学を卒業したばかりで、オースティンに住んでおり、6カ月間オンラインデートを続け、週に何度も OK キューピッドやコーヒー・ミーツ・ベーグルを訪れる）、機能的・心理的なニーズ（例：オンラインデートの習慣を友人や家族に話したくない、現実に会うときの安全性を非常に気にする）などがあります。ペルソナは、実在の人物のようなものでなければなりません。それによって、チームはその人物の視点から、潜在的なソリューションを見ることができるようになります。「ポーラはこれを好まないよ。なぜなら…」といったようにです。

　一般的には、3～5人のペルソナを設定するのがベストです。そのうち1～2人は、ターゲットとなる顧客層を代表する「プライマリーな」ペルソナとします。ペルソナの数が多すぎると、すべての人に、すべてのものを提供しようとするプロダクトになってしまいます。

ブレーンストーミング

　構造化されたアイデア出しの手法とも言えるブレーンストーミングは、スタートアップが問題定義からソリューション開発へと移行する際の、最初の作業です。最高のブレーンストーミングは、チームが可能な限り多くのアイ

デアを生み出せるものです。そのために、誰かが発言する前にアイデアを出してもらう、ほかの人のアイデアを否定しないようにする、全員が共有するようにする、どのアイデアをさらに発展させるべきか投票する、などの工夫をします。

プロトタイピング

多くのアイデアを手にしたチームは、プロトタイピングに着手します。プロトタイプとは、デザインのアイデアを表現するもので、「低忠実度」のものから「高忠実度」のものまであります。忠実度の高いプロトタイプは、機能性、ルック＆フィール、またはその両方の点で、想定される最終プロダクトに近いものです。低忠実度のプロトタイプは、ソフトウエアプログラムのナビゲーションに沿って画面の流れを描いた、スケッチのように簡単なものです。

ソリューション開発の初期段階では、「こう機能する（works like）」系のプロトタイプと「こう見える（looks like）」系のプロトタイプの、両方を作成します。「こう機能する」系のプロトタイプは、技術的な実現可能性を探り、ソリューションが必要な機能をどのように実現するかを示すものです。「こう見える」系のプロトタイプを作成する際、どの程度の忠実度にするかを決めるのは難しいものです。洗練された高忠実度のプロトタイプは、意図するソリューションを容易に思い描くことができるため、顧客からのフィードバックの信頼性が高まります。また、プロダクトを作るエンジニアにとっても、「このような見栄えにしてください」といったように、明確なロードマップを提供します。一方で、高忠実度にはいくつかの欠点があります。

- 忠実度の高いプロトタイプを作るには、より多くの労力が必要です。忠実度の低いプロトタイプから有用なフィードバックが得られるのであれば、追加の労力は無駄です。
- 適切な指導がなければ、レビュアーは外観上のデザイン要素に過度に注

目してしまいます。「このボタンは赤すぎる」などです。このような要素の選択は、もっと後になってから行えば十分です。

- レビュアーの中には、デザイナーの気持ちを傷つけたくないという理由で、プロトタイプに多大な努力が払われていることを感じ、批判することをためらう人もいます。
- デザイナーやエンジニアの中には、多大な労力を費やして作ったプロトタイプに、過度な愛着を持つ人がいます。それゆえ、ネガティブなフィードバックを無視します。

プロトタイプのテスト

　プロトタイプに対するフィードバックを得るための方法は、前述の「既存ソリューションのユーザーテスト」の場合と同様です。潜在的な顧客に、プロトタイプを使って特定のタスクを完了する間、声に出して話してもらいます。2つのプロトタイプを同時に見せて、どちらが好きかを聞くのも良い方法です。全体を通して、プロトタイプの使いやすさや魅力だけではなく、ソリューションが価値を提供しているか否かにフォーカスする必要があります。そのために次のような質問をしてみましょう。

- このプロダクトはどんな問題を解決してくれるでしょうか？
- どんなときに必要となりますか？　それはなぜ？
- 今日、誰かがその問題を解決するために、代わりに何を使うでしょうか？なぜこの新しいソリューションが良いのでしょうか／悪いのでしょうか？
- このプロダクトを使用する際、どのような障壁がありますか？
- 何が足りないのでしょうか？　除去できるものはありますか？

　最後の質問は、デザインのアドバイスを求めているわけではありません。むしろ、満たされていないニーズを探っているのです。何かが足りないと言われたら、「なぜそれを求めるのですか？」と問うべきです。避けるべき質

問は、「これを使いたいと思いますか？」です。

MVP テスト

　プロトタイプの作成とプロトタイプのテストは、繰り返し行われます。フィードバックに基づいて、デザイナーはいくつかのプロトタイプを拒否し、あるプロトタイプを改良して、より忠実度の高いバージョンを作成します。気に入ったデザインが1つにまとまったら、いよいよ MVP テストの開始です。

　MVP とは、将来のプロダクトを模したプロトタイプのことです。MVP がほかのプロトタイプと異なるのは、そのテスト方法です。実際のプロダクトのように見えるプロトタイプを、現実の世界で、実際の顧客の手に渡すのです。その目的は、できるだけ無駄な労力を使わずに、自社のソリューションに対する需要についての仮説を、迅速かつ厳密に検証することにあります。優れた MVP は、可能な限り低忠実度のものです。忠実度が低いほど、無駄な努力が少なくなるからです。別の言い方をすれば、MVP はテストを行うために必要なもの以上の「見た目」の完成度と「動き」の機能性を提供すべきではありません。

　起業家が MVP テストで犯す最大のミスは、テストをまったく行わないことです。しかし、それ以外にもミスはあります。例えば、テスト成功の基準を設定していないなどです。結局のところ、仮説の妥当性は、テストの結果が測定可能である場合にのみ証明されるのです。例えば、「当社のプロダクトは、幸せな顧客からのポジティブな紹介によって、バイラルに広がる」というのではあいまいすぎます。「10人の新規顧客がいると、8人の新規顧客が増える」と明記すべきです。

　MVP テストでよく見られるもう1つの失敗は、テストの結果を受けて前提条件を修正し、ピボットするのが早すぎたり、遅すぎたりすることです。ピボットする前に、起業家は観察された結果が擬陰性、または擬陽性ではないかと疑うべきです。擬陰性とは、例えば、需要が弱いことを示唆するテス

ト結果が、実際には強いというケースです。これは、ベンチャー企業の提供
価値に対する真の拒絶反応ではなく、低忠実度のMVPや、テストの実施が
不十分だったことによる偽の反応なのです。これとは逆に、需要が旺盛であ
るように見えたにもかかわらず、実際には需要が少ないという擬陽性は、例
えばターゲットとする顧客を代表していない被験者を集めた場合などに起こ
ります。擬陽性は、初期段階のスタートアップ企業にとってはよく起こるリ
スクであり、次の章で取り上げます。

Chapter 4

擬陽性

一度大きな鯨の引き上げに成功すると、
それに引きずられてしまう。

リンゼイ・ハイド　バルー創業者／CEO

遊休スペースを活用するペットケア企業、バルー

　リンゼイ・ハイドは、2014年半ばに、ペットケアを提供する**バルー**を設立しました。企業名は、犬が人間の声に反応して首を傾げるときの「バルー」という鳴き声に由来します。ハイドはバルーの当初のコンセプトを、オフィスでのペットのデイケアと考えていましたが、初期の顧客調査で需要が小さいことがわかりました。ハイドはまた、オフィスワーカーの需要が限られていることも発見しました。

　ハーバード大学でペットを飼っている25人を対象にしたMVPテストでは、1日のペットケアのために、20ドルを払ってくれる人はいませんでした。ペットと一緒に出勤できたら楽しいだろうと思っていても、実際にペットと一緒に出勤するのは面倒だと考えていたのです。犬や猫を家に置いておくほうが楽だし、日中に訪問してくれるペットケア担当者の手配も簡単だからです。

　この発見により、バルーはピボットします。バルーは、アパートの地下にある利用されていないスペースを使って、顧客の家の近くでペットのデイケアを提供しようと考えました。アパートの管理者は、3分の1の住人は毎年入れ替わるため、ペットを連れた新しい住人にアピールできると考え、乗り気でした。彼らはまた、ペットを飼っている人には「ペット・レント」として、犬や猫によってしばしば生じる損耗をカバーする費用を、毎月請求していました。

　ハイドは、あるペット・フェスティバルで、250人のペットの飼い主にアンケートを実施します。その結果、80%の人が犬の世話をするドッグウォーカーに満足しておらず、同じくらいの人が、マンション内のペット・デイケアを利用すると答えました。「励みにはなりましたが、現在利用している業者から乗り換えるかどうかを聞くべきだったと思います。このビジネスでは、誰かがあなたのペットや家庭の習慣を知ってしまうと、スイッチングコストが非常に高くなるのです」

ハイタッチなサービスの追求

　ハイドは、彼女が最初に設立したスタートアップで COO を務めていたメグ・ライスを、共同創業者として迎え入れました。

　2014 年 2 月にエンジェル投資家から 120 万ドルを調達し、ボストンの流行発信地であるサウスエンドにある、315 戸の高級アパートを改装した「インク・ブロック」でサービスを開始しました。ハイドは、小さな規模でスタートし、利益が出たら、その利益をさらなる拡大のための資金にしようと考えました。そうすれば、VC から資金を調達する必要もないし、高成長への圧力も避けることができます。この計画に沿って、彼女は、3 〜 5 年の投資回収期間で、適度なリスクと引き換えに、確実なリターンに満足してくれるエンジェル投資家を探しました。

　バルーは、犬の散歩、グルーミング、餌やり、ホームシッティングなど、さまざまな「ハイタッチ」なペットケア・サービスを提供しました。飼い主は、テキスト、電子メール、電話、またはハイドがライセンスを取得した市販のスケジュール管理アプリを使って、バルーのサービスを予約できます。そして、バルーのケア担当者は、日報や写真の送付、特別なリクエストへの対応など、飼い主と直接コミュニケーションを取ります。バルーのケア担当者は、顧客のアパートにペットを迎えに行き、ドアの外にある特別なロックボックスに飼い主が入れておいた鍵を使って、自分たちだけで部屋に入ることができます。犬や猫だけでなく、あらゆるペットに対応しました。料金は、近隣の他のペットケア業者と同程度で、例えば、犬 1 匹の 30 分の散歩で 20 ドルでした。

正規の社員中心の雇用方針

　ほとんどのペットケア・サービスの会社は、スタッフを契約社員として雇用しますが、ハイドはペットケア担当者を正規の社員として、主にパートタイムで雇用しました。そうすることで離職率が下がるとともに、従業員のトレーニングや、一貫したプロセスの導入が容易になり、従業員のスキルアッ

プのための投資も見合うだろうと考えたのです。バルーの従業員は、徹底した身元調査を受け、保険に加入し、制服を着用しました。1人の新しいペットケア担当者を選別し、装備を整え、トレーニングするための総コストは500ドルでした。

　しかし、従業員を雇うことには欠点もありました。競合のペットケア・サービスである「ローバー」や「ワグ！」では、契約社員が完了した仕事に対してのみ報酬を支払っていたのに対し、バルーでは、たとえ予約が入っていなくても、シフトを開始した社員には、平均13ドルの時給を支払わなければならなかったのです。

　顧客を獲得するために、バルーはフェイスブック広告のような、従来の有料マーケティングには投資しませんでした。その代わりに、アパートのパートナーによるマーケティング活動と、既存の顧客からのクチコミに頼りました。集合住宅では、ペットを飼っている新規入居者に、おもちゃや犬用のリードなど、バルーからのギフトを配布しました。また、年に4回、「ヤッピーアワー」や「ペットハロウィン」などのイベントを開催しました。そして、ビルのコンシェルジュが住人にバルーを勧めます。その代わりに、入居者から得た収益のうち、平均6％をビル側に支払うのです。このような収入の配分方法は、ケーブルテレビ会社などがアパートの居住者へアクセスする際の標準的な手法です。

　インク・ブロックでは住民の約60％がペットを飼っていましたが、サービスのローンチ後、そのうち70％がバルーのサービスを利用するという、素晴らしい結果となりました。ハイドはこの高い採用率に感激し、ほかのアパートでも同じような需要があるのではないかと考えます。しかし、彼女は3つめの失敗パターンである「擬陽性」の罠に陥っていたのです。擬陽性とは、医療検査において、実際には病気ではないのに、病気であることを示す検査結果です。スタートアップの場合、初期の成功率が実際よりも高く見える擬陽性は、本来必要とされていないレベルでの拡大につながります。

擬陽性は、初期の採用率を底上げする、何らかの要因に起因します。このケースでは、バルーの初期の大ヒットは、発売時の３つの要因によってもたらされ、それが誤解につながりました。

- まず、インク・ブロックは新築のため、最近では100％のアパートが同時に埋まっていました。入居時には、ほとんどの住人がここに来たばかりで、お気に入りのペットケア業者をまだ決めていなかったのです。そのためバルーを利用する際に、スイッチングコストが発生しませんでした。一方、数年前から入居しているペットの飼い主には、サービス業者を変更するとスイッチングコストが発生します。

- ２つめに、ボストンで映画を撮影しているハリウッドの制作クルーが、インク・ブロックに多く入居していることがわかりました。彼らはペットを連れてきていましたが、ペットの世話をする時間はなく、日当もたっぷりあるので、バルーのサービスを受けるためのお金は十分にありました。

- バルーがローンチされた月には、わずか30日の間に、ボストンに記録的な94インチ（約2.4m）の雪が降ったのです。ハイドは、こう振り返ります。「誰もが犬の散歩をしたがらないので、多くの家庭に１日に何度もサービスを提供しました。私たちは、これが誤った測定結果であることに気づきませんでした。むしろ、あの冬を乗り切れば何でもできると考えました」

初期の成功が拡大につながる

　バルーのビジネスが好調だったため、ボストンで話題のペットコンシェルジュ・サービスの情報が瞬く間に広まりました。インク・ブロックのビル管理人は、ほかのビルの担当者に情報を伝え、インク・ブロックの住人は近所

の人に伝えました。すぐに、ボストンのほかの不動産管理会社からも依頼が殺到し、ただちに4つのビルと契約しました。

当初、VCに頼らずに積極的に事業を拡大していこうと考えていましたが、ハイドとバルーの取締役会を構成する3人のエンジェル投資家は、バルーの成功を、第二の都市で迅速に再現することを決めました。

ハイドは、「私たちは、国内で物件を管理しているビルパートナーとの間で、素晴らしい証拠と、地理的拡大への道筋があると感じました。振り返ってみると、私にはこのような成長の機会を、がまんして見逃すだけの規律がありませんでした」と言っています。

2015年の夏、バルーはシカゴに進出し、ボストンのパートナーの1つと同じ親会社の、3つのビルと契約しました。バルーは、最終的にシカゴのダウンタウンの中心部にある、25のビルにサービスを提供します。そのうちの1つが犬のデイケアのスペースを持っていて、バルーに無料で貸し出してくれたおかげで、初期のコンセプトを試すことができ、好評を博しました。

シカゴでは、適切なマネジャーを見つけるのに苦労しました。最初に指名されたのはベテランの不動産管理者でしたが、スタートアップの文化には合わないことがわかりました。

ハイドが言うには、「そのような訓練を受けた人は、すべてをマニュアルどおりに行うことに慣れていますが、私たちにはマニュアルがありませんでした」。

シカゴで事業を開始してから1年後、バルーは新たなエンジェル投資家や小規模VCから、225万ドルのシード資金を調達し、ワシントンD.C.で事業を開始します。ボストンやシカゴで提携していた、全米規模の不動産会社が管理するビルと、再び契約しました。しかし、ワシントンでは、いくつかの好ましくない出来事がありました。2017年1月にトランプ政権が発足し、

---

1 政治の街ワシントンでは、政権交代が起きた場合、特に大領領の政党が変わった場合（民主党のオバマから共和党のトランプへの移行はこのケース）、ホワイトハウスの職員をはじめ、政治に関係する多くのスタッフが入れ替わる。

オバマ大統領から任命された連邦政府の職員の多くが街を離れたことで、顧客離れが加速したのです[1]。また、ボストンやシカゴに比べて、ワシントンではアパートが地理的に分散しているため、バルーのケア担当者たちは移動に時間がかかってしまいました。

成長の痛み

　3つの拠点を運営することは、バルーの小さなチームにはきついものでした。ハイドは、「共同出資者のメグは、これまではオペレーションを見事にこなしてきましたが、ワシントンでは新しいチャレンジが待っていました」とコメントしています。それでも、2017年6月、バルーは4つめの出店地域であるニューヨークでサービスを開始しました。さらなる事業拡大のために、バルーはさらに既存の投資家からの100万ドルと、後にバルーのシリーズAラウンドをリードすることに興味を示していたVCから、100万ドルを調達します。

　しかし、その頃、チームは大きな成長の痛みを感じていました。一部の不動産マネジャーとの関係が悪化したのです。ビルのコンシェルジュがバルーを推薦しないような不動産会社も多く、また、契約上の合意事項について、融通が利かない不動産会社もありました。例えば、当初約束していた居住者向けのイベントを開催するように要求されたのですが、会社の拡大に伴い、それが実現不可能になっていたのです。

「小さい頃は、犬のハロウィンパーティを開くのも簡単で楽しいものでした。それが100棟ものビルで行うようになると、報酬のないイベントのために、『キャッシュを燃やす』ことになってしまいました。大学生にスナックを買いに行かせると、彼が持ってくるのは、バドワイザーの6本パックとターゲットのチーズプレートでした。それは私たちが目指していた、ハイエンドなブランド体験ではありません」

オペレーションにも問題がありました。規模が大きくなるにつれ、初期の顧客に喜んでもらった、あつらえのサービスを提供することが難しくなりました。例えば、飼い主は、バルーの予約アプリケーションですべての担当者が「忙しい」と表示されると、お気に入りのドッグウォーカーをリクエストしたり、オフィスに電話してギリギリの時間で散歩を依頼することができなくなりました。また、バルーには大規模なマネジメントを行うためのITもありませんでした。既製の予約アプリケーションは使い勝手が悪く、多くの顧客がメールやテキストに頼っていたため、スケジューリングが複雑になっていました。ケア担当者は、複数のモバイルアプリを使用しなければなりませんでした。

　さらに、一部のケア担当者の行動によって、スケジュール管理が複雑になってしまいました。ハイドは、時間給の従業員として彼らを雇うことでトレーニングが容易になるだろうと考えていましたが、実際にはそうとは限らなかったのです。ハイドは、バルーの報酬体系は、好ましくない結果をもたらすおそれがあることに気づきました。「従業員は、かわいい子犬と遊ぶなど、より簡単で楽しい仕事に時間を使いたがります。そのため、ほかの仕事に遅刻したり、愛想のない犬の面倒を見るその日最後の仕事に来ないこともありました。それでも時給制なので、彼らの収入には影響しませんでした」

　多くのケア担当者は良心的でしたが、従業員の審査は完璧ではありません。ハイドは、結婚式に出席したときに、警察官から「バルーのケア担当者が、顧客のアパートで騒がしいパーティをしている」という電話を受けたことを思い出しました。会社の急成長に伴い、社員の士気も限界に達していました。「急成長したため、新しいケア担当者を十分に採用できず、さらにケア担当者の離職率が年間120％と高いため、問題が深刻化しました。優秀なドッグウォーカーは、1日12時間労働になることもありました。私たちは優秀なドッグウォーカー、そして資金を使い果たしてしまったのです」

起死回生と事業閉鎖

　バルーの2017年8月の取締役会で、同社の元々のエンジェル投資家の1人が、ハイドのリーダーシップとスタートアップの財務状況に疑問を呈しました。2017年の最初の6カ月間、60万ドルの売上げに対し、80万ドルの営業損失を出していました。経営陣は次の6カ月間の収益を50％増加させると見込んでいましたが、一方で営業損失は70万ドルになると予測されました。

　これに危機感を抱いた取締役は、いつ損益分岐点に到達するかをめぐって、ハイドと議論を交わします。ハイドは、バルーの普及率（ビル内のペットの飼い主のうち、バルーの顧客が占める割合）は、バルーがビルにサービスを提供してからの期間に依存すると説明しました。バルーの普及率は、新しく入居した住人のほうが、すでにドッグウォーカーを雇っているテナントに比べて、はるかに高かったのです。言い換えれば、バルーは10年間のターンオーバーを待たなければなりませんでした。

　その後、取締役会の議論は、不満を抱いたエンジェル投資家が望む会社売却を目指すか、シリーズAラウンドを目指すか、という点に移っていきました。前回のラウンドに投資し、シリーズAをリードすることに興味を示していたVCは、取締役会の意見の対立に怖じ気づき、投資の機会を見送りました。ハイドはさらに十数社のVCを説得しましたが、どこも興味を示しません。2018年1月、3カ月分の現金が残っていた彼女は、M&Aのパートナー候補に声をかけました。3社からオファーがありましたが、取引はすべて失敗に終わり、ハイドは2月にバルーを閉鎖しました。

期待値を変える

　このケースでは、失敗の原因は比較的はっきりしていました。それは、バルーが早すぎる規模化の犠牲になったことです。誤った認識が原因で急速に

事業を拡大した結果、4つの都市で事業を成功させるために必要なリソースを確保できなかったのです。資金は不足し、複雑な予約を管理するITもありませんでした。

リソースがないにもかかわらず、インク・ブロックでの擬陽性のシグナルによって、ハイドは、早くアクセルを踏めるという自信を持ちました。2015年のボストンの悪天候の冬に、バルーが無事に顧客にサービスを提供できたことで、彼女のチームは「何でもできる」と確信したのです。

ハイドは当初、VCから資金を調達して高成長を目指すのではなく、バルーの最初の市場で黒字化し、その利益で事業を拡大する計画を立てていました。しかし、ボストンでの好調なスタートを見て、彼女は方針を転換しました。Part2で紹介するいくつかの例とは異なり、バルーの場合、当初の計画よりも急速な拡大を決断したのは、競争の圧力に対応するためではありません。

ハイドはこう述べています。「競合であるローバーとワグ！の存在は、我々に対抗するライバルがいるというよりも、我々が満たされていない強いニーズを見つけたことの証だと考えたのです」

複数の市場に急速に進出したことで、バルーの機会に関する「ダイヤモンド」に欠陥が生じました。この欠陥は致命的なものではなく、拡大する前にボストンで微調整することに力を注いでいれば、おそらく回避または解決できたはずです。ダイヤモンドの各要素に対する擬陽性の結果が、ハイドの期待をどのように変えたかを考えてみましょう。

- インク・ブロックでは、登録者数が多く、リピート利用が多いことから、バルーの提供価値が魅力的であることが早くから証明されました。そして、バルーが拡大しても、その提供価値は揺るぎなく、需要は旺盛でした。しかし、ペットケア・サービスを差別化する方法は限られています。顧客が求めているのは、1）1人で安心して任せられること、2）家庭の習慣やペットのニーズを理解していること、3）信頼できること、4）スケジュールを立てやすいこと、5）特別なリクエストに対応できること、

などです。すべての面で優れたペットケア・サービスを提供することは
困難です。毎日散歩を担当しているドッグウォーカーならば、犬や家族
のことをよく知っているでしょう。しかし、スケジュールが詰まってい
る場合、特別なリクエストには対応できません。例えば、「2人とも旅行
中なので、夕食前にもう1回散歩をしてもらえませんか」といったリク
エストです。ワグ！ やローバーは、その逆です。特別なリクエストには
対応できますが、同じ人間を派遣するわけではないので、顧客に関する
知識を深めたり、犬と仲良くなったりすることはできません。

- 設立当初、バルーはこの問題を解決すべく、1) 1つの地域を担当する
ケア担当者のチームを作る、2) ケア担当者に家族やペットに関する情
報を、同じ家を担当する仲間に伝えてもらう、などの方法をとっていま
した。しかし、このやり方を機能させるには、スキルを備えた経験豊富
な人材が必要です。ベンチャー企業の成長過程では、そのような人材の
確保は困難です。そして、直前のリクエストに対応するなど、ハイタッ
チなサービスを提供する能力も、規模が大きくなるにつれて低下しました。

- 初期の頃、技術とオペレーションに関するリソースはあまり必要ではあ
りませんでした。しかし、パッチワークのようなITでは、規模化には不
十分であることがすぐにわかったのです。この問題は、従業員の雇用、
トレーニング、スケジュール管理、モチベーション向上、そして従業員
の維持という問題によって、さらに深刻化しました。

- マーケティングに関しては、初期の頃、建物の管理者が自発的に、住民
をバルーに誘導することを期待しました。しかし、顧客からのクチコミ
はよかったものの、アパートのコンシェルジュは、ハイドが期待してい
たほどにはバルーを広めてくれませんでした。

- 初期の収益はあったものの、バルーの利益方程式は実証されていません
でした。ペットケア・ビジネスにおける参入障壁の低さは、利益率の低

い地元の小さな競合がたくさんいることを意味します。ただ、バルーの予想 LTV/CAC 比率は5.9であり、オペレーション効率を向上させることができれば、長期的な収益性を実現するための道筋を見出せたかもしれません。

擬陽性の2つのパターン

　擬陽性には2つのパターンがあります。いずれのパターンも、アーリーアダプターの行動がメインストリームの顧客の行動と一致すると、起業家が勘違いしてしまうものです。

　1つめのパターンでは、起業家はアーリーアダプター向けのソリューションを作り、そのソリューションにリソースを投入した後、そのソリューションがより大きなメインストリーム市場のニーズを満たしていないことに気がつきます。メインストリームの顧客がいなければ、生き残るための十分な収益を得ることはできません。ピボットの必要性を認識したときには、従業員をはじめ不適切なタイプのリソースが社内に多く存在しています。資金力のないスタートアップには、それらを置き換えるための手段がありません。

　2つめのパターンでは、起業家は機会を生かすためにリソースを集めます。その機会を追求しているうちに、アーリーアダプターの需要に驚き、メインストリームの顧客の需要も大きいと思い込んでしまいます。それを受けて、彼／彼女は拡大計画を加速させます。しかし、1つめのパターンと同様に、ベンチャーの当初のリソースは新しい方向性に適していないのです。

　バルーは2つめのパターンに当てはまります。インク・ブロックでの擬陽性をきっかけに、ハイドはバルーのビジネスを加速させ、それがリソースに関する「スクエア」の4つの要素の問題を悪化させたのです。

起業家：バルーの失敗は、ジョッキーのせいでしょうか？　CEO であるハイドは、数々の失敗をしました。しかし、振り返ってみると、自分の判断に誤りがあったことを認識し、その責任を取っています。例えば、擬陽性の罠

にはまったことを認めています。失敗したにもかかわらず、ハイドは本書で紹介されている起業家の中でも、そのビジョン、情熱、決断力、そして失敗から学ぶことに関して際立っています。

　ハイドは、共同経営者がバルーの成長ペースに懸念を抱いていることを、看過したことについても認めています。「私はいつも、同僚を効果的に巻き込んだり、彼らが抵抗しているときにそれを聞いたりしませんでした。メグは私に『次の拠点を本当に立ち上げるべきなの？ ITのインフラが整う前にやるべきなの？』と言ってきました。理にかなった意見ですが、当時の私には腹立たしいことでした」。また、彼女は共同創業者との間に、「あまりにも多くの歴史がある」ことに気づきました。バルーを立ち上げる前は3年間離れていましたが、最初のスタートアップを10年かけて一緒に作り、それがうまくいった経験があったのです。

チーム：ハイドは、ケア担当者を社員にして時給を支払えば、ロイヤルティが生まれ、生産性が向上すると考えましたが、この考えは間違っていました。

　クインシーと違って、バルーは業界のスペシャリストが不足していたわけではありません。ハイドは、シカゴで彼らを採用し、経験豊富な不動産管理者を、バルーの最初のマネージャーとして採用しました。しかし、バルーが直面している課題には、ハイドのような何でも屋のジェネラリストのほうが適していることがわかったのです。

投資家：ハイドと同様に、バルーの当初のエンジェル投資家も擬陽性シグナルにだまされ、会社の成長率についての考えを変えました。当初、彼らはバルーが適度なリスクを取り、3年から5年の期間で適度なリターンを得ることを望んでいました。ハイドはこう述べています。「さまざまな都市で私たちを必要とする建物がたくさん出てきたとき、私たちは興奮しました。しかし、成功するためには3,000万ドル、4,000万ドルの資金が必要だということは、誰も理解していませんでした。一部の投資家は混乱していました。当初の安全なリターンを求める一方で、VCスタイルの大きなリターンにも惹かれていたのです」

あるエンジェル投資家は、ハイドの能力やリーダーシップに疑問を投げ掛け、新しい投資家を遠ざけ、バルーの崩壊を加速させました。ハイドは彼のことを警戒していましたが、「私たちは資金を必要としていたし、私は彼をコントロールできるという、誤った自信を持っていました」と振り返ります。「投資家との付き合いでいちばん幸せなのは、タームシート（条件概要書）にサインするときだと学びました。今は、もしそのときにすべてがバラ色でなければ、やめるべきだと思っています」

　もしやり直しがきくとしたらどうするか、という質問に対して、ハイドは、当初の計画には戻さないと断言しました。それどころか、「フルスロットルで走ることができるビジネスを構築するでしょう。自分自身について学んだのは、自分は物事を速く成長させるのが好きだということです」と彼女は言います。「規模のあるものを作るチャレンジが好きなのです。バルーも、もっと時間をかけて、もっと多くのVC資金を活用すれば、きっと成功したと思います。火に油を注ぐようなVCを入れるべきでした」

パートナー：バルーがサービスを提供しているビルは、期待していたよりもマーケティングに関する支援が少なく、無理な要求をするビルもありました。もしバルーがもっとゆっくりとしたペースで事業を展開していたら、あるタイプのビルが他のビルよりも好ましいことを見出せたかもしれません。それができれば、契約前に、そうした特徴を備えているかどうかを確認できたでしょう。しかし、猛烈な勢いで事業を拡大していったため、慎重な審査抜きに、興味を示したビルと契約を進めていったのです。

擬陽性を回避する方法

　アーリーステージの起業家を対象とした調査によると、多くが擬陽性の罠にはまりやすいことがわかっています。成功しているベンチャー企業の創業者／CEOと比較して、苦戦していたり、事業を停止したりしたベンチャー企業の創業者／CEOは、アーリーアダプターのニーズとメインストリーム

の顧客のニーズに、大きな違いがあったと報告しています。

　起業家はより信頼性の高い市場からのフィードバックを得るために、2つのステップを踏むべきです。まず、初期の顧客調査を行い、アーリーアダプターと思われる顧客と、メインストリームの顧客の違いを明らかにすべきです。第二に、ローンチ後、アーリーアダプターからの好意的な反応に慢心せず、広範な市場が同じように反応しない可能性を考慮すべきです。

　擬陽性の可能性をどうやって見極めるべきでしょうか。スタートアップが、ローンチ時に予想以上に強い市場の反応に驚いたときは、立ち止まって「このアーリーアダプターたちは何が特別なのだろう？」と問うべきです。前章で説明したペルソナを使えば、アーリーアダプターが、元々想定していたタイプの顧客とどう違うのかを、明らかにすることができます。

　アーリーアダプターとメインストリームの顧客の違いを検証するための初期調査については、適切なサンプルを選ぶことが鍵となります。友人や家族を対象とした安易なサンプリングでは、彼らはあなたのアイデアを気に入ってくれる傾向が強いため、擬陽性の結果になることがよくあります。ジーボがインディゴーゴーで実施したようなキャンペーンも、同様の危険性をはらんでいます。

　基本は、アーリーアダプターとメインストリームの顧客の両方で、コンセプトを明示的にテストすることです。2012年に**リット・モーターズ社**が採用した方法がそれです。リット・モーターズは、コードネーム「C-1」と呼ばれる、電気駆動の完全密閉型二輪車の開発を目指していました。

　創業者のダニー・キムは、シード資金のうち12万ドルを投じて、グラスファイバー製で「見た目そっくりの」、実物大のC-1のプロトタイプを製作しました。そして、この試作品を使って、メインストリームの消費者からフィードバックを得ました。被験者は、実際に試作品に座りながら20分間、質問に答えました。そして最後に50ドルのデポジット（保証金の支払い）を行うと、C-1を最初に購入することができるようにしました。その結果、16％もの人が購入してくれました。

また、オレゴン州で開催された e‐グランプリにプロトタイプを持ち込み、アーリーアダプターである電動バイクの愛好家を対象に、調査を繰り返しました。その結果、両方の顧客に同じデザインのプロダクトをアピールできると確信しました。

2つの克服方法

　アーリーアダプターとメインストリームのニーズの乖離の問題を克服するには、さまざまな方法があります。1つは、アーリーアダプター向けにプロダクトを最適化し、時間をかけてメインストリームの顧客に合わせて修正していく方法です。2つめは、メインストリームの顧客とアーリーアダプターの顧客に、別々のプロダクトを作ることです。そして最後の選択肢は、プロダクトをメインストリームに合わせ、一方でアーリーアダプターにもアピールするために、既存の競合のソリューションよりも十分に優れたものとすることです。

　ドロップボックスは3つめのアプローチをとりました。創業者のドリュー・ヒューストンは、プロダクト開発の過程で、ソフトウエア開発者などのアーリーアダプターと、メインストリームの消費者のニーズを探り、アーリーアダプターにアピールする高度な機能は省くことにしました。ヒューストンは、ドロップボックスが既存のファイル管理ソリューションよりもはるかに優れていることを知っており、高度な機能がなくてもアーリーアダプターがドロップボックスを受け入れることに正しく賭けたのです。

　よく練られた調査を行っても、擬陽性を発見・回避することが難しい場合もあります。それは、人間は自分が見たいと思うものを見るようにできているからです。
　このようなリスクは、起業家が自らの誇大広告を信じたときに高まります。Chapter 3で見たトライアンギュレートのケースでは、しばらくしてナガラジは、自分のサイトが実際よりもバイラル性が高く見えることに気づきまし

た。より多くのコインを獲得するために、ユーザーが偽の友人を紹介すると
いったインセンティブがあったのです。

　バルーのケースは、起業家が擬陽性に陥りやすい2つのパターンを示して
います。1つめは、予想外の成功は非常に魅力的だということです。ハイド
は当初、バルーの目標を控えめに設定していましたが、スタート時にその目
標を超えてしまったため、つい野心的な目標を設定してしまったのです。
　2つめは、起業家が自らの目標を正しく理解することの難しさです。ハイ
ドは、成長とリスクに関する自分の選好を、本当に理解していたのでしょう
か。ひょっとすると、当初の希望とは裏腹に、自分でも気づかないうちに、
本当にVCのロケット船に乗りたいと思っていたのかもしれません。もしそ
うなら、彼女はインク・ブロックで「見たかったもの」を見てしまったのか
もしれません。

Part 2

規模化の失敗
──レイターステージ

Chapter 5

レイターステージの
6Sフレームワーク

フライパンを飛び出す

　レイターステージのスタートアップ企業は、アーリーステージのスタートアップ企業よりも生存率が高いと考えるのが妥当でしょう。彼らはすでに魅力的な機会を特定し、資金も蓄えているからです。ここで言うレイターステージのスタートアップとは、設立から5年以上経過し、VCから資金調達している場合はシリーズC以降のベンチャー企業とします。

　ところが、驚いたことに**レイターステージのスタートアップのうちの約3分の1は、投資家に対してプラスのリターンを返すことができていません。**

　私は不思議に思いました。なぜ、規模化（スケーリング）で失敗するのでしょうか？　それは、スタートアップがアーリーステージを過ぎて、フライパンから火の中に飛び込むようなものです。

　アーリーステージのスタートアップの失敗は、起業家が良い機会を見つけられなかったり、適切なリソースを動員できなかったり、あるいはその両方が原因だったりします。レイターステージの失敗には、機会とリソースに関して、はっきりと異なる点があります。

機会への挑戦

　レイターステージのベンチャー企業を率いる起業家は、バランスを取りながら機会を追求する必要があります。そしてそのために、十分に野心的でありながら、達成可能なスピードとスコープ（範囲）の目標を設定する必要があります。スピードとは、ベンチャーのコアビジネス、つまり自国市場で提供されるプロダクトの拡大ペースを意味します。スコープはより広い概念で、以下の4つの要素から成ります。

1. 地理的な範囲：バルーはボストンだけでなく、シカゴやその他の都市にも進出し、地理的な範囲を広げました。国外で事業を行うことで、地理的な範囲をさらに広げるケースもあります。

2. プロダクトラインの範囲：グーグルが検索サービスに G メール、ユーチューブ、グーグルマップ、グーグルドライブなどのプロダクトやサービスを追加したように、より多くのプロダクトを投入することで範囲を広げることもできます。

3. イノベーション：スタートアップの中には、並外れたイノベーションにより、真に斬新な機能を持つプロダクトや、圧倒的に優れた性能を持つプロダクトを生み出す企業があります。こうした画期的なプロダクトは、十分にニーズを満たされていない顧客をターゲットにすることで、スタートアップのビジネスの範囲を広げます。大胆なビジネスモデルのイノベーションを行うスタートアップもあります。例えば、スティッチ・フィックスは、新しい定額制スタイリング・サービスを提供しました。

4. 垂直統合：垂直統合とは、それまでアウトソーシングしていた機能を自社に取り込み、企業が行う活動の範囲を拡大することです。川上統合ではプロダクトの開発や製造、川下統合ではマーケティングや販売、流通などが対象となります。

　スピードとスコープの問題は、起業家にジレンマをもたらします。

リソースの課題

　レイターステージのベンチャー企業は、リソースの管理に関して大きな課題に直面します。規模を拡大するためには、通常、多額の資金を調達する必要がありますが、金融市場の気まぐれな動きがそれを阻みます。

　起業家はまた、急増する人的資源を管理しなければなりません。まず、それまでは何でも屋のジェネラリストで構成されていたスタッフに、マーケティングやオペレーションなどに関する専門性を持つ、多くのスペシャリストが加わります。第二に、管理の手法が徐々に、正式な構造とシステムに依存するようになります。組織図や職務記述書の作成、従業員の業績評価の導入、

予算や計画のプロセスの改善などが必要となります。

　こうした組織の移行期に「熱すぎず、冷たすぎず」のバランスを取ることは大切です。スペシャリストの採用を急ぎすぎると問題が生じますし、遅すぎても困ります。構造やシステムについても同様です。しかし、こうした問題がレイターステージのスタートアップの失敗の、主な原因となることはあまりありません。根本的な原因は、スピードや範囲の目標がずれていることがほとんどだからです。組織的な問題は増幅器のようなもので、市場の課題に全力で取り組まなければならないときに、経営陣の注意をそらすことで、失敗の確率を高めるのです。

6S フレームワーク

　規模化しているスタートアップの成功の可能性と失敗の原因を見極めるために、「6S」というフレームワークを用います。これは、三角形の中に3つの要素が描かれたもので、いずれもベンチャー企業の組織に関連するものです。すなわち、スタッフ（Staff）、組織図や管理システムを含む構造（Structure）、そして企業文化に反映される共有価値観（Shared Value）です。

図表13　6S フレームワーク

三角形を囲む円の中には、外部的な３つの要素があります。スピード（Speed）とスコープ（Scope）は、スタートアップのプロダクトと市場に関する戦略を示し、それに伴って顧客や競合、サプライヤーとの関係などが決まってきます。最後の要素であるシリーズⅩ（Series X）は、ベンチャー企業の資金調達戦略、現在および将来の投資家との関係を表しています。

スピード

　コアビジネスをどれだけ早く拡大するかは、創業間もないスタートアップの経営者が下す、最も重要な決断でしょう。起業家や、彼らを支援する投資家は、急成長を好みます。より大きなスタートアップは最終的に大きな利益を生み出す、という前提に基づき、バリュエーションは高くなります。バリュエーションが上昇すると、ストックオプションによる利益を期待して、優秀な従業員が集まりやすくなります。また、急成長している企業では昇進のチャンスが増すことも、優秀な人材を集めるうえでプラスに働きます。

　成長は、スタートアップのビジネスモデルや会社の強化につながります。具体的には、３つのメリットがあります。

- 顧客が満足していると仮定すると、スタートアップのブランド認知は時間の経過とともに高まり、新規顧客は広告や、既存顧客のクチコミに反応しやすくなります。結果として、顧客獲得コストが下がります。
- ネットワーク効果が効くビジネスの場合、ユーザー基盤が大きければ、より多くの新規ユーザーを引き寄せることができます。また、ネットワークが大きくなれば、顧客はより多くのパートナーと交流できます。これにより、高価格が受け入れられやすくなります。
- 取引量の増加に伴い、規模の経済性[1]が生じます。これは３つの形で生じます。まず、固定間接費が分散されます。２つめは、学習曲線によるコスト削減です。３つめは、組立ラインにロボットを追加するなど、以前

1　生産量や取引数量が大きくなるほど、単位当たりのコストが低下する現象。

には手が届かなかったコスト削減のための自動化ができることです。

一方で、スピードには悪い側面もあり、4つの課題が挙げられます。

飽和：スタートアップのプロダクトは、1つまたは複数の顧客セグメントのニーズに合わせて作られています。スタートアップがプロダクトを集中的にマーケティングすると、潜在的な顧客はほぼすべてが購買機会を得たことになります。この時点で、スタートアップのターゲット市場は飽和状態となります。成長を続けるためには、ほかのセグメントから顧客を獲得しなければなりません。スタートアップがプロダクトを修正しない限り、そのプロダクトは新しいセグメントのニーズに合いません。彼らにプロダクトを購入してもらうためには、価格を下げるか、より積極的にマーケティングするか、またはその両方を行わなければならず、その結果、収益性が低下します。新しい顧客層のニーズに合わせてプロダクトを変更することもできますが、既存の顧客を遠ざけてしまうリスクがあります。

競合：クインシーやトライアンギュレートのようなアーリーステージのスタートアップは、通常、模倣を引き起こすことはありません。彼らは注目されるには小さすぎますし、コンセプトもまだ証明されていないからです。しかし、レイターステージのスタートアップは話が違います。急速に事業を拡大しているため、競合が現れることが多くなります。それがスタートアップの「クローン[2]」である場合もあれば、「眠れるドラゴン」――自分たちの縄張りに現れたスタートアップによって覚醒した既存企業のこともあります。

　激しい競争は、収益性に悪影響を及ぼします。新規参入者は足がかりを得るために、低価格でサービスを開始します。そうなると、市場シェアを守るために値下げで対応しなければなりません。また、ライドシェアのウーバーとリフト[3]のように、ドライバーといったリソースを奪い合う状況になると、

2　本来は同じ遺伝子を持つ個体を指す生物学的用語だが、ここでは「うりふたつのやり方をする企業」の意味。
3　この2社はアメリカのライドシェア業界のトップ2である。

コストが上昇します。

品質と顧客サービスの問題：過剰な成長は、スタートアップのオペレーションを圧迫し、品質の問題を引き起こすおそれがあります。特に、生産や顧客サービスを多数の従業員に依存している場合はそうです。十分な数の従業員を雇用し、適切に業務を遂行できるようにトレーニングすることは、簡単ではありません。

士気や組織文化への影響：急激な成長は爽快なものですが、それを達成するために何カ月も限界まで働くことは、社員の士気を低下させます。スタッフの拡大には、スタートアップの文化を損なう危険性もあります。アーリーステージのベンチャー企業の初期の従業員は、その企業のミッションや、起業家と一緒に働く機会、そして小さなチームの「みんなは1人のために、1人はみんなのために」という仲間意識が、モチベーションとなっていることが多いものです。それに対してレイターステージのスタートアップでは、大勢の新しい社員が自分の仕事を、「ただの仕事」と考えることが多くなります。

スコープ（範囲）

　起業家は、スコープ（範囲）について、2つの戦略的意思決定を行います。1つめはより一般的なもので、時間の経過とともに、どう範囲を拡大させるかということです。

　2つめは、起業家が最初から野心的な範囲を約束することです。こうした大胆なコミットメントが「行き過ぎ」であることが判明した場合、その結果はすぐに表れ、スタートアップは初期段階で資金調達ができなくなるか、1、2年以内につぶれてしまうという大惨事になってしまいます。

　ただ、大胆で野心的な範囲にコミットした起業家の中には、何年にもわたって、ベンチャーを拡大するのに十分なリソースを集められる人もいることを、Chapter 8では紹介します。テスラはそうした例です。

スタートアップの範囲を拡大するための4つの方法には、段階的に行うか、一気呵成に行うかにかかわらず、それぞれ長所と短所があります。

地理的な範囲：多くのスタートアップは、新しいテリトリーに参入したいと考えます。例えばウーバーはアメリカで次々と新しい都市に進出し、その後に海外展開をしました。より大きなチャンスを狙う投資家は、起業家にこの戦略をとるよう圧力をかけます。地理的拡大の理由は、ほかにもあります。ウーバーのように、従前の市場で得たノウハウを活用できれば、ほかの市場への参入はより容易になります。また、ほかの地域に競合が存在することが、参入の動機になることもあります。

　地理的拡大を求める圧力は、いくつかのリスクによって低減されます。新しい市場への参入にはコストがかかり、バルーのケースが示すように、経営陣が手薄になってしまうリスクもあります。また、どの市場にも、新たな競合、新たな規制、顧客のニーズを形成する文化の違いなどがあります。

プロダクトラインの拡大：より多くのプロダクトをローンチすることは、成長のための素晴らしい方法です。経営者は市場のニーズを深く理解しているので、自分たちが満たすことのできるギャップを見つけやすいでしょう。また、新しいプロダクトをマーケティングする際、既知の企業としての信頼性が追い風になります。特に、そのスタートアップのオリジナルのプロダクトをすでに購入している顧客をターゲットにする場合は、新規参入のスタートアップよりも顧客獲得コストを抑えられます。さらに、規模拡大中のスタートアップには、新しいプロダクトを作ることができるエンジニアがすでにおり、一部の技術やパーツを利用することで、製品開発をスピードアップできます。また、倉庫やコールセンターなどの余力を活用することで、オペレーションの効率化も可能になります。

　プロダクトラインの拡大がもたらすメリットは魅力的ですが、その半面、リスクも大きくなります。新しいプロダクトは、Part1で説明したように、需要が予想よりも少ない、ライバルがより良いプロダクトを提供する、プロダクト開発が遅れるなど、新しさゆえのあらゆる問題をもたらします。また、

希少なリソースをめぐって、社内で対立が生まれることもあります。

イノベーション：Chapter 1では、アーリーステージのベンチャー企業が、どのくらいのイノベーションを取り入れるべきかを問うときに考慮すべきトレードオフについて考察しました。このトレードオフは、レイターステージのスタートアップにも、同様に当てはまります。卓越したイノベーションは、顧客の満たされていないニーズに対して、差別化された優れたソリューションを提供できますが、1）顧客の行動を大きく変える必要がある場合には、既存のソリューションからのスイッチングコストが高まり、採用が抑制される、2）革新的な新しいプロダクトについて顧客を教育する必要がある場合には、マーケティング費用がかかる、3）イノベーションのために科学的または工学的に大きなブレークスルーが必要な場合には、プロダクト開発が遅延する可能性が高まる、といったリスクがあります。

　イノベーションの必要性は、特にテクノロジー市場ではプロダクトが急速に「老朽化」することが多く、次世代のプロダクトに置き換えなければならない、という単純な理由から生じます。レイターステージのスタートアップの起業家たちは、この面で難しい選択を迫られます。既存のプロダクトを時間をかけて改良しても、エンジニアリングのコストに見合う利益は得られません。その理由の1つは、プロダクト・ライフサイクルの後半に追加される機能は、通常、顧客にとってあまり価値のないものだからです。もう1つの理由は、新機能は以前に追加されたすべての機能と互換性がなければならず、エンジニアリングが難しくなり、その結果、開発に時間とコストがかかるのです。

　起業家が誤算しやすいのは、現行のプロダクトを次世代プロダクトに置き換えるタイミングと方法であり、特に経験のない最初の段階ではそうです。

垂直統合：スタートアップが規模を拡大すると、これまで第三者にアウトソーシングしていた業務を、社内で行えるようになります。

　垂直統合は市場を直接、拡大するものではありません。むしろ、垂直統合の動機としては、1）第三者からのマージンを取り込んで利益率を高める、

２）「ミッション・クリティカル」な機能において、より高い品質と安定した品質を確保する、などが挙げられます。

　垂直統合には多額の投資と新たなスキルや能力の開発が必要であり、どちらもスタートアップの固定費を増加させるため、収益の伸びが鈍化した場合には問題となります。しかし、通常、垂直統合は範囲を拡大するほかの方法よりも、危険性は低いと言えます。例外は、壮大な野心を持つ「ビッグバン」ベンチャーの起業家が、最初からすべてを自社で行いたいと考えている場合です。

シリーズ X

　レイターステージのスタートアップ企業が資金調達を行う際の重要な決定事項は、アーリーステージのベンチャー企業の場合と同様、いつ、いくらの金額を、誰から調達するか、という点にあります。これらの基本事項に加えて、レイターステージのベンチャー企業は、資金調達に関する追加的なリスクにも注意しなくてはなりません。

成長のプレッシャー： Part1では、VC は、ごく一部の投資から得られる莫大な利益によって他の投資をカバーする必要があるため、起業家に対して積極的な成長を求める傾向があることを説明しました。成長を求める投資家の圧力は、レイターステージのスタートアップで顕著になることがあります。というのも、強力なトラクションを発揮したベンチャー企業への投資の権利を争う VC は、過剰なまでにそのスタートアップのバリュエーションを吊り上げるからです。これは、オークションにおいて、落札価格が商品の本当の価値を超えてしまう、「勝者の呪い」と呼ばれている現象です。この現象は、１）商品の真の価値に不確実性があり、入札者の価値評価に大きな開きがある場合、２）アニマルスピリットによる熱狂的な競争が行われている場合、などに起こります。

　投資の権利獲得に勝利した VC は、リターンを得るために、ベンチャー企業が急成長を続けるよう、いっそうのプレッシャーをかけます。

ベンチャーキャピタリストのフレッド・ウィルソンは、彼がよく知るスタートアップの失敗の3分の2は、有望ではあるものの問題が解決されていないアイデアに、過剰な資金を投入したことが原因だと考えています。

ダウンラウンド： ダウンラウンドは厄介な出来事です。企業が苦境に立たされていることを示すものであり、株式のアップサイドを求める従業員や、沈みゆく船とともに沈むことを危惧する従業員を、維持し続けることが困難になります。

　先に述べたVCの入札騒ぎは、起業家にとって、高額な株価で資金を調達できることを意味しています。しかし、高額なオファーを受け入れる前に、その高額な価格に至るまでの勢いを維持することが、どのくらい現実的かを検討する必要があります。フレッド・ウィルソンがアドバイスしているように、「投資家があなたや、あなたの会社に大金を投じることを望んでいるからといって、それを受けるのが賢明だということにはならない」のです。

資金調達リスク： Chapter 7では、セクター全体が投資家から支持されなくなることがあることを説明します。このような場合、健全な企業であっても、数カ月、あるいは数年にわたって、資金調達ができなくなることがあります。それゆえ、レイターステージのベンチャー企業を率いる起業家は、野心的な拡大計画を立てる前に、資金不足に備えたコンティンジェンシープラン（緊急時対応策）を用意しておく必要があります。

CEOの後継： アーリーステージのスタートアップでは、起業家が取締役会の議決権の過半数を握っていることが多いものです。新しいVCが追加の投資ラウンドをリードすると、通常、取締役会に新たな席が設けられます。このようなラウンドが数回続くと、拡大した取締役会では投資家の数が起業家たちを上回り、起業家がつまずいたときには彼／彼女を交代させられるだけ

4　日本のベンチャーはアメリカに比べ小規模の時期のIPOが多いため、このような現象は少ない。ガバナンスに対する意識の違いや、次のCEOが簡単には見つからないという事情もある。

の票を持つようになります[4]。

　スタートアップの成長が早ければ早いほど、必要な資金も多くなり、こうした動きが加速します。CEOの座にとどまり、取締役会を小規模に保つことで戦略的優先事項に関するコントロールを維持したいのであれば、連続したラウンドで多額の資金を調達する前に、慎重に考えるべきです。もちろん、そうすることは成長を遅らせるだけでなく、優れた取締役会が提供してくれるアドバイスや人脈を失うことにもつながります。

ボードの優先順位：新たな投資家を加えることは、別の問題も引き起こします。スタートアップの最新のラウンドに参加した投資家は、アーリーステージの投資家とは異なる思惑を持ちます。レイターステージの投資家が魅力的なリターンを得るためには、スタートアップは積極的に拡大を続けなければなりません。一方、アーリーステージの投資家は、より低い株価で株式を取得しているため、リスクの高いプロダクトラインの拡大や海外進出を避けたいと考えるでしょう。戦略的意思決定に関して、取締役会が膠着状態になるのを防がなくてはなりません。

スタッフ

　最初の3つのSは、スタートアップの外部との関係に関連するものでした。残りの3つのSは、社内に関連するものです。

　スタートアップが成熟するにつれ、スタッフ、構造、共有価値観のすべてが大きく変化していきます。組織のSに関する間違いは、スピード、スコープ（範囲）、シリーズXの間違いに比べて、致命的なものではありません。しかし、組織の問題は、経営者の注意をそらし、市場地位や業績の好調さの維持を難しくします。

ジェネラリストからスペシャリストへ：規模の大きなスタートアップのスタッフ構成は、スペシャリストの採用や初期のリーダーの退出によって、時間の経過とともに大きく変化します。状況に応じて多くの役割を果たすことが

できる万能型のジェネラリストの小さなチームから、エンジニアリング、マーケティング、その他の機能の効率と効果を向上させるためのノウハウを持った、スペシャリストの大きなグループへと変わっていきます。

　規模の大きなスタートアップでは、本社スタッフにもスペシャリストが必要です。例えば、財務部門では支出の管理、人事部門では採用活動、昇進審査、社員教育などの管理を行う人材です。

経営陣の交代：スペシャリストが増えてくると、創業者やCEOを含む当初の経営陣が、それぞれの部門を成功に導くための知識やスキルを持ち合わせていないことが、明らかになることがあります。ベンチャーキャピタリストのベン・ホロヴィッツは、こう述べています。「規模化に関するマネジメントは、生まれつきの能力ではなく、学ぶべきスキルです。生まれたときから1,000人のマネジメントができる人はいません」

　さらに言えば、アーリーステージの優れた起業家に必要なスキルや態度は、組織構造、管理システムなどを公式化している大規模な組織を率いるには、適さないものです。例えば、アーリーステージのスタートアップ企業の創業者によく見られるのは、直感で判断し、迅速な意思決定を行うことで、若いベンチャー企業の機敏な動きを維持するケースです。一方で、慎重な定量的分析ができないことも多いものです。しかし、データがあるレイターステージのスタートアップでは、「直感」だけで判断すると、コストのかかるエラーが発生します。

　このような理由から、ベンチャー企業が成熟するにつれ、経営陣の交代は一般的なものになります。ベンチャーキャピタリストのフレッド・ウィルソンは、典型的なスタートアップ企業は、創業から大きな規模化を達成するまでの間に、経営陣を3回入れ替える（ターンオーバーさせる）と見積もっています[5]。ウィルソンは、経営チームの入れ替えは、業績不振による解雇とは違うと強調しています。しかし、現在のポジションでニーズの変化に対応できないシニアマネジャーに新たな役割を与えることは困難であり、彼らを

5　これはIPOのハードルが高いアメリカの事情を反映している。

解雇することは、創業時から一緒に働いてきた同僚の士気を下げることにもなります。ウィルソンは、シリアルアントレプレナーは過去にこうしたパターンを経験しているため、経営陣の交代を管理するのに適しているとしています。彼はまた、起業家は新しく入ってきたシニアマネジャーに対して、「ゴールにたどり着けないかもしれないけれど、株式で十分な報酬を得ることができる」ことを、率直に伝えるようにアドバイスしています。

　特定のポジションの現職者をどうするかは、課題の半分にすぎません。残りの半分は、どこで、どのようにして後任者を見つけるかです。Chapter 7で紹介するドット＆ボーは、受注残を減らし、配送コストをコントロールできるヴァイスプレジデントの採用に、何度も失敗しました。この「マネジャー不足」の問題は、ミッション・クリティカルな機能において人材ギャップがある場合に、深刻なものとなります。

CEO の後継：レイターステージのスタートアップの創業者や CEO の中には、「ピーターパン症候群[6]」に陥っている人がいます。こうした創業者は、ベンチャー企業の初期の混沌としたリズムや仲間意識を懐かしみ、ゼロから構築できる新しい構想にエネルギーを集中させることで、それを再現しようとします。しかし本来は、チームは既存事業の改善と拡大に全力で取り組むべきなのです。

　ベンチャーキャピタリストのジョン・ハムは、起業家が取締役やメンターの指導を受けることで、アーリーステージでは役に立ったかもしれないものの、規模が拡大するとむしろパフォーマンス低下に結び付く習慣を、克服することを勧めています。その習慣とは、1）進化するリーダーシップを発揮するためのスキルを持たない同僚への忠誠心、2）戦略的思考を犠牲にして、今日の「To Do リスト」を実行することへの執拗な集中、3）経営陣やパートナーとではなく、孤立して仕事をすること（特にプロダクト開発に優れた起業家に多い）などです。

　ビル・ゲイツ、ジェフ・ベゾス、マーク・ザッカーバーグ、イーロン・マ

6　年齢的には大人なのに、精神的に子どものままでいる状態。

スクなど、自分の会社を成功裏に規模化させた起業家は、すぐに思い浮かびます。しかし、このような起業家は例外です。コーチングを受けても、ほとんどの起業家／CEO は、より大きく、より複雑なスタートアップを率いるために必要なスキルを、習得できないのです。

イェシーバー大学のノーム・ワッサーマン教授の調査によると、**創業時にCEO を務めていた起業家の61%が、シリーズ D の資金調達後にその役割を終えています。**これらの CEO のうち約 4 分の 3 は取締役会が交代を促したものであり、残りの CEO は自分自身で交代の必要性に気づいたといいます。自発的か否かにかかわらず、CEO から降りた人のうち、約 3 分の 1 が退職し、3 分の 2 は社内で別の経営の役割を担うようになりました。

ウーバーやウィワークの例に見られるように、取締役会が主導する起業家／CEO の交代劇は、戦線が張り巡らされ、罵詈雑言が飛び交うなど、争いと分裂の絶えないものになります。こうしたことが続くと、シニアマネジメントの気が散り、意思決定は麻痺し、競合に負ける危険性が生じます。

構造

レイターステージのスタートアップ企業では、初期の頃にはうまくいっていた非公式なコミュニケーションや意思決定のプロセスが、もはや通用しなくなります。レポーティングの関係（上司・部下の正式な関係）を公式化し、管理システムを導入して、1）必要なところに情報が流れるようにする、2）より複雑な範囲の活動が調整されるようにする、3）部門間の対立を迅速かつ効果的に解決できるようにする、といったことが必要になります。

規模の大きなスタートアップ企業にとって、正式な組織構造や管理システムをいつ導入するかは、重要な判断になります。起業家の多くは官僚主義を嫌うため、それを遅らせたがる傾向にあります。それは、必ずしも悪いことではありません。特に、次の成長段階に適していない構造やシステムの導入につながる場合にはそうです。

レポーティング関係の正式化：規模拡大中のスタートアップが従業員を増や

すと、リーダーは必然的に、組織の構造を公式化しなければなりません。現場のスペシャリストに指示できる上司が必要であり、また、各機能の中で誰かに結果責任を負わせるとともに、トップダウンの指示とボトムアップの情報の流れをつなぐ役割を担わせたいからです。

スタートアップの社員は形式的な管理体制を好まないと思われがちですが、必ずしもそうではありません。シリコンバレーのベテラン経営者であり、多くのテクノロジー業界の CEO のコーチを務めたビル・キャンベルは、こう述べています。「テクノロジー系の起業家は、エンジニアは管理されることを嫌がると考えがちですが、それは間違いです。私はある起業家に、エンジニアたちに、マネジャーが欲しいかどうかを聞いてみてもらいました。驚いたことに、彼らはみんな、『はい、私たちは、私たちが学ぶことができ、対立を処理できる人が欲しいと思っています』と答えたのです」

対立の処理は、部署内だけでなく、部署間でも重要です。スタートアップがスペシャリストを採用すると、優先順位の違いから、部署間の対立が避けられなくなります。例えば、営業チームは顧客の要望に応えるために、新機能やプロダクトのカスタマイズを希望します。一方、製造部門では、規模の経済性や品質向上のために、プロダクトの標準化が求められます。このようなトレードオフに対処することは、こうした事態に初めて遭遇する起業家にとっては困難なことです。

マネジメントシステムの追加：レポーティング関係の公式化と並行して、規模拡大中のスタートアップ企業は、戦略・オペレーション計画、予実管理、従業員の採用・育成などをサポートする、さまざまな管理システムやプロセスを導入しなければなりません。管理システムの欠陥や不在がレイターステージのスタートアップの破滅の主な原因となることはほとんどありません。しかし、システムの中にはほかのシステムよりも重要なものがあり、ミッション・クリティカルなシステムの問題は、ほかの問題を悪化させ、失敗の確率を高めます。

共有価値観

　ベン・ホロヴィッツは、組織文化を「上司がいないときに、社員がどのように意思決定するか」と定義しています。組織文化がしっかりしている会社では、非日常的な問題に直面しても、社員は何をすべきかを知っています。

　急速に成長しているスタートアップ企業では、大勢の新入社員が入ってくることで、強固で一貫性のある組織文化を維持することが難しくなります。新しい社員は、会社の価値観を理解するのに十分な時間を過ごしていません。それゆえ、問題や機会が生じても、何もしないことがあります。また、スタートアップのミッションに熱心に取り組んでいる初期のメンバーと比べると、新しい社員は自分たちのやることを「ただの仕事」と考え、責任感が弱くなります。

　規模化するスタートアップの文化は、2つのパターンで大きく分断されます。まず、初期のチームメンバーが、スペシャリストの力が大きくなってきたことや、一部の新しい社員がイニシアチブやコミットメントを欠いていることに憤慨すると、「古参対新参者」の対立が生じます。一方で、新しい社員は、ストックオプションで莫大な利益を得た初期の社員に嫉妬するかもしれません。第二に、スペシャリストが増えて部署が拡大すると、機能（職能）ごとにサブカルチャーが形成されます。従業員は、会社全体よりも、マーケティングや倉庫業務などの機能別の職場に強い愛着を感じ始めます。

強い企業文化をつくる3ステップ

　簡潔に言えば、強い組織文化を促進するためのステップは、以下のとおりです。

ミッション&バリュー・ステートメント：ほとんどのスタートアップ企業は、ミッション・ステートメント（グーグルの場合：「世界中の情報を整理し、世界中の人がアクセスできて使えるようにする」）と、会社のバリューのリスト（グーグルの場合：「悪事を働かなくてもお金は稼げる」「遅いより速いほうがいい」

など）を用意しています。意味のあるステートメントと、ありきたりなステートメントの違いは、それがどのように作成され、どのように伝えられ、どのように強化されるかです。

多くのスタートアップ企業では、チーム全員でミッション・ステートメントやバリュー・ステートメントを策定し、すべての会議室に掲示しています。

コミュニケーション：強固な組織文化の構築を目指す起業家は、ベンチャーのミッションや価値観を徹底的に伝えます。例えば、全員参加のミーティングでは必ずベンチャーのミッションを思い出し、その価値観を体現している会社のヒーローの話をします。

経営判断：従業員は偽善を見抜くレーダーを持っているので、口で言うだけでは十分ではありません。価値観を強化するための最良の方法は、行動です。上級管理職は、これらの価値観に合致した戦略やスタッフに関する意思決定を行うことで、明文化された価値観を実現しなければなりません。

人事施策の実践：企業文化は、さまざまな人事施策を通じても強化できます。例えば社員を採用する際に、文化的なフィット感を考慮します。従業員のオンボーディング（新しい社員を受け入れる一連のプロセス）では、スタートアップの歴史、ミッション、価値観についてのセッションを行います。業績は良くても、会社の価値観を無視したり、違反したりしていることが広く知られている社員を解雇することは、非常に強力なシグナルを送ることにつながります。

測定：従業員に定期的にアンケートを実施し、ベンチャー企業のミッションを理解しているか、また、その価値観に沿うことを奨励されていると感じているかどうかを確認します。

強力な文化があればベンチャー企業が成功する、というわけではありません。やはり、優れたプロダクト、堅実な戦略、的確な実行が必要です。しか

し、流動的で変化の激しい環境では、自主的に行動できる社員がいることで、意思決定のスピードが上がり、マネジメントの時間が短縮されます。また、強力なカルチャーは、優秀な人材を引き付けることにも貢献します。

　一方で、規模を拡大しているスタートアップがその範囲を広げようとするとき、それまで資産であった強い文化が障害になることがあります。その好例が、ドロップボックスです。ドロップボックスは創業以来、長年にわたってエンジニア主導の文化を築いてきました。あまりマーケティングを行わずに、ファイルの共有によるクチコミや強いネットワーク効果を利用して、急成長したのです。また、プロダクトの設計が非常に優れていたため、カスタマーサポート担当者をほとんど必要としませんでした。

　大企業向けにドロップボックスのバージョンを作るかどうかを経営陣が議論したとき、文化面の問題が浮上しました。大企業向けのバージョンを作るとなると、ドロップボックスにとっては新たな試みである、営業部隊が必要になります。営業担当者は声が大きく、外向的です。ノイズキャンセリング機能付きのヘッドフォンを装着してコーディングに没頭する、優れたエンジニアとは正反対の存在です。ドロップボックスの経営陣は賢明にも、事業拡大が組織文化にどのような影響を与えるかを検討する時間をしっかり取りました。

Chapter 6

スピードトラップ

速すぎる規模化とは？

　規模化のスピードは、どのくらいだと速すぎるのか？　ジェイソン・ゴールドバーグは、2つのスタートアップ企業を立ち上げ、大きく異なる結果となったことで、この疑問に対するヒントを得ました。最初は、企業の採用担当者が紹介された候補を管理するためのベンチャー企業でしたが、事業拡大を急ぎすぎたため、投資家は多額のお金を失ってしまいました。フェイスブックの友達やツイッターのフォロワーが読んでいるニュースを紹介するサービスを提供した2社目は、1年以内に大手企業に売却され、ゴールドバーグと投資家は13倍以上の利益を得ました。

　この成功を受けて、ゴールドバーグは2009年に親友のブラッドフォード・シェルハマーと共同で、フェイスブック、**エルプ**、**フォースクエア**、グルーポンの要素を組み合わせた、ゲイの男性向けの**ファブリス**という会社を立ち上げました。このSNSの会員数は1年以内には停滞しましたが、ファブリスの特徴の1つである「ゲイ・ディール・オブ・ザ・デイ」は、引き続き好評を博しました。デザインを得意とするシェルハマーは、チョコレートや下着、ラッキーズ・ハンバーガーなど、さまざまな商品を集め、毎日異なるものを選んで、大幅な割引価格で提供しました。売上げは好調でした。2人は、顧客の半分が女性であることに驚きました。

　2011年初頭、300万ドルの資金を調達したゴールドバーグとシェルハマーは、ファブリスを閉鎖し、一般消費者向けのフラッシュセール・サイト「**ファブ・コム**」を立ち上げることを決めます[1]。2人は投資家に資金の返還を申し出ましたが、彼らはこのピボットを支持しました。3カ月間のバイラルマーケティング・キャンペーン（友達10人を入会させると、30ドル分のクレジットをプレゼント）により、6月のオープンまでに16万5,000人が集まりま

1　フラッシュセールとは、短期間で大幅な割引を行ったり、期間限定で何かしらの条件を満たしたら割引クーポンを与えたりするマーケティング手法。

した。

　シェルハマーが美的感覚や機能性を重視して選んだ商品を、ファブは大幅に値引きして販売しました。イームズチェアや傘、アンティークのタイプライター、バイブレーターなどが大ヒットしました。また、マティーニグラスのシャンデリアや、ラインストーンを散りばめたバイクのヘルメットなど、一風変わったユニークな商品も、顧客にとって大きな魅力でした。

　ファブは瞬く間にヒットし、最初の12日間で60万ドルの商品が売れました。また、メーカーが直接、顧客に商品をドロップシッピング（製造業者からの直接配送）するので、ファブは在庫を持つ必要がありませんでした。さらに、注目の商品はSNSで瞬く間に拡散され、広告費も必要ありませんでした。こうした支出を回避できたことで、当初はキャッシュフローがプラスになりました。年末には会員数が100万人を超え、さらに4,800万ドルのVC資金を調達しました。

悪質なクローンの台頭

　さらなる拡大に向けて、ファブは2012年に1億2,000万ドルのVC資金を確保します。この年、ファブは、2011年の1,800万ドルから1億1,500万ドルへと、大幅に売上げを伸ばしました。しかし、ファブのビジネスモデルは崩壊し始めます。売上げは好調だったにもかかわらず、2012年には9,000万ドルの損失を出したのです。成長を加速させるために、マーケティングに4,000万ドルを投資していたからです。しかし残念なことに、広告で集客した顧客は、ファブの初期の顧客に比べてデザインへのこだわりが弱く、結果として、複数回購入したり、キャンペーンの情報を広めたりすることがあまりなかったのです。

　ゴールドバーグはこう振り返ります。

「2012年の夏には、新規顧客が、それまでの素晴らしい成果に追いついていませんでした。当社の『ゴールデンコホート』（コホートとは、共通した因子を持つ集団のこと）は、ローンチ前に契約した数十万人のユーザーで、彼らのパフォーマンスは常に素晴らしいものでした。また、2011年後半に登

録された顧客も好調でした。そこで、オンラインマーケティングを大幅に強化し、火に油を注いだのです。しかし、それがうまくいかなくなってきたため、テレビやダイレクトメールなどの高額なマーケティング手法を追加しました」

ヨーロッパでは、2012年1月に悪名高いサムヴェア兄弟が立ち上げた**バマラング**をはじめ、いくつかのスタートアップがファブの「クローン」を作っていました。サムヴェア兄弟のロケット・インターネット・インキュベーターは、**ピンタレスト、エア・ビー・アンド・ビー、イーベイ、グルーポン**など、米国で成功したベンチャー企業をコピーしたうえで、「塹壕戦」を避けたいなら自分たちのクローンを買収するよう、オリジナルの米国企業に要求していたのです。

ゴールドバーグは激怒し、ブログで次のように書いて譲りませんでした。「バマラングやほかのコピーキャット（ものまね屋）に警告しておこう。誰かをだますことは、ここでは通用しない。コピーはただの悪いデザインだ。顧客は賢く、本物であることを重視する。オリジナルなことをするか、何もしないかだ」

ゴールドバーグはこう言います。「サムヴェアはほとんど丸パクリのクローンを作っていました。私たちのデザイナーは世界中にいるので、海外でも信頼されます。そこでヨーロッパ市場を譲るべきではないと考えたのです」。この海外進出には、ファブの取締役会の強い支持がありました。エア・ビー・アンド・ビーにも投資していた投資家が、「誰がこれを止めるんだ？ 誰がこの侵略者に挑戦するんだ？」と言ったのです。

ヨーロッパへの進出を加速するために、2012年、ファブは海外のフラッシュセールのスタートアップ3社を買収し、10年間の倉庫のリースに1,200万ドルを投じ、ベルリンにヨーロッパ本部を設置して150人を配置しました。8月には、ヨーロッパで140万人の登録会員を獲得し、全社の売上げの20%を占めるまでになりました。同年夏、サムヴェアはバマラングを閉鎖しましたが、バマラングのスタッフも含め、別の保有企業であるウェストウィングに、狡猾に投資の重心を移しました。そしてハイエンドの家具を販売して成功を収め、2018年にIPOを果たします。ファブは、最終的に撤退するまで

に、ヨーロッパで6,000万ドルから1億ドルを投資したと報告されています。

アマゾンの参入とピボット

　2013年4月、フラッシュセールの勢いが弱まることを懸念したゴールドバーグは、このモデルからの脱却を発表し、Eコマースの巨人の仲間入りを果たすための新たな計画を打ち出しました。彼は言います。「日替わりセールは、最初のうちは人を引き付けるのに適した方法です。しかし、毎日メールを送信するたびに、人々は少し疲れてしまいます。日替わりセール以外のものを提供しなければなりません」

　その時点で、ファブの売上げのうち、日替わりセールによるものは3分の1にすぎず、残りはサイトに掲載されている1万1,000点の幅広い商品からでした。ファブは、1,200万人の会員が商品を検索しやすくなるよう、サイトの大幅なリニューアルを行いました。また、ドロップシッピングでは配送に時間がかかる、という顧客の声があったため、より多くの商品を在庫として持ち、自社倉庫から発送する方法に切り替えました。

　さらに、より高い粗利が期待できる、プライベートブランド商品の企画・販売を強化しました。この戦略を進めるために、ファブはドイツで木製のカスタマイズ家具のデザイン・製造・販売を行っていたマッシブコンツェプト社を、約2,500万ドルで買収しました。

　膨大な資金を投入したこれらの動きには、賛否両論ありました。フラッシュセールにはまだ勢いがあると主張する人もいれば、ゴールドバーグの直感を信じる人もいました。グルーポンなどは、大不況の2008年にフラッシュセールを開始しました。これは、高級品やサービスを提供する多くの企業が、停滞した売上げを回復させるために大幅な値引きを望んでいることに気づいたからです。しかし、2013年には景気が回復し、企業は値引きの必要性を感じなくなりました。また、新規参入企業が商品のコストを引き上げていました。

　さらに悪いことに、アマゾンがこのゲームに参入してきました。「当初、

アマゾンは当社のフラッシュセール商品をコピーするのに30日から40日かかっていましたが、2013年には24時間以内にコピーするようになりました。彼らは私たちのデザイナーに電話をかけてきて、『あなたをフィーチャーしたい』と言うのです。彼らの価格や発送の速さに対抗できなかったため、顧客満足度も下がってしまいました。同じデザイナーの同じ商品を、同じかそれ以下の価格で、しかも送料無料でより速く提供されたら、勝負になりません」

　現在、ゴールドバーグは、ピボットのリスクを認めています。「在庫を持つことで、間違ったものを買ってしまうリスクがありました。2012年のホリデーシーズンの結果から、それを実感しました。私たちは、おそらく傲慢で、自信過剰だったと思います。自分たちは優れた商品を選ぶことができると考えていましたが、そのホリデーシーズンにはあまり売上げを上げることはできませんでした。キュレーション（情報を特定の視点から収集、選別、編集することで価値を持たせ、それを共有すること）の強みも失われ始めました」

終焉

　ピボットを導入したファブの取締役会は、2013年4月の会議で2つのプランを検討します。プランAは、米国市場のみに注力し、年間約1億5,000万ドルの売上げでキャッシュフローの黒字化を目指すもの。プランBは、「前年比100％の成長を続け、世界制覇を目指す」というものでした。ゴールドバーグは言います。「たいした議論にはなりませんでした。1人の役員だけがプランAを主張しました。彼は最近のパフォーマンスを心配していたのです。私を含めた他のメンバーは、ロケットに乗りたいと思っていました」

　2013年6月、ファブは新たに1億6,500万ドルのVC資金を調達し、調達後のバリュエーションは10億ドルとなりました。しかし、ゴールドバーグが指摘するように、「現実には失敗していました。すでに進行中の大規模な

投資をサポートするためには、 3 億ドルが必要でした。ユニコーンになった ことを祝福する電話がかかってきましたが、胃が痛かったのを覚えています[2]。 10億ドルの評価額で 1 億6,500万ドルを調達することが、 どのようなことな のかを理解している人はあまりいません」

　ファブのキャッシュバーン・レートは、ピーク時には、 1 カ月当たり 1,400万ドルに達していました。それを抑えるために、ゴールドバーグは 2013年10月に激しいブレーキをかけます。米国内のスタッフの80％をレイ オフし、シニアマネジャーのほとんどを解雇し、品揃えを大幅に絞りました。 共同創業者のシェルハマーも去りました。ヨーロッパの事業については、収 益性の高いカスタム家具事業以外はすべて閉鎖しました。

　2014年半ばには、ファブはかつての面影を失います。ゴールドバーグは、 ヨーロッパでのプライベートブランド家具事業「**ヘム**」を、スピンアウト[3] することにしました。ヘムは、 2 件の買収で強化されていました。ゴールド バーグはこの事業に全面的に注力すると同時に、ファブの米国での事業を売 りに出します。2014年10月、著名なデザインメーカーが、約3,000万ドル相 当で全株式を取得し、ファブの米国の資産を取得しました。その後、ヘムは スイスの家具メーカーに2,000万ドルで売却されました。

スピードトラップとは？

　急速な上昇、急速な下降。持続不可能なペースで拡大したファブは、他の 多くのスタートアップと同様、「スピードトラップ」に陥りました。スピー ドトラップとは、次のようなものです。

ステップ 1　機会の発見：起業家は、特定の顧客層に向けた、満たされてい

2　株式公開以前の段階でユニコーン（時価総額10億ドルの企業）になったとしても、将来の成功が保証され ているわけではない。特に先行投資が大きい赤字企業の場合はそうである。
3　企業の一部を切り出し、独立させること。

ない強いニーズに対する斬新なソリューションを見出します。ファブの日替わりセールは、シェルハマーと同じ嗜好を持ち、個性的な商品を探している買い物客のニーズを満たすものでした。

ステップ2 強力な初期の成長：拡大の原動力となるのは、アーリーアダプターによるクチコミであり、ときには強力なネットワーク効果です。ファブはこの段階でネットワーク効果を享受していましたが、時間の経過とともにその効果は弱まりました。

ステップ3 資金調達の成功：成長によって、継続的な拡大を期待する、熱心な投資家が集まります。ゴールドバーグのようなカリスマ的起業家が、目を見張るようなビジョンを投資家に示すことができれば、ベンチャー企業のバリュエーションは急上昇します。

ステップ4 競合の登場：成長は競合を引き寄せます。バマラングのようなスタートアップのクローンもいれば、アマゾンのような巨大企業もいるでしょう。「眠れるドラゴン」が動き出すかもしれません。

ステップ5 飽和：2012年のファブのように、スタートアップは自社の提供価値に最も強く惹かれている顧客の層を飽和させます。次の見込み客を獲得するためには、大々的に広告を打ち、手厚いプロモーションを展開しなければなりません。顧客獲得コスト（CAC）が上昇する一方で、顧客生涯価値（LTV）は低下します。

ステップ6 人材確保のボトルネック：規模拡大をするためには、多くの従業員を雇用しなければなりません。しかし、多くの有能な人材を見つけることは難しく、たとえ十分な数の人材を雇用したとしても、すぐにトレーニングを行うことは難しいでしょう。いずれにしても、有能な人材は不足しており、その結果、プロダクトの検査が行われなかったり、出荷ミスが起きたり、顧客からのメールに返信できなかったりすることがあります。その点につい

ては、ファブは大きな問題を回避することができました。

ステップ7　追加された構造：大規模で機能的に特化した労働力を調整するには、1）関連する専門知識を持ったシニアマネジャー、2）計画とパフォーマンスの監視のための情報システムと正式なプロセス、が必要です。例えばファブは、在庫を内部で持ち、自社で家具の製造を始めたことで、業務がかなり複雑になりました。規模を拡大するスタートアップは、このより複雑な一連の活動を調整するための、マネジメント人材、組織構造、情報システムを獲得しなければなりません。それはとても大変なことです。

ステップ8　社内の不和：人数の急激な増加や専門部隊の拡大は、対立や士気の問題、企業文化の毀損を招きます。例えば、営業はマーケティングが提供するリード顧客の質に不満を持ち、マーケティングはエンジニアリングが約束した新機能の提供が遅いことに不満を持つのです。ファブも、対立する部署ごとのサブカルチャーに悩まされました。

ステップ9　倫理的な過ち：成長を持続させなければならないという強いプレッシャーから、起業家が法律や規制、倫理面で手抜きをしてしまうことがあります。例えばウーバーは、従業員に、競合であるリフトへの乗車を予約してからキャンセルすることを奨めたとして告発されました。ファブは、このような倫理的な問題は回避しました。

ステップ10　投資家のアラーム：ベンチャー企業が現金を使い果たすと、バリュエーションが下がります。ストックオプションの価値がなくなり、社員は退社します。投資家は資金投入を渋るようになります。もし既存の投資家がベンチャー企業に救いの手を差し伸べてくれるとしたら、その投資家は大量の新株を要求し、上級管理職や追随しない投資家の持ち株を大幅に希薄化します。取締役会では、資金調達を行うかどうか、またどのように行うかについて、激しい争いが起こります。

ステップ11 エンドゲーム[4]：この時点で、問題は明らかです。会社は持続不可能な速度で成長しており、減速しなければなりません。問題は、どの程度ブレーキを踏むかです。マーケティングの蛇口を閉めるだけで十分なのでしょうか？ それとも人員削減が必要なのでしょうか？ 会社の売却を試みるべきでしょうか？ 懐の深い大手企業がサポートしてくれるでしょうか？

　急激に規模を拡大したスタートアップでは、このようなことが何度も繰り返されます。なかには、従業員を削減し、マーケティングを縮小し、より忠実で収益性の高い顧客層に焦点を絞ることで生き延びる企業もあります。グルーポンやジンガなどがその例です。しかし、ファブをはじめ、多くのスタートアップにとって、スピードトラップは致命的です。

RAWIテスト

　スピードトラップを避けるには、どうすればよいのでしょうか？ そのレーダー探知機となるのがRAWIテストです。このテストでは、スタートアップが成功裏に規模化できる態勢にあるかどうかを判断するために、4つのカテゴリーの質問を行います。

準備はできたか？（Ready?）：そのスタートアップは、実績のあるビジネスモデルを持っているか？ ターゲット市場は、成長し続けられるだけの規模があるか？ 規模が拡大したときに、新規顧客の獲得が困難になったら、価格やコストの引き下げに耐えられるだけの高い利益率があるか？

可能か？（Able?）：そのスタートアップは、急速に拡大するために必要な人材や資金にアクセスできるか？ 大量の新入社員をトレーニングし、調整することができるか？

4　もともとはチェスの用語で、ほぼ負けが確定している状況。

意欲的か？（Willing?）：起業家はビジネスを成長させることに熱心か？　そうすることで彼らの当初のビジョンが前進するか？　VC 資金を大量に調達することによる株式の希薄化、投資家がスタートアップの取締役会を支配することによる解雇のリスク、長時間労働による人間関係の悪化などを厭わないか？

呼び込むか？（Impelled?）：そのスタートアップには攻撃的な競合がいるか？　眠れるドラゴンを起こしてしまう危険性はないか？　強力なネットワーク効果、高いスイッチングコスト、強力な規模の経済性が「土地の奪い合い」を誘発することはないか？

　重要なのは、RAWI テストは一度だけ行うものではないということです。市場の動きや会社の業績を考慮して、起業家は定期的に（例えば四半期ごとに）RAWI テストを行うべきです。

準備はできたか？（Ready?）

　ある一定のペースで事業を拡大しても、プロダクトと市場の適合性を維持できるとリーダーが確信している場合は、そのスタートアップは規模化の準備ができています。つまり、ターゲットとなる顧客のニーズを満たし続けることで、健全な利益を生み出し、その利益が新たな投資家を引き付けて規模の拡大を維持できるのです。

　長期的な収益性は、スタートアップが成長しても LTV/CAC 比率が閾値以上を維持することで確保されます。閾値は、ベンチャー企業のビジネスモデル、特に強力なネットワーク効果を活用する能力と、収益 1 ドル当たりの固定費のレベルによって異なります。

　ネットワーク効果が目標 LTV/CAC 比率に与える影響については、後出の「呼び込むか？」のパートで説明するので、ここでは固定費について見てみましょう。LTV は、典型的な顧客から長期間にわたって得られる粗利益（収

益から変動費を差し引いたもの）を反映していることを思い出してください。ベンチャー企業は、すべての顧客から十分に高い粗利益を得て、顧客の獲得コストと企業の固定費をカバーし、利益を生み出さなければなりません。SaaS（Software as a Service）[5]ベンチャーのように、固定費が多いビジネスでは、LTV/CAC比率が3.0を超えるのが一般的です。

成長スピードと収益性をバランスさせる

では、スタートアップはどのくらいのスピードで成長しつつ、LTV/CAC比率を閾値以上に保つことができるのでしょうか？　これは、前章で説明したスピードを決める要因に依存します。

1）**飽和リスク**：スタートアップがターゲットとする顧客セグメントのほとんどに自社プロダクトを提供したタイミング
2）**品質**：プロダクトの欠陥や顧客サービスのエラーを生むことなく、どれだけ速く成長できるか
3）**競合**：特に急速な拡大によって生み出される競争環境

以下では、飽和リスクについて検討し、「できるか？」のパートで品質について、「意欲的か？」のパートで競合について、それぞれ説明します。

ファブは成長するにつれ、シェルハマーの個性的なプロダクトの大ファンである、アーリーアダプターを飽和させていきました。次々と現れる顧客は、購入頻度が低く、より大きな割引を必要とし、無料のクチコミよりも有料のマーケティングによって獲得されました。つまり、新規顧客のLTVは初期の顧客に比べて低下し、有料マーケティングが必要となったことでCACは押し上げられたのです。

5　それまでパッケージ製品として提供されていたソフトウエアを、インターネット経由でサービスとして提供する形態。

規模が拡大しているスタートアップが飽和状態に陥りやすいかどうかを判断するためには、すべてのアクセス可能な市場における顧客セグメントの規模と、それらのセグメントがどの程度の速度で成長する可能性があるかを理解する必要があります。しかし、顧客セグメントの規模の推定は、その境界があいまいなことが多いため、不正確なものです。例えば、アーリーアダプターとメインストリームの顧客が明確に分かれることは、ほとんどありません。

このため、スタートアップは、新たに獲得した顧客のコホートのパフォーマンスを分析し、飽和状態を追跡する必要があります。ここでは、各コホートは、同じ期間（同じ月や四半期）に獲得された顧客から成ります。異なるセグメントの顧客を1つのコホートにまとめてしまうと、セグメントごとのトレンドが見えなくなるため、同じ顧客セグメントに属し、同じマーケティング手法で獲得した顧客であることが理想的です。例えば、グーグルでプロダクトを検索した人は、フェイスブックの広告に反応した人よりもニーズが強く、ロイヤルカスタマーになる可能性が高くなります。

別のコホート分析では、顧客の満足度とプロダクトへの関与に関する主要な指標の動向を追跡します。例えば、期間ごとの平均消費額、リテンション率と再購入率、新規顧客の紹介数などです。指標はビジネスモデルによって異なります。例えば「フリーミアム」タイプ[6]のプロダクトの場合、無料版から有料のプレミアム版へのコンバージョン率が大事です。

市場の飽和リスクをコホート分析する

次の表は、フリーミアムプロダクトのコホート分析の例です。

コホート分析表を見ることで、パフォーマンスが向上しているのか、劣化しているのかが、すぐに確認できます。表のいちばん上の行には、ユーザーとなってから1カ月目、2カ月目、などの時間が表示されています。その下

6　基本的な機能は無料で提供し、付加的なサービスを有料とする収益モデル。ソーシャルゲームなどで多用される。

グーグルアドワーズ[7]で獲得したコホートの無料版
→有料版への累積コンバージョン率

月	1カ月	2カ月	3カ月	4カ月	5カ月	6カ月	7カ月	8カ月	9カ月	10カ月
15年2月	0.1%	5.0%	6.8%	7.8%	8.2%	8.8%	8.9%	8.9%	9.0%	9.0%
15年3月	0.8%	5.3%	7.1%	8.0%	8.7%	9.6%	9.7%	10.2%	10.4%	
15年4月	0.9%	5.0%	5.7%	7.4%	8.6%	8.9%	9.7%	9.9%		
15年5月	1.1%	3.2%	4.2%	4.9%	5.1%	5.6%	5.9%			
15年6月	1.4%	3.9%	5.1%	5.7%	6.1%	6.3%				
15年7月	0.9%	3.5%	4.7%	5.9%	6.0%					
15年8月	0.7%	3.7%	4.7%	5.0%						
15年9月	0.2%	2.5%	3.1%							
15年10月	0.1%	2.0%								
15年11月	0.0%									

の各行は、最も古いコホートから始まり、そのコホートが1カ月目、2カ月目とどのくらいの累積で有料版のユーザーになったかを示しています。

　これを見ることで、新しいコホートが古いコホートよりも良い結果か、悪い結果かを確認できます。この例のように、最近のコホートでコンバージョン率が低下している場合、ターゲット市場が飽和していることを示している可能性があります。例えば、最も古い2015年2月のコホートの7.8%が、4カ月後にプレミアム版にアップグレードしていたのに対し、8月のコホートは4カ月目に5.0%しかアップグレードしていません。

　パフォーマンスの低下は、顧客へのサービス不足や競争の激化など、飽和状態以外の問題が原因で起こることもありますが、これらが問題ならば、新旧すべてのコホートに等しく影響を与えるはずです。

　コホート分析で飽和リスクを評価する方法の問題点として、トレンドが明

7　グーグルが運営する広告出稿サービス。高額を支払うほど検索上位に名前が出る。

らかになったときには、すでに飽和状態になっていることが挙げられます。HBS の同僚であるマーク・ロバージは、サブスクライブした顧客の維持率や有料会員へのコンバージョン率など、コホートのパフォーマンスを測る指標の多くは、顧客満足度やエンゲージメントを測る指標としては、遅行指標であると指摘します。

その解決策の1つが、NPS[8]です。NPS 調査では、顧客がそのプロダクトを友人や同僚に紹介する可能性を0〜10の範囲で尋ねます。スコアは、「推奨派」（スコア9または10）の割合から、「反対派」（スコア0〜6）の割合を差し引いて算出します。NPS のスコアが50％を超えると、優れているとみなせます。

ロバージは、規模化を行うスタートアップ企業は、一歩進んで、1）長期的な顧客満足度を予測しやすく、2）顧客獲得後すぐに測定可能な指標に焦点を当てて、コホート分析を行うことを推奨しています。

例えば、ロバージが以前勤めていた**ハブスポット**は、プラットフォームの25の機能のうち5つ以上で、60日以内に使用した新規顧客の割合を計測していました。この指標は、長期的な顧客の維持と購買に強く関連していたのです。この数字が80％を超えると、経営陣は、そのコホートが「レール上」にとどまっていると判断しました。

顧客獲得コスト（CAC）のコホート分析

コホート分析を行うことで、起業家は、リテンション率や平均の購買額を過大に見積もって LTV の計算を膨らませる誘惑を、避けることができます。コホート分析では、顧客セグメントやマーケティング手法ごとに、顧客獲得コスト（CAC）を長期的に追跡する必要があります。

次の表は、グーグルアドワーズを使って無料ユーザーを獲得するコストが上昇していることを示しています。最近の3つのコホートの CAC は、それ

8　NPS は通常の顧客満足度調査よりも企業の業績と高い相関があるとされる。コンサルティングファームのベイン・アンド・カンパニーが開発した。

グーグルアドワーズで獲得した無料ユーザーのコホート別顧客獲得コスト

コホート	無料ユーザー CAC
15 年 2 月	$0.12
15 年 3 月	$0.12
15 年 4 月	$0.13
15 年 5 月	$0.08
15 年 6 月	$0.12
15 年 7 月	$0.12
15 年 8 月	$0.20
15 年 9 月	$0.18
15 年 10 月	$0.36

以前のコホートの CAC に比べて、約 2 倍になっています。

　CAC の増加は、飽和状態の兆候かもしれませんが、必ずしもそうではありません。ベンチャーキャピタリストのジェフ・バスギャングは、石油の掘削にたとえています。いくつかのマーケティングのチャネルは、少なくとも一時的には成功しますが、最終的にはすべての油田が枯渇します。例えば、検索連動型広告では、検索エンジンに特定のキーワードを入力した見込み客にしかアプローチできません。スタートアップが検索広告に過剰投資すると、効果の薄い検索ワードを使わざるを得なくなり、CAC を高めます。
　あるマーケティングチャネルの CAC が上昇するもう 1 つの理由は、競合がマーケティング投資を強化していることです。マーケティング競争によって CAC が上昇している可能性があるのです。

　ゴールドバーグとファブの経営陣は、コホート分析を行い、LTV/CAC 比率の悪化傾向を把握していましたが、迅速には行動しませんでした。ファブをユニコーンにした VC ラウンドの調達から 3 カ月後の 2013 年 10 月、彼はチームへのメモに「2 億ドルを費やしたのに、ビジネスモデルを証明できて

いない……。顧客が何を買いたいのかを正確に把握していることを、証明できていない」と書きました。さらに、CEOとしての自分の失敗談を書き連ねています。

- スピードを出しすぎないように指導した。
- ターゲットとなる顧客を絞ることにはこだわらなかった。
- 顧客への提供価値を正しく理解する前に、マーケティングにお金をかけすぎた。
- コストや指標に関する十分な規律を企業文化に組み込んでいなかった。
- 欧州への過剰投資を許してしまった。
- 早く修正する必要性を感じなかった。

「ファブの失敗の根本的な原因は、プロダクトと市場の適合性（プロダクト・マーケット・フィット）を維持できなかったことです。初期の結果には本当に感動しました。顧客は私たちのプロダクトに情熱を持っており、そのプロダクトは時代の流れに合っていました。しかし、初期のハードコアなユーザーを除けば、十分なリピート購入には至りませんでした。最初の顧客は次の顧客の代表ではなかったのです。そこで勘違いしてしまい、急拡大してしまったのです」

　簡単に言えば、ファブは規模化する準備ができていなかったのです。ゴールドバーグは次のように続けます。「VCは、私たちの最初のコホートは、今まで見た中で最高だと言ってくれました。こんなに速いEコマースの成長は見たことがないと。NPSスコアも高いものでした。だからこそ、アクセルを踏み込むのが賢明だと思ったのです。投資家たちは急成長のチアリーダーで、私たちの野心的な成長計画に興奮していました」

　ファブの事例が示すように、コホート分析を行ってLTV/CAC比率の傾向を理解することは、規模化を成功させるために必要ですが、十分ではありません。起業家はトレンドを正しく解釈し、それに基づいて行動しなければなりません。パフォーマンスが期待を下回った場合、彼らは2つの道を選ぶこ

とができます。1つは成長を遅らせることで、経営者の時間を確保することです。プレッシャーの少ない環境であれば、問題を診断し、それを解決するための適切なプランを立てることができるでしょう。

逆に、「問題を完全に理解し、解決する方法を知っている」「スピードを落とせば、競合に追われて勢いを取り戻せないかもしれない」「意図的に成長を抑えれば、投資家に警戒される」などと考えて、アクセルを踏み続けることもあります。ゴールドバーグが影響を受けたのは、こちらのほうでしょう。2013年初め、あるシニアメンバーはファブの欧州事業を半分程度に縮小することを提案しましたが、ゴールドバーグは2013年6月の大規模な資金調達が完了するまで、その案には消極的だったといいます。つまり、起業家の自信過剰と、見たいものを見てしまう傾向が、バランスを崩してしまうのです。

可能か?(Able?)

スタートアップが規模を拡大できるのは、一定のペースで拡大するために必要なリソースにアクセスし、効果的に管理できると確信している場合です。そのためには、次の3つの質問を投げ掛ける必要があります。

1. 加速した成長のために必要な資金を調達できるのか?
2. 最前線の機能を担う有能な社員を十分に雇用し、彼らが仕事をうまくこなせるように教育できるか?
3. そのような現場の従業員の努力を効率的かつ効果的に調整するための、適切なシニアリーダー、組織構造、マネジメントシステムがあるか?

3つの質問の答えがすべて「イエス」であれば、そのスタートアップは規模化できます。

資金:ファブは2013年6月に1億6,500万ドルを調達しましたが、ゴールド

バーグが目標としていた3億ドルには届かず、グローバルでの積極的な成長計画に資金を投入することができませんでした。

最前線の社員たち：急激な拡大のため、ファブは有能な社員をすぐに雇えず、業務に支障をきたしたり、顧客サービスに支障をきたしたりするおそれがありました。幸いなことに、ファブには嵐を乗り切るだけの優秀なスタッフがそろっていました。出荷が遅れるなどの問題はあったものの、カスタマーサービスにかかわる深刻な問題は回避できました。

　急激な成長を遂げているスタートアップ企業は、ファブほど幸運ではありません。例えば、消費者がオンラインで株式取引をするようになったとき、イートレードに代表されるネット証券は、爆発的に増えた取引量に追い付くための顧客サービス担当者の採用と、トレーニングを行うことができませんでした。顧客は、対応を待っている間に利益が失われていくのを見て、憤慨しました。
　急激に拡大する需要に対応できるだけの有能な従業員を雇用できない場合、どうすればよいのでしょうか。もちろん、成長にブレーキをかけるという選択肢は常にありますが、上記のような理由で検討されることはほとんどありません。

　その代わりに経営者は、1）「ぬるい人[9]」で組織の各階層を埋めてしまう、2）既存の従業員に、速く仕事をするよう圧力をかける、3）トレーニングを怠り、新入社員をそのまま戦場に送り込む、といった方法を選択します。
　ミスが続出するのは当然です。人員を節約するために問い合わせを放置し、顧客に不満を抱かせてしまうこともあります。リード・ホフマンはこう述べています。「急速に拡大している多くの企業では、『自分のペースを落とさない程度に、できる限りの顧客サービスを提供する』と言います。ただそれは、サービスがないのと同じです」

9　ここでは、厳しいマネジメントを行わない人、くらいの意味。

リーダーシップとマネジメント：人員不足によって成長が阻害されるおそれがある場合、起業家は、関連する機能を担当するマネジャーが自分のやっていることを理解しているかどうかを、確認する必要があります。次の章で説明するように、適切な機能分野の責任者を採用することは、言うは易く行うは難しです。特に、スタートアップの CEO がその分野での経験がない場合は、なおさらです。そして、経験豊富な機能リーダーが配置されたら、CEO は彼らの意見に耳を傾けるべきです。もし彼らが、十分なスピードで最前線の社員を雇用し、訓練することができないと言うなら、CEO はその理由を理解するように働きかけるべきです。

　さらに、起業家は、顧客コホートのパフォーマンスを追跡するのと同様に、主要なオペレーションについても追跡する必要があります。主要な機能における採用パイプラインはどのように変化しているか？　内定を出した候補者の割合はどのように変化したか？　生産現場やカスタマーサービスにおけるエラー率や、エラー率と従業員の経験値との相関はどうなっているか？　より深刻な問題を引き起こすリスクと強い相関がある指標を特定すべきです。

意欲的か？（Willing?）

　規模を急速に拡大することを望んでいるかどうかを起業家に尋ねるのは、奇妙に思えるかもしれません。ただ、アクセラレイターのポール・グラハムは、急成長しているスタートアップを率いる起業家は、さらなる成長のためにより多くの資金を調達しなければならないという強いプレッシャーを感じる、と説明しています。

　グラハムが指摘するように、起業家には、より多くの VC 資金を調達することを避け、内部で生み出したキャッシュフローで、ゆっくりと成長のための資金を調達するという選択肢もあります。起業家は、VC とはまったく異なる、リスク／リターンの状況に直面します。

VC は、ポートフォリオに数十社の企業を抱えている場合、つまり数十回の打席に立てるなら、少なくとも１本のホームランと数本のシングルヒット、

ツーベースヒットを期待します。これらを平均すると、たとえ三振が多くても、VCは十分な利益を得ることができます。一方、起業家は平均値ではなく、一度だけ打席に立つのです。フェンス越えを狙うと三振の確率が大幅に上がるのであれば、より安全な戦略をとろうとする人もいるでしょう。

　第二に、高速で規模化することは、CEOに多大な個人的プレッシャーを与えます。過酷な時間が続き、絶え間なくトラブルに見舞われます。採用の失敗、解雇、サービスの問題、顧客の離反など、あらゆることが起こります。もちろん、物事がうまくいっていれば、成果も早く出ます。そんなプレッシャーの中でも、混乱を収めることで大きな満足感を得られるリーダーもいます。ただ、子どもの発表会や友人の結婚式を欠席した後で、「本当にこれでいいのか？」と考える人もいます。

　最後に、起業家がCEOの役割を担っていて、ベンチャー企業の成長速度を上げることを選択した場合、自分が交代させられる確率が高くなることを受け入れなければなりません。成長速度が速いということは、VCのラウンド数が増えるということであり、ラウンドごとに新しい投資家が取締役会に加わるのが一般的だからです。

　この最後の懸念は、「規模化に対する意欲」の根本的な問題と関連します。「速いか、遅いか」は、起業家だけが決めることではなく、取締役会レベルで決めることです。アーリーステージのスタートアップでは、例えば3人の取締役会において、2人の共同創業者が素早く戦略を決定することができます。しかし、レイターステージの取締役会では、投資家の数が創業者の数を上回ります[10]。投資家が急速な拡大を望んでいる一方で、創業者／CEOが重大な懸念を抱いている場合、投資家はCEOが不可欠な存在なのか、それとも自分たちの言いなりになる人に置き換えるべきなのかを判断することになります。

10　早期にIPOできる日本のスタートアップではあまり起こらない。ガバナンスに対する意識の違いも一因となっている。

呼び込むか？(Impelled?)

　RAWIテストの最後の質問は、現在の、または予想される競合が、ベンチャー企業の急速な規模化を促すかを問うものです。この質問は、ほかの3つのRAWIテストの質問とは異質です。ほかの質問では、回答が「イエス」でなければ急成長にゴーサインが出ません。しかし「呼び込むか？」の回答が「ノー」であっても、ほかの3つの質問で答えがすべて「イエス」であれば、起業家は急成長を試みることがあります。重要なのは、「準備ができているか？」という質問に「イエス」と答えた場合、過熱した競争環境がLTV/CAC比率を圧迫することはないと確信している、という前提があることです。このシナリオでは、急速な成長はまだ合理的な選択肢ですが、スタートアップは常に、積極的に拡大しなければならないわけではありません。

　もちろん、4つの質問の答えがすべてポジティブであれば、単純明快です。「今すぐアクセルを踏め！」となります。しかし、「呼び込むか？」の答えが「イエス」でも、「準備はできたか？」「可能か？」「意欲的か？」のうち1つ以上が「ノー」であれば、厄介なことになります。競争上のプレッシャーを感じる一方で、制約が足かせとなってしまうのです。

　あるビジネスモデルが持つ3つの属性（強力なネットワーク効果、高いスイッチングコスト、強力な規模の経済性）は、スタートアップとその属性を同じくする競合企業の成長も加速させます。

ネットワーク効果：例えば、最初のスカイプユーザーは、2番目のユーザーが参加するまで、何もできません。その後、新しいスカイプユーザーが加わることで、会話の相手が増え、既存のすべてのユーザーにとって、プロダクトの価値が少しずつ高まります。スカイプのユーザー数が増えれば、非ユーザーにとっても魅力的なサービスとなり、会話したい相手がすでにスカイプを持っている可能性が高くなります。ネットワーク効果によって、ユーザーがさらにユーザーを生みます。

　ネットワークには、包含するユーザーグループの数によって、ワンサイド

とツーサイドの2つのタイプがあります。ツーサイドのネットワークでは、2つのユーザーグループがあり、それぞれが異なる役割を担います。例えば、クレジットカード会社はカード会員と加盟店を結び付けます。一方、ワンサイドのネットワークでは、ユーザーは1種類だけです。**スカイプ**は後者です。

ツーサイド・ネットワークでは、それぞれの側のメンバーが、反対側のより多くのユーザーにアクセスできることを望みます。これがクロスサイド・ネットワーク効果[11]です。例えば、より多くの加盟店と契約できれば、消費者にとって、そのクレジットカードがより魅力的なものになります。逆もまた然りです。

起業家には、ポジティブなネットワーク効果を利用したプロダクトの成長を加速させる、強力なインセンティブがあります。より大きなネットワークへのアクセスを提供するプロダクトは、既存のユーザーにとってより価値があるため、より高い価格で販売することができるからです。顧客獲得コストも減少するはずです。アメリカンエキスプレス、フェイスブック、リンクトイン、スラックなどでは、この魔法が働いています。

起業家が自社プロダクトのネットワーク効果の強さを知ることは重要です。幸いなことに、コンジョイント分析を使えば、ネットワーク効果を定量的に測定できます。コンジョイント分析では、回答者に2つの商品のうちどちらが好きかを、商品の属性を変えながら何十回も尋ねます。例えば、クレジットカードを検討している消費者の場合、そのカードを利用できる加盟店の数に加えて、カードの利用限度額、緊急時の支援機能、ロイヤリティプログラム、年会費などを尋ねます。そして、アルゴリズムによって、各属性に対する回答者の好みの強さを推定します。

しかし、コンジョイント分析を使いこなすにはある程度のトレーニングが必要ですし、また、回答者が時間に対する報酬を要求する可能性もあるため、採用しているスタートアップは多くはありません。もう1つの方法は、ネッ

11　異なるユーザーグループの拡大が、お互いに反対側のユーザーを引き付けるという好循環を生み出す状況。例えばiPhoneの場合、顧客の多さはアプリ開発業者を引き寄せ、アプリの多さは顧客を引き寄せる。

トワーク効果があると言われている他の類似プロダクトと比較して、「低・中・高」という定性的な言葉で評価するやり方です。

　では、どのようなプロダクトが強いネットワーク効果を発揮するのでしょうか。最たるものは、特定のニーズを持つ当事者（需要側）と、高度に差別化されたプロダクトを持つパートナー（供給側）を結び付けるものです。出会い系サイトや求人サイト、ネットオークション、不動産物件を掲載しているサイトなどがこれに当てはまります。

　初期の段階では、ファブはネットワーク効果を活用できましたが、上記の例ほど強力ではなく、成長とともに効果は弱まりました。また、当初はクロスサイド・ネットワーク効果もありました。ユニークなプロダクトを提供するベンダーは、デザインにこだわる顧客が増えてきたファブに惹かれ、顧客もサイトの奇抜な商品に惹かれたのです。しかし、ファブのキュレーションへのこだわりは、この魅力を制限しました。クロスサイド・ネットワーク効果は、唯一無二のものを求めるわけではない顧客が増えていくうちに、消えていきました。

　起業家は自社が強いネットワーク効果を持つときに速い成長を目指すべきだ、というのであれば、「十分な速さ」や「速すぎる速さ」をどのようにして判断するべきなのでしょうか？　先には、LTV/CAC比率の閾値を使って、成長のペースを決めることを提案しました。これは、ネットワーク効果のあるビジネスにも有効ですが、2つの工夫が必要です。

　まず、強いネットワーク効果を持つスタートアップの目標LTV/CAC比率は、少なくとも最初の数年間は1.0とすべきです。強力なネットワーク効果によってスタートアップが「早く大きくなりたい」と思っているときは、固定費のカバーや利益はしばらく待つことができます。最終的には、LTV/CAC比率を1.0以上に引き上げる必要がありますが、それはネットワークがクリティカルマスに達した後です。

　2つめの工夫は、ネットワーク効果によって顧客が顧客を増やすようにすることです。LTVの計算では、この点を考慮して、プロダクトの予想バイ

ラル係数（v）、つまり、1人の新規顧客が引き寄せる新規顧客の数を加えます。具体的には、1人の顧客から長期間にわたって得られる粗利益に、1 + vを乗じて LTV を計算します。1人の顧客から得られる粗利益の現在価値を100ドルとし、1人の新規顧客が平均して0.5人の新規顧客を獲得すると仮定すると、顧客生涯価値（LTV）は100ドル×（1 + v）、つまり100ドル×1.5 = 150ドルとなります。目標とする LTV/CAC 比が1.0であれば、このスタートアップは新規顧客1人当たり、最大150ドルをマーケティングに費やす余裕があるということです。これは、ネットワーク効果のない SaaS のスタートアップで、顧客1人から100ドルの粗利益を得ている場合の最大 CAC とは、大きく異なります。

このアプローチについての注意点は、以下のことです。バイラル係数を予測する際、起業家は、スタートアップがすでにネットワーク効果の「弾み車」[12]を動かしていることを前提としなければなりません。最初の段階では、ユーザーが非常に少ないため、実際のバイラル係数は非常に低くなります。トライアンギュレートの「ウィングズ」を思い出してください。ナガラジはバイラル係数を0.8と予想していましたが、彼の出会い系サイトには弾み車を回すためのマーケティング予算がなかったため、実際のバイラル係数は0.03でした。

スタートアップがネットワーク効果の活用に成功したら、LTV を計算する際に、事前に予測していたバイラル係数から、実際のバイラル係数に変更する必要があります。バイラル係数の予測を過信しないためには、類似のスタートアップ企業の過去の数値を参考にするとよいでしょう。

スイッチングコスト：潜在的な顧客が高いスイッチングコストに直面する場合、速い成長を促す動機となります。これまでの章で述べたように、顧客は同種のサプライヤーから別のサプライヤーに変更する際に、スイッチングコストに直面します。これらのコストは、大きく2つに分類されます。

12　もとの意味は、動力を伝える回転軸に取り付ける重い車。転じて、物事を加速させる仕組みなどの意。

- **アップフロントコスト**[13]：新しいサプライヤーを探して吟味するのも、新しい関係を始めるのも、時間がかかります。例えば、オンライン証券会社を変更するには、口座間で資金や証券を移動する必要があります。また、プロダクトによっては、新しい機器やソフトウエアに投資し、不要なものを売却する必要があります。

  また、新しい情報システムを導入する際には、エンジニアが既存のデータベースやソフトウエアとの統合を行う必要があります。さらに、携帯電話のように、契約を早期に終了すると違約金が発生したり、これまでに得た利益が失われたりすることもあります。旅行者の中には、1つの航空会社でマイレージを貯めるために、さまざまな不便さをしぶしぶ受け入れている人もいます。

- **混乱のリスク**：ミッション・クリティカルな活動では、サプライヤーを変更することはかなりのリスクを伴います。例えば、クラウドサービスを別のサービスに変更した場合、ファイルが失われたり破損したりすると、深刻な混乱に陥ります。

心理的な不快感という形でスイッチングコストが生じることもあります。「私はテスラに乗る人間だ」というように、ブランドが強い感情を生み出している場合、ブランドを変更することで、アイデンティティの危機を引き起こすかもしれません。

ファブの顧客にとって、スイッチングコストは低いものでした。配送先や請求先の情報を入力したり、ファブのウェブサイトの操作方法を覚えたりするのに少し時間がかかりましたが、それだけです。一方、ジーボの顧客のスイッチングコストは非常に高いものでした。新しいソーシャルロボットを購入するだけでなく、新しいアプリケーションを入手して設定する必要があり、ソーシャル化するために多くの時間を費やすからです。

では、なぜスイッチングコストが高いと、スタートアップは急成長する動

13　最初に必要となるコスト。

機が高まるのでしょうか？　スタートアップが他社の顧客を獲得するために
は、その顧客が被るスイッチングコストを補わなくてはなりません。例えば、
割引（例：１つ買うと１つ無料）やインセンティブ（例：２年プランに申し込む
と iPhone を無料で提供）のようなやり方です。このようなやり方は CAC を
上昇させます。

　こうした状況下では、スイッチングコストが高いと、最初の顧客を獲得す
るための競争に拍車がかかります。初回購入者は、まだどのサービス提供者
とも契約していません。そのため、競合の顧客を奪うのに比べて、CAC は
はるかに低くなります。つまり収益性が高いということです。

　ただ、競合も同じような機会を狙っているため、あなたより先に顧客を獲
得しようと競争するのです。高いスイッチングコストによって封じ込められ
た顧客を一旦獲得すれば、高価格を享受できるからです。

規模の経済性： スタートアップの中には、規模の経済性の恩恵を、ほかより
もはるかに大きく受けられるものがあります。そうした場合、起業家は急成
長したいと感じるでしょう。

　固定間接費をより多くのユニットに分散させると、ユニットコストが低下
します。また、特定の作業をスペシャリストに任せたり、ボトルネック[14]を
解消したりするなど、生産方法を常に改善することでも、コストを下げるこ
とができます。学習曲線[15]も効いてきます。これは以下のようなケースで特
に重要です。

- **付加価値の高い生産プロセス：** 学習曲線の傾きは、航空機の組み立てや
  半導体の製造のように、労働力や機械が生産工程で大きな付加価値を生
  む場合に、最も急になります。一方、アルミニウムや電気などはコモデ
  ィティであり、量が増えてもコストの削減にはつながりません。

14　全体のスピードを決めてしまう、最もキャパシティの低いプロセスや機能のこと。
15　累積的に多くの量を生産・提供するとコストが下がる現象。習熟やそれに伴う生産性の向上などによっても
　　たらされる。

- **安定した技術**：生産技術が安定していると学習曲線が効きます。もし、小規模な競合がまったく新しい、しかも大幅に効率の良い生産プロセスを開発すれば、既存企業が苦労して獲得した学習効果のコスト優位性を消滅させます。

多くの企業と同様、ファブも規模の経済性を享受しましたが、急激な成長を促すほどのものではありませんでした。初期の段階では、ベンダーに商品をドロップシップさせることで固定費を抑えていました。原材料を完成品にするための労働力や機械なども、ファブの総コストに占める割合は小さいものでした。自社で製造するプライベートブランドのカスタム家具を除いて、ファブは完成品をベンダーから調達していました。そのため、ファブは大きな学習効果を得ることができませんでした。

（愚か者たちの）ゴールドラッシュ？

強力なネットワーク効果、高いスイッチングコスト、強力な規模の経済性、これらすべてがスタートアップの急成長を促します。しかし、ときには、これらの恩恵を受けていなくても、スタートアップは成長を加速させることを目指します。スタートアップが「用意ができていて」「可能で」「意欲がある」状態で、顧客獲得にLTV以上のコストがかかっていなければ、問題はありません。

しかし、強力なネットワーク効果や規模の経済性、スイッチングコストを活用する能力がなかったにもかかわらず、ファブは過熱した市場で競争することになりました。ゴールドバーグだけではなく、競合である**ウェイフェア**や**ワン・キングズ・ラン**も同じことをしていました。例えば、ウェイフェアは2012年に1億1,300万ドルのマーケティング費用を投じ、6億100万ドルの売上げを達成しました。フラッシュセール・サイトのギルト・グループやルーララも、積極的に投資しました。

そして最終的には、アマゾンが大ナタを振るいました。2012年から13年

にかけて、このカテゴリーは「土地の奪い合い」になったのです。なぜでしょうか?

　起業家が成長のために過剰な投資をしてしまう理由は、3つあります。第一に、顧客獲得のために過剰な投資をしていることを、理解していないことが挙げられます。次に、マーケティング費用が過剰であることはわかっていても、自信過剰や希望的観測によって、より良い結果がすぐそこにあると思い込んでしまうのです。

　3つめの理由は、より困ったものです。起業家が、「土地の奪い合い」に陥っていることを知り、それにもかかわらず投資家がベンチャーを過大評価している場合、彼／彼女は投機的バブルを利用する機会があると考えます。つまり、損失が拡大しているにもかかわらず、爆発的な収益成長に魅了されたナイーブな新規投資家に、高値で株式を売却することができるのです。既存の投資家は、この椅子取りゲームが終わる前に会社を売却したり、株式を公開したりすることができれば莫大な利益を得ることができると考えて、これを奨励することもあります。

ペースダウン（デエスカレーション）は可能か?

　もしあなたがゴールドラッシュに巻き込まれた起業家で、自分のスタートアップが金鉱ではなく、墓穴を掘っているのではないかと危惧しているなら、何かできることはないでしょうか?　スピードを落とすことです。そして、銀行にいくらかの資金があることを確認してください。しばらくは資金調達が難しいかもしれませんが、成長のために過剰な投資をしている競合にも、いずれ現実が追いついてくるはずです。いつかは破綻し、投資家から見放されてしまうでしょう。そのような状況を乗り切るだけの資金があれば、あなたのスタートアップは生き残れます。

　ライバル企業を説得してペースダウンさせる「デエスカレーション」は可能でしょうか?　家庭用品のオンライン小売りのように、競合が密集している新市場では、デエスカレーションが双方にとって有益であることを、競合に納得させることは可能かもしれません。例えば、起業家は支出のペースを

落としてから、経済誌、業界アナリスト、サプライヤー、規制当局、投資家、チャネル・パートナーなどに減速の理由を説明し、ライバル企業にも成長のために支出しすぎていると説得することができます。もちろん、価格に関する談合は違法です。ここでの目的は、競合に範を示し、それに従ってもらうことです。

　ゲーム理論[16]の研究者は、以下のようなケースでは、相互に有益なデエスカレーションが起こる可能性が高いとしています。

1. **プレーヤーの数が少ない**：競合数が多いと、誰かが抜け駆けをして、他社が手を緩めている間にシェアを奪う可能性が高くなります。
2. **長く交流を続けてきた相手**：お互いのシグナルや動きを解釈する経験が豊富で、信頼関係を築く機会も多くなります。
3. **今後も交流を続けることを期待する**：スピードを落とすという暗黙の了解を破った場合の風評被害を重視します。
4. **市場機会についての信念の共有**：市場の規模や成長性、競合の相対的な強さについて、競合他社が異なる見解を持っている場合、競争が激しくなるリスクが高まります。
5. **透明性のある動き**：透明性があると、デエスカレートに暗黙のうちに合意した後の「ごまかし」（重要顧客への秘密の値下げなど）が減ります。
6. **意思決定から観察可能な動きまでのタイムラグが短い**：競合が平和的なジェスチャーをしたことに気づかずにエスカレートするリスクを、軽減することができます。

　上記のうち、スタートアップ企業に当てはまらないのは、2番目です。その性質上、交流の歴史があまりないからです。ほかの基準は当てはまるかもしれませんが、競合に賢明な支出をしてもらうようシグナルを送ることには、2つのリスクがあります。第一に、競合はこれを、正面からの競争に耐えら

16　複数の主体がかかわる意思決定の問題や行動の相互依存的状況を、数学的なモデルを用いて研究する学問。

れない弱ったライバルの必死の策略と受け止め、かえって決意を強めてしまう可能性があります。第二に、投資家がこの苦境の呼び掛けに過剰反応し、セクター全体の評価を下げてしまうかもしれません。

　おさらいしましょう。ファブは RAWI テストに合格できませんでした。十分な人材を確保し、効果的に人員を配置できるという点で、このベンチャーは急速に規模を拡大することができました。しかし、その積極的な拡大計画に必要な資金を調達することはできませんでした。ゴールドバーグは、投資家と同様にファブの成長を望んでいました。しかしファブは、強いネットワーク効果やスイッチングコスト、規模の経済性によって、成長が促されることはありませんでした。これは、拡大が必須ではなく、オプションであったことを意味します。

　ファブの根本的な失敗の原因は、規模化する準備ができていなかったことにあります。ファブは、最初の「ゴールデンコホート」からメインストリーム市場へと拡大するにつれ、プロダクトと市場の適合性を維持できなくなりました。LTV/CAC 比率は、競合が顧客獲得のための施策をエスカレートさせたため、圧迫されました。そして、ヨーロッパ進出がとどめを刺しました。

　次章では、ファブと同じ分野のスタートアップで、RAWI テストに失敗した企業を紹介しますが、パターンは異なります。ドット & ボーの CEO と取締役会は、ファブと同様に、「成長したい」という意志を持っていました。ドット & ボーは拡張する準備ができており、成長してもプロダクトと市場の適合性を維持していました。しかし、重要なリソースにアクセスできなかったために、失敗したのです。

Chapter 7

助けが必要

強力なオンラインストア、ドット & ボー

　ドット & ボーは、2007年に有名人のニュースサイトを CBS インタラクティブに売却し、そこで上級管理職に就任した経験を持つシリアルアントレプレナー、アンソニー・スーフーによって設立されました。

　数年後、彼は食品、旅行、インテリアなど、ライフスタイル・カテゴリーで E コマースをスタートさせる機会を得ました。CBS が社内でこのコンセプトに資金を提供してくれなかったため、スーフーは自分でビジネスを立ち上げるために退職します。2011年、スーフーは VC のトリニティ・ベンチャーズの客員起業家となり、ビジネスチャンスを探り始めました。

　スーフーは、どのライフスタイル分野を追求すべきかを特定する前に、トリニティが主導したシリーズ A ラウンドで、950万ドルのプレマネー評価額で450万ドルを調達しました。スーフーは半年後、巨大な市場である家具・インテリアにたどり着きます。家具・インテリアは、実店舗において、限られた品揃え、強引かつ訓練されていない販売員、長い納期などで、消費者を失望させることの多い市場でした。2カ月後の2013年2月、スーフーは小さなチームでドット & ボーを立ち上げました。
「ドット & ボーの差別化のポイントは、入念に計算されたインテリアと家具のコレクションです。個々の商品は、部屋のデザインを構成する要素として提示されます。それぞれのコレクションは、商品を『役者』として、架空のテレビ番組のエピソードに見立てました。通常、椅子を売ろうとすると、99％は椅子の属性に注目します。私たちは、椅子に50％、部屋にあるほかのすべてのものに50％の力を注ぐことにしました。全体をまとめてコンセプトを売るのです。イケアに比べて10％程度のプレミアム価格で、優れた品質とデザインを提供します」

　このアプローチは、顧客の共感を得ました。月間売上高は、2013年2月の1万ドルから12月には75万ドルへと急成長します。主要なマーケティン

グチャネルであるドット＆ボーのプロモーションメールは、業界平均の2倍から3倍の開封率を記録しました。トリニティのパートナーであり取締役でもあるガス・タイは、「これまで見てきたなかで、最も強力なオンラインストアの立ち上げだった」と語っています。

　さらなる成長のために、スーフーはシリーズBラウンドを実施しました。スーフーは2週間以内に2つのタームシートを受け取り、さらに、実店舗を持つ大手小売業者から4,000万ドルでドット＆ボーを買収したいというオファーを受けました。ドット＆ボーの取締役会は、さらに大きな可能性があると考え、スーフーに買収提案を断るように言いました。スーフーはそのとおりにし、2014年3月に1,500万ドルのシリーズBラウンドを、プレマネー評価額5,000万ドルで完了させました。

　2014年の間に、ドット＆ボーは顧客数を急速に増やしつつ、プロダクトと市場の適合性を維持しました。リピート購入率は引き続き高く、クチコミでの紹介も増えました。この年に獲得した顧客のLTVは約200ドル、CACは平均40ドルと予測され、LTV/CAC比率は競合企業よりもはるかに優れていました。

急成長と逼迫するサプライチェーン

「企業によっては、50ドルの買い物を1回しかしなかった顧客を獲得するために、400ドルを費やすこともあります」とスーフーは述べています。2014年の収益は1,500万ドルで、13年に比べて約7倍に増加しました。収益の伸びは好調で、毎月の顧客コホートは目標を達成していました。

　しかし、急成長には代償が伴います。ドット＆ボーは売上げの42％をマーケティングに費やし、後述するオペレーション上の問題から粗利益率は25％にとどまり、2014年には800万ドルの営業損失を計上しました。

　爆発的な成長は、ドット＆ボーのサプライチェーンに負担をかけていました。このスタートアップは、さまざまな方法でプロダクトを調達していました。サプライヤーの中には、ドット＆ボーが注文を受ける前にドット＆

ボーの倉庫に大量に出荷するところもあれば、連続して注文を受けた後に倉庫に少量ずつ出荷するところもあり、また、個々の商品をドット＆ボーの顧客に直接、ドロップシッピングするところもありました。

その結果、購入後のNPSが41であるのに対し、配送後のNPSは−17という、驚くべきギャップが生じました。さらに、このスタートアップの急成長はサプライヤーの在庫不足を招き、多くの注文をキャンセルせざるを得なくなりました。ドット＆ボーの投資家は、「需要が多すぎるのは良いことだ」という理由で平然としていましたが、それは間違いでした。

2013年、ドット＆ボーは倉庫と出荷の管理を、若くてエネルギッシュな社員に任せていました。しかし、問題が深刻化するにつれ、スーフーは、オペレーションを指揮するベテランのマネジャーが必要だと考えました。彼は、2つの大手ハイテク企業でジェネラルマネジャーを務め、2つのスタートアップ企業でCEOを務めた経験を持つ、オペレーション担当のヴァイスプレジデントを採用しました。しかし、彼はそのいずれにおいても、Eコマースのオペレーションを担当したことはなかったのです。

彼の最初の仕事は、調達、在庫、注文などの業務を管理するためのERPシステム（統合基幹業務システム）を選択することでした。しかし、業界での経験がなかったため、誤った選択をしてしまいます。購入したシステムは、ドット＆ボーの複雑な調達の組み合わせに対応できなかったのです。その結果、商品の在庫状況を正確に把握することができず、ドット＆ボーのウェブサイトでは、在庫のある商品が在庫切れと表示されたり、逆に在庫のない商品が表示されたりすることがありました。

その結果、顧客サービスへの問い合わせが殺到しました。カスタマーサービス担当者の雇用とトレーニングを十分に行うことができなかったため、電子メールの応答時間は11日にも及ぶことがありました。遅延している注文に対応すべくあわてて出荷することは、ドット＆ボーの利益率の低下につながりました。

スーフーは、ERPシステムの不具合により「『私の荷物はどこですか』という顧客の簡単な質問に、答えることができませんでした」と振り返ります。「送料も正確に計算できませんでした。このシステムでは、需要予測、ベン

ダーとのコミュニケーション、顧客からのフィードバックを追跡して問題を特定することもできませんでした。そして一度 ERP システムを導入すると、それを置き換えるのは非常に困難です。特に、IT チームが小規模にもかかわらず過度な負担を強いられている場合は、なおさらです」

取り戻せなかった時間

　2014年後半、スーフーは、会社のロジスティクス[1]とオペレーションをコントロールすることに注力しました。マーケティング費用を削減して需要の伸びを抑えましたが、ドット＆ボーが SNS で話題になっていたこともあり、それは容易ではありませんでした。スーフーは、ネットフリックスなどで物流の経験を積んだ、新しいオペレーション担当ヴァイスプレジデントを採用しました。新しいヴァイスプレジデントは、運送契約の再交渉、ベンダーの配送責任の厳格な管理、新しい ERP システムへの切り替え計画の策定などを行いました。

　14年末には、春には40％あった注文の遅延が、わずか15％にまで減少しました。また、購入後の NPS と配送後の NPS の差が縮まり、それぞれ54、55と大幅に改善しました。

　2015年5月、事業は順調に推移し、14年の1,500万ドルから4,000万ドルへの増収が見込まれたスーフーは、2億ドルのプレマネー評価額で3,000万ドルの調達を目指し、シリーズ C の募集を開始しました。しかし、その前年、潜在的な投資家は、E コマース企業に対する警戒感を強めていました。BtoC のインターネット企業の株価が平均40％下落し、なかでも母親向けのフラッシュセール・サイトであるズリリーの株価は、2014年2月の70ドルから、15年5月にはわずか11ドルにまで急落していたのです。

　4カ月に及ぶ資金調達の結果、ドット＆ボーの取締役会は会社の売却を決定します。売却プランの中には、米国の大手ネット通販会社からの、

1　原材料の調達から消費者へのデリバリーまでの一連の流れ。狭義には物流を意味する。

5,000万ドルのオファーも含まれていました。しかし、交渉が長引くにつれ、ドット&ボーの資金はどんどん減っていきました。資金の流出を食い止めるため、スーフーは2015年末、6月のピーク時に91人いた従業員を71人にまで減らします。

2016年の春になっても、ドット&ボーはまだ売却に関して、最終決定をしていませんでした。一方で、2億2,500万ドルのVC資金を集めていたオンライン家具販売のライバル、**ワン・キングズ・レーン**が、**ベッド・バス&ビヨンド**に3,000万ドル以下で売却されたというニュースが流れました。

スーフーによると、「この発表により、Eコマース企業の市場は完全に凍りつきました」。

ドット&ボーに対するすべての買収オファーは撤回されました。16年9月、銀行は融資を中止し、このスタートアップに残された唯一の手段は、事業を閉鎖することでした。在庫を整理して得たキャッシュは、ローンの返済と従業員への2週間分の退職金に充てられ、同社に残っていた資産は、100万ドル以下でアリババに売却されました。

ファイナンスのリスク

前章でRAWIテストを紹介しました。このテストの「できるか？」の部分では、スタートアップが規模化に必要なリソースを集め、そのリソースを効果的に管理できるかどうかが問われます。ドット&ボーは、RAWIテストのこの部分でつまずき、私が「助けが必要」と呼ぶ失敗パターンの犠牲になりました。

スピードトラップに陥ったベンチャー企業とは異なり、「助けが必要」のパターンでは、成長とともにプロダクトと市場の適合性を維持しているものの、拡大を続けるために必要なリソースを調達することができません。具体的には、ドット&ボーは、適切なシニアスペシャリストを採用できなかったことに加え、Eコマース企業への新規投資が業界全体で停止したため、資金を調達できませんでした。結果的には、採用の失敗と資本市場の不運が重なって失敗したのです。

トリニティ・ベンチャーズのパートナーであり、ドット＆ボーのボードメンバーでもあるガス・タイは、「2015年には、Eコマースのスタートアップにとって、外部からの資金調達が不可能になりました」と振り返ります。ほとんどのカテゴリーは周期的に資金調達のリスクにさらされており、Eコマースも例外ではありません。

　ドット＆ボーの失敗を振り返って、スーフーはこう述べています。「この分野に対する投資家の関心が高かったならば、デジタル分野への参入に意欲的な大手小売りに、3億ドルで売却することもできたと思います。あるいは、会社を黒字に導くこともできたはずです。チームをもっと強化していたら、上場できたかもしれません。Eコマースで成功するには優れた実行力が必要です。ドット＆ボーは需要面の課題はクリアしました。もっと時間と資金があれば、供給側の問題も解決できたと思います」

　投資バブルは、起業家や投資家が大きくて新しい機会を認識したときに始まるのが一般的で、機械学習、遺伝子編集、音声認識ソフトウエアなどの技術の飛躍的進歩がきっかけとなることが多いものです。

　また、フラッシュセール、ギグ・エコノミー[2]、DtoC[3]など、新しいビジネスモデルを起業家が見出すこともあります。さらに、携帯電話やフェイスブックのアプリケーション・プラットフォームなど、新しいチャネルが急速に普及することでチャンスが生まれるかもしれません。

　早期の参入者は勢いに乗り、クローンを引き寄せます。最初の波に乗り遅れたVCは、次の波をつかまえようと躍起になるものです。起業家も投資家も「不合理な高揚感」に襲われ、一斉に多くの新しいベンチャー企業を市場に送り出します。結果として、その分野は混雑し、スタートアップは優位に立つために多額の投資をしなければならなくなります。そして、淘汰されていくのです。

　薄利多売で資金力のないプレーヤーが道を踏み外しても誰も驚きませんが、

2　インターネットを通じた単発の仕事でお金を稼ぐ働き方。
3　直接ユーザーに販売するビジネスモデル。Direct to Consumer の略。

カテゴリーリーダーが困った状況に陥ると、警報が鳴り、投資家は一斉に撤退します。ドット＆ボーにもそれが起こりました。

圧倒的に必要なレイターステージの資金

　資金調達のリスクは、アーリーステージのベンチャー企業もけっして無縁ではありませんが、彼らには利点があります。生き残るために必要な資金が圧倒的に少ないのです。例えば75万ドルのブリッジローンがあれば、6人のチームならば2年は頑張れるでしょう。

　一方、レイターステージのベンチャー企業は、はるかに多くの資金を必要とします。既存の投資家がブリッジローンのために1,000万ドルを用意したとしても、その投資額の大きさを考えれば、「盗人に追い銭を与えているのではないか」という疑念を抱くはずです。既存の投資家が警戒していると、新規の投資家を集めるのは難しくなります。資金調達の交渉は長引き、その間、ベンチャー企業は急速に減っていく資金を使い果たしてしまいます。倒産の危機を避けるためには、急ブレーキを踏まなければなりません。

　ドット＆ボーのマーチャンダイジング部門責任者であるベン・パーサは、トリニティ・ベンチャーズの投資先のもう1つのEコマース企業である、ズリリーが実施した「早く大きくなる」戦略をまねることで、ドット＆ボーが資金調達のリスクにさらされたと結論づけています。
「トリニティは、ズリリーの株式公開時に大きなリターンを得ました。ズリリーは、強力なEコマースブランドを短期間で構築しました。既存企業の中には、自分たちではオンラインブランドを構築できないため、スタートアップを買収するところがたくさんあります。私たちは、最初からそのような戦略をとっていました。ただ、ドット＆ボーを良い買収対象とするためには、ある程度の規模が必要です。利益が出ている必要はなく、成長に必要な資金があればよかったのです。

　アンソニーは資金調達に長けており、モンスター級の成長エンジンを作り上げたのです。オンラインのライバル企業が満たしていない、潜在的な需要

がたくさんあったのです。私たちは貨物列車を作り、それを高速で走らせました。資本市場が停止したとき、キャッシュフローの損益分岐点に到達するためにブレーキをかけるのは大変でした」

資金調達リスクを回避するには？

資金調達リスクを回避し、少なくともその影響を軽減するために、起業家は何をすればよいのでしょうか。

第一に、好不況の動きに注意を払うことです。起業家は、自分のスタートアップがその分野で後発になるからといって、必ずしも好況の分野を避けたり、計画を放棄したりすべきではありません。例えば、グーグルは検索分野では後発組でしたが、既存企業からシェアを奪えるような、優れたプロダクトを持っていました。起業家は最初の段階で、こう問うべきです。「既存のライバルと対峙したとき、自社の競争力はどうか？　また、資本市場が枯渇したときに、初期の投資家はブリッジ・ファンディングを提供してくれるだろうか？」

レイターステージのベンチャー企業を率いる起業家は、資金調達のリスクを予感した場合、いくつかの予防策を講じることができます。まず、次の重要なマイルストーンに到達するために必要な資金を、予測よりも多く調達することです。そうした資金があれば、失敗から生き残りへのバランスを取ることができます。例えばアマゾンは、IPO後すぐに20億ドルを負債で調達しましたが、これはドットコム・バブルの崩壊で資本市場が凍結したその後の数年間、多額の損失を出しても耐えるのに十分な額でした。

しかし、起業家が必要以上の資金を調達したいと思っても、潜在的な投資家がなかなか同意してくれないこともあります。会社が軌道に乗っているのであれば、シリーズBに1,500万ドルを投資し、その後、より高い株価でシリーズCに2,500万ドルを投資するよりも、シリーズBのラウンドに4,000万ドルを一気に投資したほうが、VCにとってはより大きな持分を得ることができます。

彼らが恐れているのは、4,000万ドルを一度に投資した後にスタートアッ

プが破綻したら、1,500万ドルだけ投資した場合よりもはるかに大きな損失を被る危険性があるということです。

第二に、起業家は、資金調達のリスクに備えるために、ブリッジ・ファイナンスを提供してくれる可能性の高いVCから、資金を調達することができます。ただその場合、今のファンドに十分なお金があることが前提になります。VCは、約3年ごとに新たなファンドを組成します。通常、VCは異なるファンドからスタートアップへの追加投資を行うことはありません。そのため、VCが最初にスタートアップに投資したファンドのお金を使い果たしたときは、スタートアップはVCがさらに投資することを期待してはいけません。

資金調達リスクに対する3つめの予防策として、起業家は、トレードオフの関係にあっても、必要に応じてコストを削減できる柔軟性を確保すべきです。例えば、不動産の長期リースで得られるコスト削減効果を捨て、高い賃料と引き換えに短期リースの解約オプションを確保するのです。

マネジャー不在

資金調達のリスク以外にも、リソースの不足が、規模化を進めるスタートアップの生存確率に大きな影響を与えることがあります。具体的には、重要な機能を担う有能なスペシャリストを束ねるマネジャーの不在は、スタートアップの業績を悪化させ、予想以上の速さで資金を使い果たしてしまう原因となります。

ドット＆ボーは、最初のシニアスペシャリストの採用に苦労しました。スーフーがオペレーションリーダーを必要としていたとき、スペシャリストではなくシニアジェネラリストを採用しましたが、結果は芳しいものではありませんでした。スーフーはこの人材をCOOに育てようとしていました。COOにはジェネラリストのスキルが必要だと考えていたからです。しかし、残念なことに、彼には深刻な問題に対処するために必要な経験が不足してい

ました。

　後任のヴァイスプレジデントは、関連する職務経験を持ち、ドット＆ボーの経営を安定させることができました。しかし、スーフーはこのヴァイスプレジデントのパフォーマンスに満足しておらず、最終的には彼も交代させてしまったのです。「彼は大企業の人間で、言われたことをそのまま実行するタイプでした。例えば、受注から決済に至るまでの平均費用など、指標は改善されましたが、必ずしもビジネスにとって健全なやり方によってではありませんでした。彼はオーナーのようには考えていませんでした。彼は物事を難しく見せる達人で、数字を操作して、物事がうまくいっているように見せるのです」

　ベン・ホロヴィッツは、大企業で磨かれたマネジメントスタイルが、スタートアップのリーダーには「政治的すぎる」と受け取られる可能性がある、と警告しています。ホロヴィッツはまた、大企業のマネジャーは外部からの情報のインプットや決断のリクエストに埋もれるのに対し、スタートアップでは自分が行動を起こさなければ何も起こらないという事実に、多くのシニアマネジャーが適応できないだろうと指摘しています。

　もし、ドット＆ボーの経営陣がもっと早く適切なオペレーション担当ヴァイスプレジデントを見つけていたら、深みにはまることなく、十分なキャッシュを蓄えられたかもしれません。スーフーは、シニアのマーケティング担当者を採用したときにもミスを犯しました。そのジェネラリストは良い仕事をしていましたが、チームを管理した経験がなかったのです。スーフーは「外部の人間が何かを教えてくれると思っていました。しかし、彼は最悪で、４カ月しか持ちませんでした。彼は几帳面すぎて、私たちの学習や成長を遅らせてしまいました。若いジェネラリストを担当に戻したところ、再び軌道に乗ったのです。内部の人間が問題を解決しているときに外部の人間を入れるのは、よく考えるべきです」

　このように、ドット＆ボーは、ある機能では早く、別の機能では遅く、スペシャリストのリーダーを採用することになりました。これは、規模化をしているスタートアップが直面する問題を、浮き彫りにしています。ある機

能（例えばエンジニアリング）で働いたことのある起業家は、他の機能にスペシャリストを採用するための準備ができていないことが多いものです。起業家は、その職務で成功するための重要な要素を理解しているとは限りません。どんなスキルが必要なのか？　技術的な知識は、優れた問題解決能力と比べてどの程度重要なのか？　また、厳密なデータがない場合、過去の経験に従うことがどのくらい信頼できる行動指針となるのか？

本当はどんな人材を採用するべきだったのか？

　では、どのように進めればよいのでしょうか。本当にスペシャリストが必要な場合、起業家には3つの選択肢があります。

　リスクの少ない方法は、紹介やヘッドハンティングを利用して、ジュニアのスペシャリストを入社させることです。この方法にはメリットがあります。彼／彼女は最前線の仕事をすることができ、給料も高くないので、失敗してもコストは低くてすみます。また、スタートアップの経営陣が、採用に関して経験を積むこともできます。一方で、リスクもあります。ジュニアなスペシャリストを採用すると、彼／彼女を効果的に管理するために必要な専門知識を誰も持っていないため、彼／彼女が軌道から外れてしまう危険性があります。

　あるいは、最初にシニアスペシャリストを雇って機能を構築し、その人が最前線の従業員を雇い、重要なシステムやプロセスを導入するという方法もあります。起業家は、優秀な候補者に支払う高額の報酬を嫌がるかもしれません。例えばスーフーは、家具の配送物流の経験があるCOOを採用する機会がありましたが、給与が予算の2倍になってしまうため、採用を見送りました。シニアスペシャリストを見つけて採用できたとしても、リスクが伴います。候補者が大企業でしか働いたことがなければ、スタートアップのリズムに適応できないかもしれません。また、前職ではうまくいっていたやり方に固執しすぎて、ベンチャーには適さないこともあります。

　最終的なソリューションは、この2つのオプションの中間です。最前線での仕事をこなすことができ、かつ意欲的でありながら、管理職への昇進を急

ぎたいと考えている、優秀でハングリーな、ミドルレベルのスペシャリスト
を採用するのです。

　規模拡大中のスタートアップ企業のCEOは、これらの重要な採用の決定
を行う際に、多くの助言を求めるべきです。取締役会メンバーは、候補者を
探し出し、面接を行う必要があります。VCは多くのポートフォリオ企業の
役員を支援してきたので、特にCEOにその職務の経験がない場合は、その
要件について貴重な洞察を提供できるかもしれません。
　また、優秀な人事部長の存在は、幹部候補生の採用活動に大きな影響を与
えます。スタートアップの規模が大きくなるにつれ、人事機能の優先順位は
変化します。こうした移行を管理できる人事責任者がいることが大事です。
コーディング・ブートキャンプ[4]であるフレーション・スクールのCOO、ク
リスティ・レオダンはこう言います。「スタートアップは、ある程度の間、
紹介に頼ってやっていくことができます。しかしどこかで、フルタイムの採
用担当者を迎え入れる必要性が生じます。あなたのミッションと文化を受け
入れ、人材を集める際にあなたの価値観を反映してくれる人が必要なので
す」

　第2段階では、フレーション・スクールの優先順位は、人材に関するオペ
レーション部分に移りました。つまり、従業員の入社からのオンボーディン
グのプロセスを構築し、福利厚生プログラムを開発し、組織全体で目標設定
を連鎖させるのです。

　第3段階では、フレーションは人材開発に焦点を当てました。つまり、ミ
ドルマネジャーのトレーニングとキャリアアップの機会の創出です。規模化
中のスタートアップのこのフェーズでは、人事部長は次のような重要な役割
も担います。1）組織設計（新しいポジションの設立に伴うレポーティング関

4　ブートキャンプは教育訓練施設のこと。もともとは軍隊の言葉だったが、ビジネスに転用されるようになっ
　　た。

係の再構築を含む）、2）企業文化を維持・強化するための CEO へのアドバイス、3）CEO をはじめとする上級管理職のスキルアップや、新しい課題に対応するためのマネジメントスタイルに関するカウンセリング。これらに精通している人事部長は、不足している管理職をどのように雇用するかについて、貴重な洞察を持っています。

システムの不備

　初期のスタートアップ企業では、少人数のチームでも廊下での立ち話で情報を共有し、ピザを食べながら重要な戦略的意思決定を行うことができます。しかし、人数が増えてくると、その場限りのやり取りだけでは十分ではなく、情報共有や意思決定を促進するための、新しいシステムやプロセスが必要になってきます。例えば、営業部門では、リード顧客の優先順位付け、顧客の収益性のモニタリング、担当者への報酬支払いなどのプロセスが必要になります。また、プロダクト開発やエンジニアリングには、チームの生産性を追跡するプロセスや、新機能に優先順位を付けるロードマップなどが必要です。

　あるシステムの有効性が、規模化したスタートアップのパフォーマンスに大きな影響を及ぼすことがあります。例えば、ドット & ボーでは、ERP システムの不具合により、在庫や注文状況を把握することが難しく、売上げの減少や顧客サービスの低下を招きました。一方、ドット & ボーのマネジャーは、さまざまなマーケティングチャネルの収益性を把握していました。これは、収益の40％以上を顧客獲得に費やす企業にとって、重要な能力です。

　非公式なプロセスで意思決定が行われることが多いアーリーステージのスタートアップとは対照的に、規模化しているスタートアップでは、意思決定には正式なレビューと、シニアエグゼクティブの承認が必要な場合があります。繰り返し行われる重要な意思決定については、シニアマネジャーは、誰がイニシアチブをとる権利を持ち、誰が意見を提供し、誰が決定を下すのかを明確にする必要があります。

意思決定プロセスを公式化することは、特に自律性と透明性を重んじる初期の社員にとっては、官僚的に感じられるかもしれません。しかし、形式化によって得られる明確さがなければ、意思決定が滞り、結果に対する説明責任があいまいになり、戦略が迷走してしまいます。難しいのは、官僚主義と混沌の間の適切なバランスを見出すことです。

　投資が必要であることや、起業家が官僚主義を嫌うことから、規模化したスタートアップで、ニーズに先駆けて管理システムを導入する企業はほとんどありません。むしろ、自動化・標準化されたプロセスの欠如から生じるエラー、混乱、不整合、過剰な作業負荷に対応するために、システムを追加するものです。大企業でシステムを使用した経験を持つシニアマネジャーがいる場合には、管理システムに、早期に多額の投資を行うところもあります。しかし、先行投資をしすぎていないか、そのシステムが規模化するスタートアップ独自のニーズを満たしているかどうかを、慎重に分析すべきです。ニーズは刻々と変化します。早期にシステムを構築すると、重要な機能を省略したり、不要な機能に労力を費やしたりするリスクが生じます。

　朗報もあります。システム不足の問題を解決するには、マネジャー不足の問題を解決すればよいのです。いちばん良いのは、現在直面している問題と同様の課題にかかわった経験があり、管理システムをいつ、どのように追加するかについて、賢明な選択ができるシニアスペシャリストを迎え入れることです。RAWIテストの「可能か？」の部分をパスするには、適切なタイプのスペシャリスト・リーダーが舵を取ることが大切です。

Chapter 8

ムーンショットと奇跡[1]

空飛ぶ車が欲しかったのに、
140文字（ツイッター）になってしまった。

ピーター・ティール（起業家、投資家）

画期的な電気自動車ビジネスモデルのベタープレイス

　シャイ・アガシは、道路に電気自動車があふれる世界を夢見ていました。テスラや日産がまだ電気自動車を発売していなかった2007年、彼はスタートアップ「ベタープレイス」を設立し、大胆なビジョンを掲げました。アガシは、彼と同じくイスラエルのエリート工科大学であるテクニオン大学を卒業した父親と共同でベンチャーを立ち上げ、ドイツのソフトウエア会社のSAPに4億ドルで売却した経験があります。アガシはSAPの役員となり、最終的にはCEO候補にもなっていました。

　2005年、ダボス[2]で開催された「フォーラム・オブ・ヤング・グローバル・リーダーズ」に出席した際、彼はあることを思いつきました。石油依存による地政学的不安定と環境破壊を避けるために、世界中のすべてのガソリン車を、再生可能エネルギーで動く電気自動車に置き換えなければならない、と考えたのです。

　翌年、ブルッキングス研究所[3]の会議で、アガシは自分のアイデアをイスラエルの元首相、シモン・ペレスに話しました。アガシの野心に感銘を受けたペレスは、アガシを政府や企業のリーダーに引き合わせるための協力を申し出ました。それは、アガシがSAPの仕事から離れることが条件でした。ペレスはアガシに、「君は世界を救うことができるのだから、この仕事のほうがいい」と言いました。

　2007年3月、アガシはSAPを退社します。ペレスの協力を得てイスラエル政府を説得し、電気自動車への課税を8％に抑えることに成功しました。自動車メーカーとのミーティングでは、もう1つの収穫がありました。ルノー・日産のCEOであったカルロス・ゴーンが、ベタープレイスが10万台の自動車を購入することを約束する代わりに、ベタープレイスの充電ネットワ

1　ムーンショットは大胆な発想に基づく挑戦。人類を月に送ったアポロ計画にちなんでいる。
2　スイスの町。世界から著名な政治家や企業家などが集まる「ダボス会議」で有名。
3　アメリカの著名なシンクタンク。特に米民主党に対する影響力を持つ。

ークの重要な要素であるバッテリー交換ステーション（後述）に対応した、電気自動車を製造することに合意したのです。この電気自動車は、ガソリン車であるルノー車を改良したもので、手頃な価格のファミリーセダンです。

アガシは資金調達に乗り出しました。2007年6月、イスラエル最大の石油会社のCEOであるイダン・オーフェルが、1億1,000万ドルのシリーズAラウンドを主導しました。これは当時、史上最大級のシリーズAの資金調達でした。このラウンドには、モルガン・スタンレー[4]や著名なエンジェルが参加し、その後、デンマークのエネルギー会社やオーストラリアのVCからの投資を受けて、5,000万ドルが追加されました。

資金調達を受け、アガシはチーム作りを開始しました。兄弟姉妹やSAPの元同僚が重要な役割を果たします。兄はグローバルインフラの責任者、妹はイスラエルのマーケティングの責任者になりました。また、グローバルオペレーションの責任者、アライアンスの責任者、CFOにはSAPのOBが起用されました。イスラエル事業のCEOという重要な役割については、アガシはイスラエル国防軍の元少将を採用しました。当初、シニアチームには、充電スタンドのようなプロダクトや、自動車業界での経験者はいませんでした。

イスラエルという立地の利点

アガシがベタープレイスの最初の市場として選んだのは、彼の母国であるイスラエルです。イスラエルは国土が狭く、国境を越えて敵対する隣国[5]に出かける人が少ないため、充電ネットワークの整備に適していました。デンマークは小さな国で、環境に配慮した生活を送る国民が多いことから、2番目の市場でした[6]。

2008年、アガシのチームは、ベタープレイスが規模を拡大するためには、

---

4 アメリカの著名な金融機関。現在は三菱UFJフィナンシャル・グループの持分法適用会社となっている。
5 イスラエルはユダヤ教を中核として成り立っており、隣国（多くはイスラム教国）と多くの紛争を起こしてきた歴史がある。
6 イスラエルの面積は北海道のおよそ4分の1。デンマークの面積は北海道のおよそ2分の1である。

ベタープレイスが提供する車両1台につき、最低2台の充電スポットを設置する必要があると考えます。充電スポットは、駐車場や道路の縁石、顧客のガレージなどに設置され、消耗したバッテリーを4〜6時間で充電できるようにするものです。充電スポットの費用は、設置費用を含めて1台当たり200〜300ドルと予想されました。経営チームは、ベタープレイスが最終的に、イスラエル国内の200万台の自動車の10%にサービスを提供する、というシナリオを検討します。そのためには、40万台の充電スポットを設置する必要があり、費用は8,000万ドル以上になります。

100マイル（約160km）以上の距離を移動するためには（イスラエルは南北の距離がおよそ260マイル）、ベタープレイスはバッテリー交換ステーションを設置しなくてはなりませんでした。このステーションでは、ロボットが消耗したバッテリーを約5分で、完全に再充電されたバッテリーに交換します。2008年、経営チームは、ベタープレイスの車両2,000台につき1基の交換ステーションが必要であると結論づけました。

ステーション1基当たりの設置コストは30〜50万ドルなので、ベタープレイスがイスラエル市場の10%を獲得するには、3,000万ドル以上をかけて100基のステーションを展開する必要があります。

イスラエルにはいろいろメリットがありました。イスラエルでは、ファミリーセダンの70%が、社員の特典として提供されている社用車だったのです。最終的にアガシとチームは、イスラエルの企業400社に、充電ネットワークが利用可能になったらベタープレイスの車に乗り換えるよう、説得しました。

ベタープレイスのコスト構造

2008年の時点では、電気自動車に対する消費者の需要に関するデータは非常に少ないものでした。そうした車は、発売されたばかりのテスラの2人乗りロードスターだけであり、価格も非常に高価で11万ドルでした。そこで、ベタープレイスは市場調査を依頼します。その結果、イスラエルの家庭の

20％がベタープレイスの電気自動車の購入を検討し、同程度のガソリン車に比べて10％高い金額を支払ってもよいと考えていることがわかりました。

この調査では、回答者がルノーの中型セダン1台よりも多くの選択肢を求めていること、そして支払い方法として、一括の前払い購入ではなく、月々のサブスクリプション（定額払い）で支払うことを希望していることも明らかになりました。

アガシは、電気自動車はガソリン車に比べて、所有・運用コストが大幅に下がると考えていましたが、車両と充電ネットワークのインフラの両方に、当初の予想よりも大幅なコストがかかることが明らかになりました。そこでベタープレイスは、イスラエルの消費者にガソリン車と同程度の価格である3万5,000ドルの車種「フルエンス」[7]を販売することを決定しました。この価格にはバッテリーは含まれていません。

代わりに、ドライバーは年間のサブスクリプションによって、ベタープレイスからバッテリーをリースします。契約料金は走行距離によって異なります。1万2,000マイルの年間プランでは3,600ドルでした。イスラエルの消費者は、1ガロン当たり30マイル走るガソリン車で1万2,000マイル走るために、（当時の価格で）3,000ドルのガソリン代を使っていました。電気自動車のほうが安くつくという約束はこれでは果たされません。

ベタープレイスは、バッテリーを搭載していないフルエンスに対して、ルノー・日産に3万1,000ドル（8％の輸入税と16％の付加価値税を含む）を支払うことにしました。バッテリーの初期費用は1万5,000ドルで、2008年にベタープレイスが見積もった8,000〜1万1,000ドルを大幅に上回りました。車両とバッテリーのコストに加えて、ベタープレイスは当初、ネットワークへのアクセスを提供するために、1台当たり年間約1,000ドルの費用を見込んでいました。ここには、電気代、メンテナンス、充電スポットと交換ステーションの減価償却費[8]が含まれます。このビジネスモデルでは、4年後に

7　ルノーの4ドアセダン。フルエンスをベースとしたEVが「フルエンス Z.E.」であり、2010年に発売された。
8　固定資産の取得費用を、耐用年数に応じて配分し、その期の費用として計上したもの。キャッシュの流出を伴わない費用。

車両とバッテリーのコストを回収し、その後はわずかな利益を得ることができます。バッテリーのコストが下がれば、あるいはベタープレイスがほかの自動車メーカーと交渉して車両コストを下げることができれば、収益性は時間とともに向上します。

カリスマ性を持つ創業者の存在

チームは急速に拡大し、世界各地に広がっていきました。ベタープレイスの本社はアメリカのパロアルトにあり、イスラエル、デンマーク、フランス、スペイン、オーストリア、オーストラリアにもオフィスを構えました。さらにオーストラリア、ハワイ、オンタリオ、カリフォルニア、オランダ、中国、日本のパートナーとの間で、パイロットプロジェクトなどの計画が発表されました。

並行して、ベタープレイスのマネジャーは、さまざまなベンダーと協力して、さまざまなシステムコンポーネントの開発を始めました。チャージスポットは、頑丈で、無線モデムを使って加入者の利用状況を把握できるようにデザインされました。

OSCAR（Operating System for the CAR）と名付けられた車両のソフトウエアの開発は、特に困難を極めました。OSCARは、電力使用量とバッテリーの状態を監視し、充電が必要な場合にはドライバーに警告して、最寄りの充電ステーションを案内します。そしてバッテリーの損傷を最小限に抑えるために再充電のスピードを管理し、さらに、電力網の停電を避けるために、顧客の電力使用量が多すぎる場合には、一部の車両の夜間充電を一時的に制限します。

本章を書くうえでの情報ソースとなっている書籍 "Totaled" によると、ベタープレイスはOSCARに総額6,000万ドルを費やしたそうです。また、利用状況の把握や課金管理を行うCRM（カスタマー・リレーションシップ・マネジメント）ソフトウエアの構築も、他のシステムと同様に数百万人の顧客を扱うことを想定していたため、複雑かつ高額なものとなりました。ベタ

ープレイスのキャッシュバーン・レートが上昇するにつれ、このスタートアップにより多くの資金が必要になることは明らかでした。アガシは、2010年1月に3億5,000万ドルのシリーズBラウンドを行いました。11億ドルのバリュエーションでした。

　需要やコストの面で大きな不安があったにもかかわらず、アガシがこの資金調達に成功したのは、彼のカリスマ性と、より良いビジョンを紡ぎ出す能力によるところが大きかったといえます。2009年、アガシは『タイム』誌の「最も影響力のある100人」に選ばれました。電気自動車への移行は「奴隷制度を廃止することに相当する」と主張したTEDトーク[9]は、130万回も再生されました。

　ベタープレイスでコミュニケーション＆ポリシーの責任者を務めていたジョー・パルスカは、「彼が語ることに対する自信は、信じられないほどでした」と述べています。また、ニューヨーク・タイムズ紙のコラムニスト、クライヴ・トンプソンは、アガシのことを「生まれながらのセールスマンで、人の心を読み、心を通わせることができる」と評しています。しかし、トンプソンはダークサイドも感じていたようです。「彼には、コンピュータのプログラミングや論理的思考に惹かれる多くの人々に見られる、頑固な性質もある」

当初の目論見とは異なる展開

　経営チームは、ルノー・日産以外の自動車メーカーをパートナーとして迎え入れることを計画しました。そのためには、ベタープレイスのバッテリー交換ステーションに対応した、バッテリー交換式の自動車を開発する必要があります。多くの自動車メーカーがアガシの提案を検討しましたが、契約に至ったところはなく、さらに悪いことに、アガシはいくつかの自動車メーカーを遠ざけてしまいました。

9　世界中の著名人によるさまざまな講演などが行われ、配信される。

例えば、2008年、GM の幹部は、プラグイン・ハイブリッド車[10]として計画しているシボレー・ボルト用の充電ステーション設置について、ベタープレイスと契約することを提案しました。アガシは、この案を拒否します。「バカげた車だ。私たちは中途半端なことはしません」

　一方で、ベタープレイスとルノー・日産の関係は、ルノー・日産側の責任者が去り、ベタープレイスに懐疑的な人物が後任に就いたことで、悪化しました。ルノー・日産の新任マネジャーは、消耗したバッテリーを30〜40分程度で80％まで充電できる急速充電技術が、充電スタンドにたどり着く前に車のバッテリーを使い切ってしまうのではないかという「走行距離の不安」を解消する、優れたソリューションであると考えていました。

　その新任マネジャーは、アガシとは一度も会っていませんでしたが、日産リーフ[11]を強く推しました。リーフは2010年末に発売され、税制優遇措置を受ける前の価格は 3 万3,000ドルでした。

　ルノーの経営陣は、フルエンスの赤字を回避するために、ベタープレイスの経営陣とデザインをめぐって争いました。例えば「スマートスクリュー」を車に搭載するかどうかという問題がありました。これは、コマンドを送ると交換ステーションでバッテリーが解放され、格納式の金属板の上に来るというものです。しかし、ルノーは、交換ステーションでロボットアームが普通のスクリューを外すという、ルノーから見ればコストのかからない方法を希望しました。ベタープレイスは、交換ステーションのハードウエアのコストが増し、ほかの電気自動車との互換性がなくなってしまうにもかかわらず、これを承諾しました。

　イスラエルでの販売開始に向けて準備を進めていくなかで、主要なネットワークのコンポーネントが、当初の予測よりもはるかに多くのコストを要することが明らかになりました。充電スポットは、最終的に 1 台当たり2,500ドルと、2008年の予想の約10倍となりました。

10　ハイブリッドカー（HV）に外部充電機能を加え、走行距離を長くしたもの。PHEV と表記される。
11　日産が2010年から販売している 5 ドアハッチバック型の電気自動車。

200ドルから300ドルだったものが、実際には1台2,500ドルというのは、現実的な数字でした。2011年、GEは家庭用充電スポットを1,000ドルで販売し始めます。

　ベタープレイスが最終的にイスラエルに設置した21台の交換ステーションは、予想されていた30万ドルから50万ドルではなく、1基当たり200万ドル以上かかりました。開発の初期に雇われたコンサルタントは、その複雑さから、交換ステーションのコストはさらに高くなり、1基当たり300万ドルになるだろうと見積もりました。

　ベタープレイスの経営陣は、ヨーロッパの大手エンジニアリング企業であるシーメンスとABBのデータが50万ドルの予測を裏付けていると主張し、その予測を否定しました。将来的に、イスラエルやデンマークなどで売上げを伸ばして規模の経済を実現すれば、コストは下がるかもしれませんが、それは確実ではありません。ただ、アガシはそれでいいと考えました。

悪化する情勢

　ローンチに向けてのプレッシャーが高まるにつれ、社内の緊張感も高まっていきます。2010年6月の会議で、取締役会はアガシに、会社の浪費について意見を求めました。アガシが抗議すると、取締役会議長のオーフェルはアガシを解雇すると脅しましたが、結局は引き下がります。また、アガシは幹部社員との関係も悪化させました。アガシは業績の悪い社員を叱りつけ、グローバルオペレーションの責任者が彼に相談なく取締役に話をしたという理由で、追い出してしまいます。

　ルノー・日産はフルエンスの納入が遅れ、イスラエルでは官僚的な承認プロセスによって、充電スポットや交換ステーションの展開が遅れていました。建設許可を得るためには、掘っても遺跡に影響がないことを確認する必要があり、許可が下りない場所が多かったのです。車庫などを持たないユーザーのために必要な、道路の縁石に充電スポットを設置することも禁止されていました。

既存のガソリンスタンドは充電スポットや交換ステーションの設置に適していましたが、敷地のうち、ガスポンプ以外に割り当てられる面積は200平方メートルに限られていました。ガソリンスタンドの経営者の多くは、収益性の高いコンビニエンス・ストアにこの敷地を利用していたため、ベタープレイスは離れた場所で充電スポットを探すのに、奔走しなければなりませんでした。また、イスラエルにあるルノーの代理店は、アガシのフルエンスの販売計画に懐疑的でした。そのため、ベタープレイスは、自社で電気自動車を輸入・販売する部門を立ち上げなければなりませんでした。

このような状況では、2011年初めに目標としていたイスラエルでのサービス開始に間に合わなかったのも無理はありません。同年末、さらなる資金が必要となり、アガシは既存の投資家を中心に2億5,000万ドルのシリーズCラウンドを実施します。バリュエーションは22億5,000万ドルに達しました。しかし、目標は3億5,000万ドルであったため、資金面でのプレッシャーは大きくなりました。

チームの崩壊

2012年1月、ベタープレイスがイスラエルでサービスを開始したとき、1日当たり約50万ドルのキャッシュを消費し、販売も低迷していました。会社員のユーザーは、頻繁に充電しなければならないことや、どのくらいの距離を走れば電池切れになるのかを心配して、ベタープレイスの導入に乗り気ではありませんでした。

ガソリン代やベタープレイスのサブスクリプション利用料を含めた社用車の費用は雇用主が負担してくれるので、従業員の自己負担は利用税だけで済みます。ベタープレイスの車の所有・利用コストはガソリン車とほぼ同じなので、ベタープレイスに乗り換えても利用税は減りません。つまり、従業員は不便を強いられるだけで、お金の節約にはならないのです。

12 　中古車ディーラー、カスタム・チューニングショップ、車外用品ショップ等から成る。ここでは主に中古車の下取りや販売を意味している。

さらに、ベタープレイスの価格設定を考えると、会社は、従業員がベタープレイスの車に乗り換える意志があったとしても、それを強制するほどの節約にはなりません。さらに、リース会社はアフターマーケット[12]について不安があるため、企業にベタープレイス導入を勧めようとはしませんでした。リース会社からの支持を得るために、ベタープレイスは、アフターマーケットでの価格が十分に高くない場合には車を買い戻すことを約束して、リセールバリューを保証しなければなりませんでした。

　社内の緊張感は一気に高まりました。2012年初めに経営陣9人が集まった会議で、アガシは「会社にとって最も重要なのは信頼だ」と語ったといいます。「ただ、信頼は得るものであり、獲得するものだ。そして、この部屋の中で私が信頼しているのは2人だけだ」
　アガシの友人でボードメンバーでもあるアンドレイ・ザルールは、チームメンバーのほとんどは「お互いさまだ」と考えていると感じました。ベタープレイスのアイデアを考え出すのを手伝ったザルールが、10月までにこのスタートアップが資金不足に陥ると警告すると、アガシはザルールに激怒し、「友人とは、本当の友達であるか、友人でないかのどちらかだ」とツイートしました。
　本来であれば、キャッシュフローの問題に警鐘を鳴らすのはCFOですが、前年に最初のCFOが退社して以来、そのポジションは空席となっていました。アガシは、新しいCFOがアガシだけでなく、自分たちにも報告するように取締役会が要求していることに不満を持ち、後任の採用に難色を示していたのです。

　8月下旬、アガシは新たな投資家から追加の資金を調達しようとしましたが、失敗に終わりました。政府系金融機関である欧州投資銀行から5,000万ドルの融資を受けることができましたが、十分ではありませんでした。
　そこで、ベタープレイスの資金が不足していた9月に、既存の投資家にブリッジローンを依頼します。すでに彼らは、7億5,000万ドルを投資していました。業を煮やしたオーフェルは、その要求を拒否し、アガシがCEOを

辞めて会長になることを提案しました。アガシはそれを断り、辞任します。

　オーフェルは、最終的に1億ドルの資金調達を行い、立て続けに2人のCEOを採用しました。1人目のCEOはベタープレイスのオーストラリア事業を率いていましたが、わずか4カ月でオーフェルの信頼を失い、500人の従業員を解雇し、ルノーの幹部にフルエンスの製造を直ちに中止するよう説得しました。2人目のCEOは、損益分岐点に達するにはさらに5億ドルが必要だと見積もりましたが、手の届かない金額でした。そして2013年5月、ベタープレイスは破産を宣言します。イスラエルとデンマークで販売した車は、1500台にも満たないものでした。

求められる「奇跡の連鎖」

　判断ミスで9億ドルを浪費したベタープレイスは、最初から失敗する運命にあったのでしょうか？　必ずしもそうではありませんが、これはムーンショットのようなものです。ベタープレイスは非常に野心的な事業であり、多くの要件を満たさなければ崩壊してしまう状況でした。

　つまり、ベタープレイスは、私が「奇跡の連鎖」と呼ぶ、レイターステージの失敗パターンの犠牲になったのです。このパターンでは、大胆なイノベーションを追求するスタートアップは、多くの大きな課題に直面し、そのうちのどれか1つでもクリアできないと失敗してしまいます。成功するためには、奇跡の連鎖が必要になります。アガシの野心的な計画に立ちはだかった課題を考えてみましょう。

条件1　電気自動車に対する消費者の強い需要：アガシのビジョンを実現するためには、走行距離の制限や充電の手間にもかかわらず、多くの消費者が電気自動車を受け入れる必要がありました。環境問題に関心の高い一部の消費者は、環境に配慮した車にプレミアムを支払うことを厭わないでしょう。一方、メインストリームの消費者は、電気自動車の所有・利用コストがガソリン車よりも低ければ、電気自動車を購入するでしょう。イスラエルやヨー

ロッパのようにガソリン税が高い地域では、バッテリーを充電するための電気代は、一定の距離を走行する際に消費するガソリン代よりもはるかに安いのです。しかし、そのぶん、車両の初期購入価格が高くなります。

　ベタープレイスが発売された当時、バッテリーを搭載した電気自動車の価格は、同程度のガソリン車に比べて、税制優遇措置を受ける前の状態で約50％高いものでした。つまり、電気自動車の価格を手頃なものにするには、政府からの多額の補助金が得られるかどうかが大きなポイントでした。

条件2　交換可能なバッテリーに対する消費者の強い需要：もし、価格が高くても電気自動車を購入する可能性のある消費者が、電気自動車の走行距離の問題に対するベタープレイスの解決策に満足しなかったとしたら？　理論的には、移動距離を短くして、毎日の通勤や街中での用事にのみ電気自動車を利用することができます。しかし、それ以上の距離を移動する場合はどうなるでしょうか。現実的には、この目的のために2台目のガソリン車を購入できるのは裕福な家庭に限られます。それゆえ、走行距離が短く、バッテリー交換ができない電気自動車の需要は限られてしまいます。

　直流（DC）の急速充電技術も、もう1つの問題でした。頻繁な急速充電はバッテリーにダメージを与えます。当初、一般の消費者が急速充電を利用するのは年に数回、長距離を移動するときに限られると予想していました。しかし予想に反して、ベタープレイスを初期に導入した人々は、頻繁に長距離移動をし、平均して週に1回はバッテリー交換ステーションを利用しました。消費者の行動や嗜好は不確かであったため、ベタープレイスが発売された時点では、急速充電の優位性は明らかではありませんでした。

　テスラは、ベタープレイスとは異なり、これらすべてのオプションを実験的に導入しました。2012年に発売された富裕層向けのセダン「モデルS」の価格は、走行距離160マイルで5万7,400ドル、300マイルで7万7,400ドルでした。このような大型車であれば、より大きなバッテリーを搭載し、移動距離を伸ばすことができます。モデルSは、ベタープレイスのフルエンスのように、バッテリーを交換できるタイプもありました。テスラは、2015年にサンフランシスコとロサンゼルスの間にバッテリー交換ステーションを

開設しましたが、ほとんど利用されず、消費者はテスラの「スーパーチャージャー」（2012年に都市間の戦略的なポイントに初めて導入された急速充電ステーション）を好んで利用しました。

条件3　複数の自動車メーカーとのパートナーシップ：ベタープレイスは、一定の市場シェアを獲得した場合にのみ、充電スポットやバッテリー交換ステーションを高密度に配置することができます。そうならなければ、充電スポットやステーションの数を減らさなければならず、利便性が低下し、走行中にバッテリーが消耗するリスクが高まります。

　そのため、ベタープレイスは多くの自動車メーカーと提携する必要があります。そして、ベタープレイスの交換ステーションを利用するために、他社の車にベタープレイスのバッテリー交換方式を採用してもらう必要があります。差別化やコスト削減のために車のデザインにこだわる自動車メーカーにとって、これは難しい要求です。また、自動車メーカーは車の販売台数を気にしており、ベタープレイスは複数の市場に同時に進出しなくてはなりませんでした（次の条件4参照）。

　ベタープレイスが終焉を迎えようとしていた頃、経営陣は、GMの幹部が2008年に提案した、バッテリーの交換ができない車のメーカーに充電スポットを提供する、というアイデアを検討していました。しかし、2012年7月にGMオーストラリアが、ベタープレイスをシボレー・ボルト[13]用の家庭用およびディーラー用充電スポットの優先的な提供者とすることを発表したときには、すでに手遅れでした。

条件4　複数の市場への同時参入：新車の設計には莫大なコストがかかり、また効率的な規模で工場を動かすためには膨大な量が必要となるため、自動車メーカーは非常に大きな市場へのアクセスを必要とします。そのため、「ベタープレイスの充電ネットワークに対応した車が、多くの国で一定期間内に販売される」という約束ができなければ、自動車メーカーはベタープレ

13　GMの車種。電気自動車もある。

イスとの提携に踏み切れないでしょう。しかし、これを実現するためには、オペレーション上の大きな課題があり、莫大な資金が必要となります。

条件5　堅実な投資家のサポート： ベタープレイスのビジネスモデルは莫大な先行投資を必要とするため、このモデルが計画どおりに機能するかどうかが明らかになる前に、投資家に信頼してもらわなければなりませんでした。車を販売する前に、大量の充電スポットと交換ステーションを用意しなければならず、しかも複数の市場で同時にそれを行わなければなりませんでした。

条件6　効果的な実行： 上に挙げたすべての仮定が思いどおりになったとしても、ベタープレイスのマネジャーは、エンジニアリング、マーケティング、カスタマーサービスなど、すべての機能について効果的に実行しなければなりません。しかも、同時に複数の国においてです。これはとても大変なことです。ベタープレイスの経営陣は、スタートアップの歴史の中でも最も複雑で、オペレーション上困難な立ち上げ計画を策定していたのです。

　つまり、アガシは自分の計画が成功するために、奇跡の連鎖を期待していたのです。そのうちのいくつかは実現しました。例えば、2012年頃、メインストリームの消費者が電気自動車を受け入れ始めたことです（条件1）。ベタープレイスは、イスラエルとデンマークで同時に発売することに成功し、ほかの多くの市場でも取引が行われていました（条件4）。また、ベタープレイスは9億ドルの資金を調達しました（条件5）。これは、アガシのセールスマンとしての能力によるところが大です。

　しかし、奇跡はそこで終わりました。このスタートアップは、ルノー・日産とパートナーシップを結びましたが、時間の経過とともに関係は悪化し、他の自動車メーカーとの契約には至りませんでした（条件3）。実行は不安定でした（条件6）。

　イスラエルでは、より良い計画を立てていれば予想できたかもしれない多くの障害に遭遇し、期限に間に合いませんでした。2012年にはCFOが不在だったこともあり、コスト管理が深刻な問題となっていました。最大の問題

は、バッテリー交換が可能な電気自動車に対する消費者の需要がないことでした（条件2）。充電スポットや交換ステーションのコストが当初の見込みよりもはるかに高かったため、自動車の価格を十分に低く設定することができなかったのです。

走行距離の不安という問題を解決するには、バッテリー交換は最善の方法ではありませんでした。走行距離の長い大型車と、時折行う急速充電というテスラのソリューションのほうが、最終的には優勢となったのです。ベタープレイスのやり方は、急速充電よりも交換可能なバッテリーのほうが優れているという、大きなリスクを伴う賭けでした。

奇跡の連鎖の失敗パターン

ベタープレイスが交換可能なバッテリーを採用した時点で、このベンチャーは絶望的になったのでしょうか？　そうではないでしょう。スタートアップはピボットすることができます。ベタープレイスの内外では、経営陣に別の戦略を検討するようアドバイスする声がたくさんありました。例えば、GMをはじめとする自動車メーカーに充電スポットや急速充電ステーションを提供する企業になることもできたはずです。また、イスラエルの需要が弱く、現地の規制によってコストが上昇することが明らかになったとき、イスラエルでの事業を中止し、より有望な市場に注力することもできました。

しかし、一度立ち上げたムーンショットには勢いがあり、新たな方向に導くのは難しいものです。何億ドルものお金を使った後は、サンクコスト[14]が大きくのしかかってきます。また、カリスマ的リーダーが何年にもわたってビジョンを語り続けている場合、特にアガシのように偏執狂的な信念を持っている場合には、戦略に欠陥があるという証拠が次々と出てくるにもかかわらず、社会学者のバリー・スタウが言うところの「コミットメントのエスカレーション」を起こしてしまうことがあります。

14　過去に発生し、取り戻しのきかないコスト。本来、将来に向けた意思決定に関係させてはならないが、多くの人は「ここまでにこれだけお金を使ったのだから」と考えてしまい、方向転換できないことが多い。理没原価とも言う。

こうしたムーンショットは、「奇跡の連鎖」の失敗パターンに陥りやすい ものです。というのも、ムーンショットには、最先端の技術やビジネスモデ ルの新規性、あるいはその両方において、大胆なイノベーションが必要だか らです。大胆なイノベーションは、顧客の需要に関する大きな不確実性と、 プロダクト開発の長期化を意味します。

　ムーンショット・ビジネスモデルの多くは、強力なネットワーク効果、高 いスイッチングコスト、強力な規模の経済を利用するものであり、これらの 特性は急激な規模化を促します。長い開発サイクルと急激な規模化には、莫

図表16　奇跡の連鎖

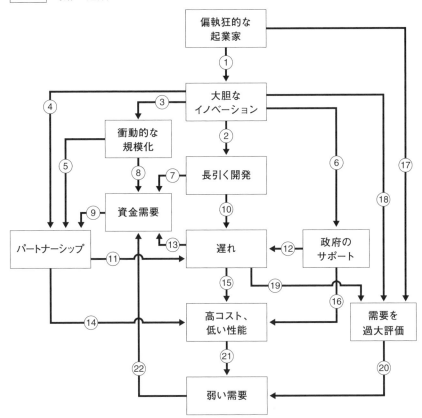

大な資金が必要です。さらに、ムーンショット企業は既存の企業との戦略的
パートナーシップを求めることが多いのですが、既存企業の優先事項がスタ
ートアップの優先事項と完全には一致しない場合があります。また、法的根
拠があいまいなソリューションに対して、政府の支援が必要な場合もありま
す。このような奇跡を起こすためには、水の上を歩くようなカリスマ性を持
った起業家が必要なのです。

　前ページの図は、これらの要件がどのように相互作用し、奇跡の連鎖の失
敗がどのように展開するかを示しています。失敗の近因は、たいていの場合、
ワンツーパンチです。ベンチャー企業のプロダクトに対する顧客の需要が弱
いことが判明し、巨額の資金を提供した投資家がそれ以上の資金を提供しな
いのです。しかし、このノックアウトブローが出るまでには、何ラウンドも
の戦いが続きます。

ムーンショットのためのパートナーシップ

　この図は、ムーンショットを成功させるためには、どれだけ多くのことが
うまくいかなければならないか、また、どれだけ多くのことがうまくいかな
いかを、複雑に表現しています。ムーンショットを立ち上げる大胆なビジョ
ンは、しばしば、アガシのような偏執狂的な起業家によってもたらされます
①。また、想定されるビジネスモデルには、構造的な特性（特に、ベタープ
レイスの充電ネットワークのように、ネットワーク効果と強い規模の経済）があ
り、プロダクトが発売されると、急速に拡大することになります③。

　イノベーションの実現には、キーとなるテクノロジーや重要なシステムコ
ンポーネント（ルノーのフルエンスなど）を確保するための戦略的パートナー
シップ④が必要となる場合があり、パートナーは規模化を促進するための販
売ルートを提供することもあります⑤。また、新しい法規制が必要となるか
もしれません⑥。プロダクトの開発期間が長く、規模化が必要なため、ベン
チャーは莫大な資金を調達しなければなりません⑦⑧。社内に必要な機能を

持たせるとさらに多くの投資が必要になるため、パートナーに活動をアウトソーシングするインセンティブが働きます⑨。

　ローンチの遅れにはいくつかの要因があります。最先端のプロダクトのエンジニアリングが、予想以上に困難なのかもしれません⑩。パートナーとの約束が守られなかったり⑪、規制当局との交渉が長引いたり⑫。その結果、必要資金が増加し⑬、既存の投資家や将来の投資家がベンチャーの将来性を疑い始めることもあります。

　ローンチが近づいてくると、いくつかの要因が重なり、当初の計画に比べてプロダクトのコストが上昇し、品質が低下します。ルノーのフルエンスのケースのように、パートナーの期待を裏切ることもあります。また、ベタープレイスの交換ステーションのように、プロダクト開発の挫折やサプライズにより、部品のコストが予想以上に高くなることもあります。納期を守るためのプレッシャーから、予定していたプロダクトの機能を省かざるを得ないこともあります⑮。政府の指示によってコストが上がることもあります⑯。

　経営陣が需要を過大評価している可能性もあります。起業家は、自分のビジョンに執着するあまり、顧客が関心を持つだろうと過信し、ベンチャー企業が直面する可能性のある障害に気づかないのです。例えば、ベタープレイスが売上げとコストの目標を達成できるとアガシが確信していたように⑰。また、イノベーションの規模が非常に大きいため、需要についても大きな不確実性があります。誰もやったことのないことなので、他のベンチャー企業の経験に基づいて予測することができません⑱。競合企業が積極的に別の方法を追求することもあります。競合の躍進によってソリューションに対する顧客の期待が高まり、当初の売上予想を達成することが難しくなります⑲。

　需要に対する現実離れした期待⑳と、予想以上に高コストで性能も低いプロダクト㉑が相まって、ようやく発売されても売上げは低迷します。資金不足に陥ったベンチャーは、投資家から「もうダメだ」と判断され、さらなる資金提供を拒否されます㉒。

　以下のパートでは、「奇跡の連鎖」の中で、さらに3つの課題を取り上げ、

起業家がどのようにしてそれらをうまく乗り越えるかを考えてみたいと思います。3つとは、1）需要の予測、2）ローンチの遅れへの対応、3）偏執狂的な起業家の活用、です。

需要の予測

　世界を変えるようなソリューションを持つ起業家が直面する大きなリスクは、約束した急進的な変化があまりにも巨大すぎて、顧客を怖がらせてしまうことです。難しいのは、どの程度のイノベーションだと過剰すぎないのかを見極めることです。このような状況下での市場調査は、いくつかの理由で困難です。第一に、多くのムーンショットは開発期間が長いため、設計の初期段階で、プロダクトの実働版に対する顧客のフィードバックを得ることができません。多くの起業家は顧客調査を行い、後でその選択を後悔します。2008年にベタープレイスがイスラエルの自動車所有者1,000人を対象に行った調査では、ベタープレイスの車の購入を検討すると答えた人は20％で、これは10万台を意味していました。ベタープレイスが閉鎖されたときの実際の販売台数は1,000台でした。

　イリジウムもまた、需要の予測を大きく裏切ったムーンショットの一例です。1998年に設立されたイリジウムは、地球上のあらゆる場所で衛星電話サービスを提供することをミッションとしており、主な出資者であるモトローラ社の長年にわたる研究開発の成果をもとに設立されました。イリジウムが66機の衛星を宇宙に打ち上げる前に、モトローラは複数のコンサルティング会社を雇って、衛星電話サービスの市場を調査しました。彼らの調査によると、4,200万人のワイヤレス中毒のビジネス旅行者が潜在的な市場であり、その多くが衛星電話の所有を望んでいると考えられました。このデータから、損益分岐点に達するために必要な100万人の顧客との契約は容易なことと思われました。1999年に倒産したときには、64億ドルの資本金と負債を調達していましたが（これは当時、スタートアップが調達した資金としては史上最高額でした）、顧客数はわずか2万人でした。

市場調査の専門家は、調査対象者が実際の計画に比べて購入意向を過大評価することを日常的に想定しており、調査員はこのバイアスを避けるべく、予測値を下方修正する方法を編み出しています。しかし、先鋭的なプロダクトの場合、こうした方法は効果的ではありません。回答者は、これまで直接経験したことのないプロダクトに対する好みを表現できないからです。ヘンリー・フォードの言葉を思い出してください。「もし私が人々に何が欲しいかと尋ねたら、彼らはより速い馬と答えただろう」

　それでは、起業家はどうすればよいのでしょうか。Chapter 3で説明したように、まだ発売されていないプロダクトの詳細で正確な説明に基づいて、顧客に事前購入を約束してもらう、スモークテスト[15]のようなやり方を用いることができます。例えば、テスラはモデル3について、返金可能な1,000ドルのデポジットを採用しました。

　顧客の需要を把握するうえでのもう1つの障壁は、起業家の猜疑心です。起業家の中には、ライバルにアイデアを盗まれないように、できるだけ長く「ステルスモード」でいることにこだわる人がいます。スティーブ・ジョブズは秘密主義を貫き、新しいプロダクトを華々しく発表したことで有名です。2001年末に発表された**セグウェイ**の発明者であり、創業者でもあるディーン・ケーメンは、ホンダやソニーが自分のコンセプトをコピーすることを心配し、何年もの間、マーケティングチームが顧客の意見を直接聞くことを拒否しました。

　セグウェイは、アーサー・D・リトル（ADL）に需要予測を依頼しましたが、ADLもセグウェイのコンセプトを顧客に説明することは許されませんでした。ADLは、最初の10年から15年の間に3,100万台のセグウェイが販売される、と見積もりました。2000年末、セグウェイのマーケティング担当者は、ようやく一部の被験者にセグウェイの試作車に乗ってもらうことができましたが、その結果、購入希望者は4分の1にも満たないことがわかったのです。この結果は、メインストリームの消費者からの需要が少ないこと

15　開発途中のプロダクトをテストする手法の1つ。

を示す、不気味なほどに正確な前兆でした。初期の投資家は9,000万ドルを投資しましたが、大きな損失を被りました。顧客調査の問題点は、投資家にコンセプトを売り込むために使われることが多いという点です。ムーンショットには莫大な資金が必要となるため、起業家は、需要予測を膨らませたくなるのです。

遅延への対応

　1987年創業の、ペンを使ったタブレット型コンピュータとOSの設計・製造を目指していた**ゴー・コープ**も、遅延に見舞われました。市販のフラットパネル・ディスプレイでは、ペンで書いたときの圧力に耐えられず、また、既存のOSでは、入出力を管理するソフトウエアが遅すぎて、ペンで書いた結果が画面に出るまでのタイムラグが大きすぎたのです。

　また、ペン型コンピュータへの関心が高まるにつれ、マイクロソフト、アップル、IBM、AT&Tなどがこの分野に参入してきました。ゴー・コープの首脳陣は、タブレットがPCのように利益率の低い商品になってしまうことを理由に、最終的にハードウエア部門を切り離してしまいました。

　ゴー・コープのOSを開発していたチームは、途中でモバイル向けの低消費電力のマイクロプロセッサーに変更すること、ペンポイントの手書き認識ソフトウエアの完成度を高めること、タブレットのコストアップを避けるためにペンポイントの必要メモリ量を減らすことに苦労しました。これらの技術的な問題のため、ローンチは1年以上も遅れてしまいました。1992年にようやくローンチできたものの、市場の反応は冷ややかなものでした。7,500万ドルのVC資金を使い果たした後、ゴー・コープはAT&Tに売却されました。

　ゴー・コープの苦労は、大胆な革新的技術に共通する課題を示しています。エンジニアチームは、遠ざかっていくターゲットを狙っているのです。開発に時間がかかればかかるほど、ターゲットは遠ざかり、2つの理由で遅れが

生じます。第一に、開発中に新しい技術が出てくる可能性があり、チームはそれを取り入れるために時間をかけるか、メリットを見送るかを決めなければなりません。

第二に、同様のソリューションを開発している競合企業が計画を発表すると、チームはそれに合わせるために余分な時間をかけるか、あるいは機能ギャップのリスクを負うかを判断しなければならなくなります。

大胆なイノベーションを目指す起業家が、プロダクト開発が遅れているときにするべきことには、4つの選択肢があります。

1 遅れを受け入れ、我慢する： ベタープレイスやセグウェイのように、スタートアップが先行し、競合に先を越されるリスクが低いと判断した場合、この戦略は合理的です。

2 問題に体当たりする： たとえ余裕のあるスタートアップであっても、エンジニアを何人も採用するのは良いアイデアではありません。ブルックスの法則では、遅れているプロジェクトに人手を加えると、そのプロジェクトはさらに遅れたものになってしまいます。その理由は、新しいエンジニアがこれまでに行われたことに追い付く必要があること、大きなチームの仕事を調整するのに時間がかかること、多くのエンジニアリングのタスクは分割できないこと、などです。最後の点についてフレッド・ブルックスは、「9人の女性がいても1カ月で赤ちゃんを産むことはできない」とたとえています。

3 機能を凍結する： エンジニアは、考えられるすべての「エッジケース」（極端な状況下でのみ発生する問題）の解決策を考案するなど、プロダクトを磨くことが大好きです。それゆえ、エンジニア主導の会社では、開発チームに機能追加をやめるように言うのは難しいことです。

4 手抜きをする： 競合他社との競争や資金不足などの理由で市場投入までの時間を短縮したい場合は、機能を削減する、プロダクトのバグがすべて解消される前にローンチする、といったことが正しい答えとなることがありま

す。ジーボのチームは、約束したロボットの発売が2年近く遅れたため、インディゴーゴーの支援者の不機嫌な態度に対処しなければなりませんでしたが、このアプローチをとりました。

　市場投入までの時間を短縮するために、初期バージョンのパフォーマンスを犠牲にするかどうかを検討する際、起業家はアーリーアダプターに与える第一印象の悪さの影響を考慮する必要があります。世界を変えようとするベンチャー企業は大々的に宣伝されることが多いため、ジャーナリストやSNSのユーザーは、待望のプロダクトが期待はずれだったりすると、怒りをあらわにすることがあります。ベタープレイスは、「約束違反、ガソリン車より安くない」などと酷評されました。

偏執狂的な起業家を活かす

　偏執狂的な起業家、つまり、自分の大胆なビジョンを熱烈に信じ、それを実現するために絶え間ない努力をする起業家は、ムーンショットの立ち上げ段階では最大の資産となります。ただし、後になって奇跡が起こらなかった場合、この起業家はベンチャー企業の最大の負債となります。

　起業家の執拗なまでの情熱とカリスマ性が結び付けば、リソースを集めるうえで大きなアドバンテージとなります。偏執狂的であることとカリスマ性は必ずしも一致するものではありませんが、両方を兼ね備えたリーダーは山を動かすことができます。

「現実歪曲フィールド」という言葉は、1960年代の『スタートレック』のエピソードのために作られたものですが、後に、初代マッキントッシュ・コンピュータを開発していたエンジニアたちを魅了し、週80時間労働を何カ月も続けさせた、スティーブ・ジョブズの能力を表す言葉として使われるようになりました。ジョブズはこう言ったのです。「私たちは、宇宙にインパクトを与えるために存在している。そうでなければ、なぜここにいるんだい？」

シャイ・アガシは、ジョブズに匹敵する、現実歪曲フィールドを紡ぎ出す能力を持っていました。セグウェイのカリスマ起業家、ディーン・ケーメンもそうでした。優秀なエンジニアたちは、ケーメンのベンチャーに惹かれただけでなく、多才な発明家と一緒に仕事ができる機会を求めて、市場よりも低い給料を喜んで受け入れたのです。投資家もまた、ケーメンの炎に吸い寄せられるように集まってきました。

　しかし、現実歪曲フィールドをもたらすカリスマ性は、いつもではないですが、ナルシシズムの多くの症状の1つであることが多いものです。彼らはしばしば魅力的で、人の心を読み、人を惹きつける方法を知っている、熟練した演説家です。しかし、ナルシシズムにはダークサイドもあります。

　ナルシストは自分の価値を誇張して考えており、その考えを強化することで頭がいっぱいになります。支配、権力、名声を渇望し、自分の信念と優れた能力を信じることで強い権利意識を持ちます。批判に過敏で、自分の世界観に反する情報を無視することもあります。膨らませた自我を守るために、自分のミスを認めようとせず、欠陥のある戦略を繰り返すこともあります。このような理由から、ナルシストは傲慢で大げさだと思われるだけでなく、先述した「コミットメントのエスカレーション」に陥りやすいのです。

　ナルシシズムは、誰もが多少なりとも示す性格的特徴であり、私たちはみな、「より低い」から「より高い」までの間のどこかに位置しています。アガシやケーメンは、かなり高いほうに位置しています。

　ハーバード・ビジネス・レビュー誌の代表的な論文「ナルシスティックなリーダー」の中で精神分析医のマイケル・マコビーは、ビル・ゲイツ、スティーブ・ジョブズ、ラリー・エリソン、アンディ・グローブをこのカテゴリーに入れています。調査によると、起業家は平均して、一般の人々よりもナルシシズムの度合いが高いことがわかっています。さらにマコビーは、「生産的ナルシスト」と呼ばれる、ビジョン、意欲、カリスマ性を活かして画期的な変革を成し遂げるリーダーと、反対意見を封じ込め、自分の指示に無批判に従うイエスマンを囲い込んだ結果、つまずいてしまうリーダーを区別しています。

あらゆるタイプのスタートアップ企業は、起業家のナルシシズムがもたらす生産性と非生産性の、両方の影響を受けます。ムーンショットはそれを増幅させます。その性質上、ムーンショットには大きな不確実性の中で大規模なコミットメントが必要であり、カリスマ性と絶え間ない情熱を持った起業家は、投資家、従業員、戦略的パートナーの信仰を拡大させるのに最適な存在です。しかし、ムーンショットには、長期にわたる「奇跡の連鎖」が必要です。うまくいかないことは、たくさんあります。どうしてもそうなってしまった場合、起業家／CEOは、ベンチャー企業の戦略を再考する必要があります。しかし、起業家／CEOが自己中心的な性格であり、ミスを認めたがらず、鏡に映った自分以外からのアドバイスや助言を受け入れようとしない場合には、熟慮を重ねた方向転換は起こりません。

　もし、ムーンショット・スタートアップを率いているのが、マコビーの言う「非生産的」な領域にすでに入っているか、その方向に向かっているナルシストであれば、2つの対策が効果的です。1つめは、エグゼクティブ・コーチを雇うように、彼／彼女を説得すること。2つめは、取締役会を構成・管理するベストプラクティス[16]に従うことです。

エグゼクティブ・コーチ[17]：プロのコーチの助けを借りれば、起業家は自分のマネジメントスタイルとその機能不全について認識を深め、是正措置を取ることができるかもしれません。問題は、自己愛の強いリーダーはフィードバックを求めないことです。自分は正しい道を歩んでいると確信しているので、変化の必要性を感じていません。そのため、リーダーが助けを求めようとしないときは、ほかの人がイニシアチブをとらなければなりません。信頼できるアドバイザーが背中を押してくれるかもしれませんが、ナルシストはメンターと強い関係を築けない傾向があります。役員が種を蒔くこともできるかもしれませんが、対立すると防御や否定の態度を引き起こす危険性も高まります。このような場合には、起業家のエゴを守り、彼／彼女の野心を煽

16　企業の幹部クラスに対して、傾聴や観察、質問を重視した能力開発手法であるコーチングを提供すること。
17　ベストプラクティスは、ある結果を得るのに最も効率のよいやり方。

ることで、抵抗を和らげることができます。

　最大限の効果を得るためには、コーチは、共同創業者や、ベンチャー企業のほかのシニアマネジャー、取締役とも協力して、自己愛の強い起業家／CEO の機能不全のトリガーとなる行動を理解し、彼／彼女らがそれにどのように対応すべきかを理解させる必要があります。結婚相談所のカウンセラー同様、プロが見れば一目瞭然の破壊的な人間関係のパターンに、人は気づかないものです。もちろん、コーチはこの方法をとるうえで、起業家と強い信頼関係を築く必要があります。

取締役会のベストプラクティス：適切に構成され、適切に運営されている取締役会は、スタートアップ企業の業績に大きな影響を与えます。ナルシストの起業家が率いるムーンショット・ベンチャーでは、取締役会の役割は特に重要です。起業家／ CEO が非生産的な領域に足を踏み入れると、経営陣の中の異なる考えを持つ人たちを追い出してしまう傾向があり、その結果、戦略的な選択肢について建設的な議論をする人がいなくなってしまいます。経営陣が集団浅慮に陥ったとき、最後の砦となるのが取締役会です。

　適切なボードメンバーを採用することは、非常に重要です。多くの VC のパートナーは、取締役会のメンバーとして効果的であり、投資先企業に付加価値をもたらします。VC のパートナーは、一度に 10 もの取締役会に参加することが多く、過去にも多くの取締役会に参加したことがあるため、規模の大きいスタートアップが直面する戦略上の問題や、起業家のリーダーシップスタイル、スタートアップの取締役会運営のベストプラクティスなどについて、深い経験を持っています。

　独立の取締役、つまりスタートアップへの投資家や経営陣の常勤メンバーではない取締役の選定は、より重要な意味を持ちます。理想的には、自分自身が規模の大きいスタートアップの CEO を務めた経験があり、過去にナルシストの起業家／ CEO に対処した経験や、自分自身がそのような道を歩んで個人的な洞察を得た経験のある人を、取締役に選ぶのがよいでしょう。ザルールは、ベタープレイスでこの役割を果たす有力な候補者でした。アガシの友人であるザルールは、アガシの長所と短所について独自の洞察を持って

おり、少なくとも当初はアガシの信頼を得ていました。

　取締役会運営のベストプラクティスの1つに、クローズドセッションがあります。これは、社外取締役のみが参加し、CEOをはじめとする上級管理職は退席している状態です。これを毎回の取締役会の定例とするのです。2010年6月、アガシはクローズドセッションによって解任されそうになりました。もし、ベタープレイスがクローズドセッションをすべての取締役会のルーチンとして確立していたら、彼の偏執狂は抑えられたでしょう。

　さらに2つのガバナンスのベストプラクティスが重要です。第一に、起業家／CEOのパフォーマンスに関する取締役会の年次レビューは、変化の必要性とその実現方法について建設的な対話を行うための重要な場です。第二に、取締役会は、審議機関としての自らの有効性をレビューするプロセスを持つべきです。これも、おそらく年に一度は必要です。取締役は、厄介な起業家／CEOをどのように指導するかだけでなく、スタートアップがどの程度のリスクを取るべきかについても、同じ考えを持つ必要があります。ムーンショットのプロダクト開発サイクルが長く、資金調達ラウンドが繰り返されるため、初期の投資家の中には、最近の投資家が支払った価格に比べて非常に低い価格の株式を保有している人がいます。その結果、各投資家は、戦略のリスクと潜在的なリターンを比較検討する際に、すべての利害関係者の利益のバランスを取るという取締役会メンバーとしての受託者責任[18]よりも、自分のVCの利益を重視しようとします。狭い利害関係が支配的になると、取締役会は戦略的方向性についてコンセンサスを得ることができなくなります。この問題に正面から取り組むため、リターン・パスの創業者兼CEOであるマット・ブランバーグは、投資家と受託者という2つの役割を表す、黒と白の2つの野球帽を各取締役に与えました。戦略的な選択肢を議論する際に、ブランバーグは取締役たちに、時間ごとに帽子を替えて、もう一方の視点から懸念を表明するよう求めたのです。

18　取締役は、理論的には全株主に対して、受託者責任（他者の信認を受けて裁量権を行使する者が負う責任と義務）を果たす必要がある。

本章では、ムーンショット目標を掲げる企業の規模化に伴うリスクと、そのリスクを軽減するための戦略を紹介してきました。しかし、このようなベンチャーが失敗する確率があまりにも高いために、起業家が大胆なイノベーションを追求することを完全に避けるべきだ、という印象を与えたくはありません。たしかに、「奇跡の連鎖」はそうは起こらないため、多くのムーンショットが挫折してしまうのは事実です。

　しかし、なかには目的地に到達したものもあります。フレッド・スミスが1970年代初頭に設立したフェデラル・エクスプレス[19]は、VCにとって歴史上最大の賭けでした。最近では、イーロン・マスクのテスラとスペースXがありますが、この原稿を書いている間にも両社の時価総額は急上昇しています。

　気候変動のような大きな社会的課題を解決するためには、ムーンショットが必要です。世界中の先見性のある起業家たちが、自動走行車、遺伝子編集、量子コンピューティングなどに取り組んでいます。いつの日か、あなたはジーボの孫と会話することができるようになるでしょう。空飛ぶ車もできるかもしれません。

19　貨物や書類などの物流サービスを提供する世界最大手の会社。

Part 3

失敗の仕方
── 継続すべき時、終了すべき時

Chapter 9

ガス欠

失敗は最悪ではない。
最悪なのは、何年もかけて終わりの見えない作業をすることだ。

アンドリュー・リー、エスパーの共同創業者

事業の停止の判断はなぜ難しいのか？

　長年にわたり、何十人もの起業家が私に助言を求めてきました。彼らのスタートアップを閉鎖すべきか、ということについてです。私は、プロコン（メリットとデメリット）を挙げることはできても、どうすべきかを自信を持って断言することはできませんでした。なぜこの決断は難しいのでしょうか。そして起業家は、どのようにアプローチすべきなのでしょうか。

　多くの失敗した起業家たちに、どのようにして事業の閉鎖（停止）を決断したのか、またその理由について話を聞いたところ、2つの意見を繰り返し耳にしました。

　1つめは、クインシーの共同創業者たちと同じように、この決断には強い感情が伴うということです。それは当然のことです。起業家のアイデンティティはベンチャー企業に集約されているため、スタートアップを止めることは、自分自身の一部を否定し、救いようのない欠陥を抱えていることを認めるようなものだからです。

　第二に、多くの起業家が「遅すぎた」と感じていました。この困難な問題にもっと早く立ち向かっていればよかったと、彼らは考えていたのです。

　この2つの反応には関連性があります。起業がうまくいかないことで生じる激しい感情と格闘したり、そのような感情を避けたりすることで、必要以上に事業閉鎖を遅らせる起業家がいます。これは、関係者にとって不利益となる「空回り」です。このような状況が続けば続くほど、従業員は無駄なことに時間を費やすことになります。また、起業家が新たな投資家や魅力的な買収に期待すればするほど、既存の投資家に返せるはずだった資金を浪費してしまいます。

　本章では、起業家がどのようにしてビジネスの閉鎖を決断するのか、閉鎖後に直面する戦術的な選択、閉鎖のためのベストプラクティスなど、閉鎖そのものに対処する方法に焦点を当てます。次章では、その結果として生じる感情的な落ち込みを、どう処理するかについて述べます。

失敗のプレリュード

　失敗は、起業家に突然訪れるものではありません。その前には、ヘイルメリーパス[1]のような選択が続きます。これらの選択は、転落の前兆と考えてください。途中で、起業家は少なくとも以下のようなことを試みるでしょう。

- 新しいビジネスモデルへのピボット
- 新たな投資家からの資金調達
- 会社売却
- 既存の投資家からのブリッジラウンド調達
- 人員削減

　起業家が最後の力を振り絞って成功し、苦境にあるスタートアップを立て直すことができる場合もあります。しかし、成功しないことのほうが多いのです。悪いことに、1つの取り組みがうまくいかないと、次の取り組みもうまくいかない確率が高くなります。例えば、起業家が会社を売却しようとして納得のいく買収提案を得られなかった場合、既存の投資家はさらなる資金の投入に慎重になります。

　もちろん、このような選択をする機会があるのは、起業家がまだCEOの運転席に座っていることが前提です。先述したように、何度か資金調達を行った後、投資家に支配されたレイターステージの苦境にあるスタートアップ企業の取締役会は、起業家にはベンチャーを立て直すスキルがないと判断し、新しいCEOを採用することが多くなります。しかし、誰がCEOの役割を担うにしても、上記のような選択肢を考慮しなければなりません。

1　アメリカンフットボールにおいて、通常、負けているチームのクオーターバックが一発逆転を狙って試合最後に投げる、失敗してもともとの超ロングパス。たいていは失敗するが、ごくまれに成功することもある。ヘイルメリーは「神様お願い」の意味。

ピボット

　スタートアップが軌道に乗っていなければ、その企業を率いる人々は、新しいビジネスモデルへのピボットが理にかなっているかどうかを、定期的に自問すべきです。ピボットは、それ自体が失敗の前兆ではありません。実際に、多くの著名なベンチャー企業はピボットの産物です。

　ピボットの成功には、ある共通点があります。それは、ベンチャー企業のアーリーステージで起こることです。本書で紹介している失敗したスタートアップのいくつかも、早い段階でピボットしています。例えば、トライアンギュレートやバルーなどです。残念ながら、これらのケースでは、ピボットした後も失敗パターンを乗り越えられず、最終的には消滅してしまいました。

　当初の計画が思うように進まなかったときに、ベンチャー企業がレイターステージで新しいビジネスモデルに移行することには、メリットがあります。まず、事業を始めてからしばらく経ったチームは、顧客の満たされていないニーズを十分に把握しています。つまり、何カ月も、何年もベンチャーを運営することで、顧客発見の調査を完了しているため、フライングや擬陽性の罠にはまりにくくなるのです。第二に、このようなスタートアップには、経験豊富なエンジニアやマーケター、資金など、ピボットを実行するために活用できるリソースが十分にあります。

　一方で、遅いピボットには２つの欠点があります。第一に、ベンチャーが本格的に成長した後では、方向転換するのにより多くのエネルギーが必要になります。経営陣は、より多くの従業員の仕事を調整し、既存のサプライヤーや顧客に変更を説明しなければなりません。この時期のピボットは、大きな貨物船の方向転換に似ています。

　ファブ・コムがこの問題に直面したのは、ジェイソン・ゴールドバーグがファブの初期のドロップシッピングによるフラッシュセールから脱却して、自社在庫の商品をより幅広く提供するようにしたときでした。このピボットは、戦略的にも意味がありました。翌年、ファブのライバルであるウェイフェアは、同様のモデルで IPO を成功させました。しかし、ファブのピボッ

トには数カ月を要しました。エンジニアはウェブサイトのデザインを変えなければならず、オペレーション担当者は注文品の梱包や発送のプロセスを開発しなければならず、マーチャンダイジングチームは既存および新規のサプライヤーと条件を交渉しなければならないなど、さまざまな問題があったからです。もし、ゴールドバーグが同時に会社の成長を遅らせ、商品の選択やマーケティングプログラムを改良する時間をチームに与えていたら、このピボットは成功していたかもしれません。しかし、ゴールドバーグは、ピボットの間もその後も、ファブの高い成長率を維持するために、顧客獲得に多額の費用を投じました。その結果、LTV/CAC 比率が低下し、資金を使い果たしてしまいました。

2つめの欠点は、ピボットを成功させるのに十分なランウェイが残っていない可能性があることです。ランウェイとは、現金残高がなくなるまでにスタートアップが完了できるピボットの数のことです。ピボットがうまくいっているかどうかを確認するのに十分な期間生き残ることができない場合、その数はゼロになります。

共同創業者のネルソンが CEO に就任した後、オペレーションの複雑さと必要な在庫を減らすために、クインシーは提供するサイズの範囲を縮小しました。これはおそらく賢明な行動だったと思いますが、ピボットのタイミングが遅すぎたため、確かなことはわかりません。同様に、トライアンギュレートが資金不足に陥ったとき、ナガラジはウィングズからデータバズへとピボットしました。このときも、ピボットは理にかなっていました。しかし、トライアンギュレートには、このイノベーションを認知させるための資金が不足していたのです。

つまり、ピボットが遅いと、その実行に時間がかかります。また、チームが大きくなればなるほど、ベンチャーは高い確率で資金を使うようになります。その結果、ピボットが期待どおりに機能しているかどうかが明らかになる前に、スタートアップは現金不足に陥ってしまうのです。

新しい投資家を探す

　本書で紹介している失敗したスタートアップはすべて、新しい投資家からの資金調達に失敗しています。ジーボ、クインシー、トライアンギュレート、バルー、ファブ、ドット＆ボー、ベタープレイスはいずれも、直近の資金調達ラウンドで得た資金を使い切るまであと数カ月という時点で、新たな投資家に声をかけました。起業家たちはある程度の成果を上げることはできましたが、長期的な利益への明確な道筋があることを説得することはできませんでした。

　起業家が次の資金調達を行う際に、既存の投資家ではなく、新たな投資家に申し込むことはめずらしくありません。新しい投資家は、専門知識や人脈を持っています。また、ほかのVCとの競争において、ラウンドをリードする権利を獲得するために、高い株価を提示することがあります[2]。このことは、起業家を含む既存の株主の希薄化が少ないことを意味します。また、新しいラウンドは大幅に規模が大きくなる傾向があるため、既存の投資家が必要な資金のすべてを提供したくてもできないこともあります。

　スタートアップの業績が期待に反しており、チームが改善策を検討している場合、既存の投資家がスタートアップのCEOに、新規の投資家から資金調達を試みるよう促す、別の理由があります。スタートアップの見通しは不確実性に覆われており、既存の投資家はそのベンチャーを支援する決断に二の足を踏んでいるのかもしれません。あるいは、既存の投資家は、自分の職業上の評判がかかっているため、自尊心を守るためのバイアスによって、スタートアップの見通しについての判断を曇らせているかもしれません。どちらのシナリオでも、CEOが新規の投資家にスタートアップの将来性が明るいことを説得できるなら、既存の投資家は歓迎するでしょう。

　一方で、この作戦は裏目に出ることもあります。見込みのある新規投資家は、デューデリジェンスを終えると、次のことを知りたがります。既存の投

2　VCは起業家にリードインベスターとして選んでもらい、確実に投資したいと考えることが多い。

資家は新しいラウンドでプロラタ投資（持分比率を維持するための追加投資）をするのか？　初期のラウンドの条件では、そのラウンドの投資家に、最初の投資を行ったときと同じ割合の議決権を維持するために、その後のラウンドで資金を提供する権利（義務ではない）が与えられていることがあります。スタートアップの業績が好調であれば、この権利は非常に価値のあるものとなるため、VC は通常、現存のファンドに十分な資金が残っている場合にはプロラタ投資を行います。そのため、既存の投資家が「プロラタ投資をするか」を聞かれたときに、「まだ検討中です」と答えてしまうと、新規の投資家候補は不安になってしまうのです。リンゼイ・ハイドは、不満を持ったエンジェル投資家との間で、さらに苦い経験をしました。エンジェル投資家は、デューデリジェンスの話し合いの中でバルーのリーダーシップを批判して、新しい支援者候補をおびえさせたのです。

会社の売却

　新たな投資家からの資金調達に失敗した後、次のステップとして、スタートアップ企業の売却を目指すことがよくあります。取締役会に参加している投資家は、会社を売却するという選択肢をとらないと、自分たちがさらに資金を投入しなければならないことを知っているので、売却の選択肢を検討したいと考えます。

　一般的に、ベンチャーを売りに出す起業家にとって、候補先を見つけるのは難しいことではありません。理論的には、競合企業や同じ分野で活動する大企業が候補となります。たとえそのベンチャーを本気で買収しようとしていなくても、ベンチャー企業の戦略、財務実績、知的財産、従業員の報酬などを知るための手段として、興味を示すかもしれません。

　本書で紹介されているスタートアップ企業のほとんどが、このような交渉を経験しています。例えば、ドット＆ボーのアンソニー・スーフーは、売却プロセスを管理するために投資銀行[3]と契約しました。しかし、スーフー

3　投資銀行が M&A の仲介を行うことは多い。

が期待した紹介には至りませんでした。また、デューデリジェンスの過程で
ドット＆ボーの現金残高が減少していることを知った潜在的な買収者が、
その情報を利用して交渉を有利に進めるだろうと痛感しました。最終的にド
ット＆ボーは、5,000万ドルでの入札を含むいくつかのオファーを受けまし
た。それまでにドット＆ボーには1,950万ドルしか投資されていなかったの
で、これは良い結果だったでしょう。しかし、ライバル企業であるワン・キ
ングズ・レーンが期待外れの価格で売却されたことで、ドット＆ボーへの
買収提案は消えてしまいました。

　リンゼイ・ハイドも同様に、バルーの売却に向けて話し合いを始めました。
彼女は２つのオファーを受けました。取締役会はそのうちの１つを承認しま
した。しかし、合意した30日間のデューデリジェンス期間を終えた後、そ
の候補企業は非公開の理由で去ってしまいます。
　そこでもう１社のCEOに話をしたところ、「けっこうです」との返事が
来ました。「次に、３社目が100万ドルを提示してきました。これも30日間
のデューデリジェンスを条件にしていました。この取引が成立すれば、450
万ドルを出資していた投資家は損失を被ることになります。しかし、この申
し出も結局はなくなってしまいました」
　ハイドの経験は、苦境にあるスタートアップの逃げ道として売却する際の
課題を示しています。ベンチャー企業を買収し、デューデリジェンスを行い、
合併を完了させるまでには時間がかかります。ハイドは、３社目の買収者は、
買収前の30日間のデューデリジェンスに加えて、法的手続きを終えて取引
を完了させるために、さらに90日間を必要としただろうと推測しています[4]。
　もう１つの課題は、起業家が売却後の生活に不安を抱くことです。会社を
売却すれば、投資家に資金が還元され、従業員にとっては着地点となります。
しかし、買収の条件として、経営陣の一部が継続して働くことが求められ、
多くの場合、18カ月から24カ月の「ロックアップ」期間が設けられます。
ハイドのように、M&Aによる起業家の個人的な経済的利益がほとんどない

---

[4] 日米を問わず、M&Aを完了するには多くの事務的手続きを経る必要がある。

場合、新しい事業を追求する代わりに他人の従業員になるという見通しは、魅力的なものではありません。誰かのために働くのではなく、最初から自分のビジネスを始めることを選択したタイプの人にとっては、なおさらです。

　買い手がいないこともあります。オンデマンド保育サービスのポピーの起業家であるアブニ・トンプソンは、同社を競合企業に売り込んだ後、次のような経験をしたと言います。「ほかの企業も、利益率で悩んでいることがわかりました。誰も買収に使えるキャッシュを持っていないのです。興味を持ってくれた企業でも、半年以内に買収できるほどのスピード感はなく、その間、私たちはコアビジネスを衰退させてはいけないというプレッシャーにさらされていました」

　さらに、ベンチャーキャピタリストのフレッド・デスティンは、買収プロセスが失敗すると、スタートアップは「ダメージを受けた商品」になってしまうと指摘しています。彼はこう述べています。「M&Aは悪くはないですが、良くもないです。オファーはたいして来ないでしょう。あなたがすでに知っている『XとYを修正すべきだ』という言葉も、たくさん耳にするでしょう。あなたの『資産』は市場で焼失してしまい、ストーリーを再構築するには1年か2年かかります。『良いビジネスは売られるのではなく、買われるものだ』というアドバイスを思い出すでしょう。それが現実になるのです」

ブリッジ・ファイナンス

　CEOが新規投資家からの資金調達に失敗し、M&Aを実現できない場合、次のステップは、既存の投資家にブリッジ・ファイナンスを求めることです。投資家が応じることもあれば、応じないこともあります。例えば、クインシーの創業者がブリッジローンを提案したところ、投資家たちはその提案を無視し、代わりに興味を持ってくれそうなエンジェルを紹介すると言いました。
　ブリッジラウンドの交渉では、参加しない既存の投資家の持分を大幅に希釈する「クラムダウン」を要求されることがあり、そうなると厄介なことに

なります。条件はさまざまですが、基本的には、経営難のベンチャー企業に資金を提供しようとする投資家は、非常に低い株価でしか資金を提供しないことが多いのです。

　そのような場合、ブリッジラウンドでは大量の新株が発行され、その後、それ以前のラウンドで優先株を取得した投資家が所有する持分比率は、かなり少なくなります。普通株を保有する起業家や従業員も同様です。出資比率が低下した後も経営者のモチベーションを維持するために、リストラクチャリングプランには新株やオプションを発行する条項が含まれていることもあります。新たな資金調達ラウンドを承認するには取締役会の投票が必要なため、一部の投資家が増資を拒否してクラムダウンを受け入れない場合、取締役会は行き詰まる可能性があります。

　これは、ハイドが、前述の100万ドルの買収提案が完了するまでの間、50万ドルのブリッジローンを検討するように取締役会に求めた後に、実際に起こったことです。投資家の間で激しい議論がなされました。ある取締役は、ブリッジローンに資金を提供することに同意しました。その条件は、彼と賛同するほかの投資家が、新たに投入した資本の6倍の収益を得るまで、エグジットの収益の100%を優先的に受け取ることでした。これは100万ドルが彼らに分配されることを意味しました。50万ドルの新規投資に対しては大きなリターンです。一方で、ほかの株主たちは、このリスクを負う覚悟も、この取引を承認する覚悟も持ち合わせていませんでした[5]。

人員削減

　スタートアップの業績が思わしくない場合、多くの起業家は、資金調達やM&Aのための時間を確保するために、あるいはピボットを実行するために、あるいはキャッシュバーン・レートを下げるために、人員削減をしなければならないと考えます。その際、従業員の削減について4つの決断を迫られます。

5　投資家間でこのようなつばぜり合いが起こることは、めずらしいことではない。日本では少ないとされるが、今後は増えるかもしれない。

まず、会社の状況を従業員にどれだけ正直に伝えるか。検索エンジン最適化ソフトウエアを提供するスタートアップ、モズの起業家であるランド・フィッシュキンは、著書 "Lost and Founder" の中で、大規模なレイオフを行う前に社員に対してもっと透明性を高めておけばよかった、と後悔しています。新しいプロダクトが停滞した後の資金流出を食い止めるために、モズは210人の従業員のうち59人を解雇しました。フィッシュキンはその顛末をこう語っています。

「涙と怒り、ブログやレビューサイト、SNSでの会社の悪評、失った友情、失った信頼、失った評判。最悪だったのは、このニュースがチームのほとんどにとって、まったくの不意打ちだったことです。最も後悔しているのは、この出来事が起こるまでの数カ月間の、私を含めた経営チームの透明性の欠如です。チームのかなりの部分を解雇しなければならないことを承知のうえで、複数のプロダクトに投資するつもりだったのなら、前もってそう言うべきでした。信頼を失ってしまうと、取り戻すのは困難です」

　2つめは、どれだけ人員を削減するかということです。これまでの常識では、CEOは2回目のレイオフを必要としない程度にカットすべきだ、と言われています。2回目のレイオフは、会社が残したいと思っている優秀な社員の士気を崩壊させ、経営陣への信頼を毀損し、退社に拍車をかける可能性があるからです。一方で、一挙に大量の人員削減を行うことには欠点もあります。ジェイソン・ゴールドバーグは、ファブの失敗の事後分析の中で、ヨーロッパで大規模なレイオフを行い、ファブの米国チームを400人から85人に急減させたことを後悔しています。

「スピードアップしたロケットにブレーキをかけたのですが、これは非常に難しく、見事に失敗しました。私は、コスト削減と範囲の縮小にばかり気を取られ、一歩下がって株主のために価値を維持するための計画を、取締役会と一緒に練ることができませんでした。誰もが口をそろえて言うのは、『早く切れ、深く切れ』ということです。私は今、そうは考えません。むしろ、『賢く切れ、計画を立てて切れ、助けを借りて切れ』と考えるべきです」

第三に、誰を切るべきかという問題です。上級管理職は報酬が高いので、魅力的なターゲットかもしれません。しかし、上級管理職を解雇することは、余計な注目を集めることになりがちです。例えば、ゴールドバーグが直属の部下を何人も解雇したことは、経済紙の反感を買いました。

「マスコミは上級管理職の退職を大々的に報じました。そのことは、私のマネジメントスタイルに不満を持って辞めていった、ということを示唆しました。しかし、それは物事の一面でしかありません。彼らの多くはうまく機能していなかったのです。私は彼らを解雇し、彼らの『ナンバー2』にオペレーションを任せました。これは、取締役会の支持を得た、妥当な決定でした。『ナンバー2』たちは実務を担っており、もっと良い仕事ができる可能性が高かったのです」

　CEOの中には、上級管理職を解雇する代わりに、彼らに減給を求める人もいます。そうすることで、スタートアップは最前線の人材の大規模な削減を避けることができます。ハイドはこれを行い、バルーの経営陣は給料の支払いを延期することにしました。しかしその後、ハイドの弁護士から、マサチューセッツ州ではこのやり方は不適切である、と指摘されました[6]。会社はハイドの分を除く25万ドルの給与を、即座に支払いました。バルーの銀行口座はほぼ空になり、会社は閉鎖に追い込まれました。

　最後に、解雇された従業員にどれだけの退職金を支払うべきかを決める必要があります。モズが大規模なレイオフを計画していたとき、フィッシュキンはどのくらいの退職金を支払うべきか、取締役会のメンバーと口論になりました。フィッシュキンは、4年以上勤続した社員に最低6週間分の退職金を支払えば、残った社員の忠誠心と士気が高まると主張しました。あるVCの役員は、多くのハイテク企業は2週間分の退職金しか出さず、6週間分は多すぎると反論しました[7]。フィッシュキンの主張は通りしましたが、その

6　アメリカでは州によって法律が大きく異なることが多い。
7　日本では、事業閉鎖直前のベンチャー企業が退職金を支払うことは少ない。

過程で「何年もかけて築いてきた、取締役会メンバーとの関係を壊してしまった」と語っています。

プラグを抜けるか？

　上記のような方法がどれもうまくいかなければ、起業家は厳しい選択を迫られます。起業家や投資家との会話の中で、多くの起業家が、再生の可能性が限りなく低くなった時点でも空回りを続けようとする理由が、いくつか見つかりました。

　アーリーステージでは、起業家は、スタートアップを継続するか閉鎖するかについて、単独で決められます。もちろん、起業家／CEOが取締役会の議決権の過半数を握っていたとしても、取締役会に会社の状況を報告し、今後の進め方について助言を求める義務があることは言うまでもありません。それに対し、レイターステージのベンチャー企業で、社外取締役の数が経営陣の数を上回っている場合、事業を閉鎖するかどうかは取締役会全体の判断になります。

　起業家は、自分のスタートアップがまだ可能性を秘めているかどうかを判断すべく、先述の一連の方法を検討するのに十分な時間を取りたいと思うでしょう。失敗した起業家のアンドリュー・リーは、この衝動について、次のようにコメントしています。「終末期のスタートアップの決断と終末期の医療の決断には、いくつかの類似点があります。医療と同様、スタートアップの『延命』を決定することができるのです」

　起業家が、ベンチャー企業の成功の可能性が低くなっているにもかかわらず、事業の閉鎖を遅らせたいと考える理由は、このような救済措置をとりたいという衝動のほかにもいくつかあります。それは次のようなものです。

失敗はスローモーション：一般的に、失敗はスローモーションのようなものです。成長が止まった後、投資家が「検討するには時間が必要だ」と言ってくるのです。このようなあいまいな表現は、起業家に一抹の（通常は誤った）

希望を抱かせますが、実際に状況が絶望的であるかどうかを判断することは困難です。

生命維持装置：特にアーリーステージのスタートアップ企業では、生命維持装置を使って生き延びることが可能な場合があります。現金を節約するために、小規模なチームはオフィスの賃貸契約を解除して、起業家のアパートにオフィスを構えることができます。設立当初からビジョンにコミットしてきた忠実な社員は、「次の資金調達ができるまで」減給に応じるかもしれません。

あきらめの悪い人になる：起業家は常に「偉大な起業家には根性がある」と言われます。そのため、**「あきらめのよい人は偉大な起業家になれない」**という意識が生まれます。だから、自分のイメージを保つために頑張ろうとするのです。また、起業家は「粘り強さはお金になる」と言われ、11時間後の救出劇を楽しみにしています。また、ベンチャー企業に多大な労力と感情を注ぎ込んでいるため、見たいものを見てしまう傾向があります。

相談相手の不在：多くの起業家はサウンディングボード（相談相手）を持たず、「まったく孤独」に、この危機に直面します。起業家は、スタートアップを存続させるために、揺るぎない自信を見せなければなりません。チームメンバーやパートナー、顧客から状況を尋ねられたとき、起業家は常にポジティブなことを強調します。より正直な評価は、チームの離反を招き、スタートアップの崩壊を加速させる可能性があるからです。特に、より多くの資金を集めようとしている間、起業家は、アドバイスを提供するのに最適な人々、つまり現在の投資家に悪いニュースを伝えないものです。その結果、プラグを抜くかどうか、いつプラグを抜くかについて、起業家に適切なアドバイスをするのに十分な情報を持っている人は、ほとんどいなくなるのです。

　会社の問題を隠したいという衝動を克服するのは難しいことですが、助けを求めた起業家は、すぐに助けてもらえることが実は多いのです。エスパーの創業者であるアンドリュー・リーは、「投資家だけでなく、誰もが喜んで

助けてくれる」と書いています。「恥ずかしさと罪悪感を抱きましたが、一度連絡を取ってみると、自分の状況がいかに普通のことで、ほかの人がいかに共感してくれるかがわかりました。もっと早く連絡すればよかったと思います」

道徳的義務感：たとえ現実を受け入れたとしても、起業家は、会社に依存して生活している従業員、プロダクトに依存している顧客、そして起業家のビジョンに触発された投資家のために頑張らなければならないという道徳的義務を感じます。

　起業家の失敗をテーマにしたMBAクラスを訪れたスタートアップコーチのジェリー・コロンナは、チームへの忠誠心は称賛に値するものの、他人への義務感だけでベンチャー企業に固執すると、「毒性のリスクが生じる」と警告しています。

自我のダメージ：ベンチャーが失敗すると、起業家のエゴは大きな打撃を受けます。起業家が所属する業界で失敗の汚名を着せられると、その苦痛はさらに大きくなります。失敗の可能性が高い場合、起業家はこの自尊心の打撃に今立ち向かうか、できるだけ将来に先送りするかを決めなければなりません。起業家が、自分のスタートアップが失敗していることを知ったときに感じる痛みは、手に取るようにわかるでしょう。

　失敗したスタートアップを率いたマイク・ゴゾはこう言います。「最後の瞬間には、人生が目の前で点滅し始めるとよく聞きます。最後の24日間、私は自分のスタートアップの運命に折り合いをつけるために、一生分の試練、失敗、成功、感情を経験したような気がします。この1カ月間は感情があふれ、何度もどん底を経験しました。自分の殻に閉じこもり、健康を無視しました。戦略的買収（実はベンチャー企業の人員を雇いたいだけの買収者）の唯一のチャンスは、つまらないスカイプチャットで終わってしまいました。私たちは、成功しているシリコンバレーのスタートアップと一緒に仕事をするには、役者不足だと言われたのです」

　アーリーステージの起業家が事業閉鎖を遅らせるように促す要因が多々あ

るにもかかわらず、逆の作用が働くこともあります。特に投資家は、再生の可能性が低いと判断したら、早期の事業閉鎖を促すことがあります。投資家は、ベンチャー企業が資金を使い果たす前に解散して、資金の一部を取り戻したいと考えるからです。また、スタートアップの役員を務める投資家は、その時間的拘束を高い機会費用[8]と考えます。アーリーステージのスタートアップの取締役会は、通常、年に10回以上開催され、定期的に開催される会議以外にも多くの時間を必要とします。VCの予定表が見込みのないベンチャー企業で埋まってしまうと、ユニコーン規模のリターンを得る確率が低下してしまうのです。

　ベンチャーを閉鎖した経験のあるベテラン起業家は、この決断に悩む、初めて会社を興した起業家に、良いアドバイスをしています。彼らは、1）達成すべきマイルストーンを明確にし、それを達成するための期限を設定すること、2）あなたやあなたの会社、そして起業家が成功するために必要なことを知っている信頼できるアドバイザーに、このまま続けることに意味があるかどうかを尋ねること、3）以下のことが真実かどうかを定期的に自問すること、を提案しています。

もう打つ手はないですか？：具体的には、本章の冒頭で挙げたような選択肢（ピボット、新たな投資家からの資金調達、M&Aなど）を使い切ったのかという問い掛けが、最終的にゴゾをベンチャー企業から撤退させるきっかけとなりました。「ピボットの失敗ではありません。喧嘩したわけでもない。人生の状況が急変したわけでも、間違ったアドバイスに盲目的に従ったわけでもありません。実際のところ、何が私にその後を認識させ、自己欺瞞を終わらせたのかを特定するのは難しいことです。私は、自分の打つ手がなくなった瞬間に気がつきました。たとえランウェイが長く、ブリッジローンが用意されていたとしても、良心の呵責を感じて受け入れることはできないと悟ったのです」

8　ある選択肢をとることで失った（選択しなかった）機会の価値。

みじめですか？：自分の仕事、共同創業者、チーム、投資家を憎んでいますか？　家族への接し方は？　そして、それは何週間も続いていますか？　失敗したスポーツ栄養のスタートアップであるリベアの共同創業者、ジャスパー・ダイアモンド・ナサニエルは、プラグを抜くまでの期間を次のように語っています。「肉体的にも、精神的にも、感情的にも、ものすごく疲れ果てていました。ほとんど眠れませんでした。投資家とのミーティングや売上げの増減で生死をさまようような状態でした。友人や家族をないがしろにしていたし、人間関係もうまくいきませんでした。

　そして、私は孤独でした。強気でいなければならないと感じていた私は、自分の心の中の葛藤を従業員や投資家に隠し、社外の人には話さないようにして、自分の中で壁を作っていました。これは普通のことで、アントレプレナーシップの一部だと自分に言い聞かせていましたが、突然、すべてが自分に降りかかってきたのです。深く掘り下げて、戦い続けるための何かを見つけようとしましたが、何も見つかりませんでした。情熱は失われてしまいました」

まだ信じている？：そもそもの動機となったビジョンを今でも信じていますか？　リンゼイ・ハイドは、バルーの資金が底をついたため、別のVCに資金調達の打診をしようとしていたところ、バルーの従業員が世話をしていた糖尿病の老猫が死亡した、という知らせを受けました。そのことで彼女は、VCとのミーティング中に取り乱してしまいました。後日、獣医師の診断の結果、バルーの従業員に過失はないと判明したものの、この事件はハイドの自信を失わせ、ピッチは大失敗に終わります。後日、VCから「君のことは知っているし、君を信じている。しかし、君が自分の話を信じているとは思えなかった」と言われました。「起業家は、『待ってください、24カ月後には素晴らしいものになります』と言えるようなエネルギーを失ってしまったら終わりなのです」

潔さ：「潔い」事業閉鎖の可能性は失われつつありますか？　「潔い」事業閉鎖とは、顧客との約束を守り、ベンダーへの未払い金を全額支払い、従業員に報酬を支払うだけでなく退職金も支給し、投資家には少なくとも一部の資

金が戻ってくるような事業閉鎖のことです。失敗は、少なくともある程度は起業家の評判を落とすかもしれませんが、潔い事業閉鎖はそれを軽減します。しかし、これにはトレードオフがあります。潔い事業閉鎖が可能な時点を超えてベンチャーを維持することで、追加の資金調達やM&Aパートナーを探すための時間を確保できるからです。

タイミングを正確に計算するためには、彼らはベンチャー企業のコミットメントとキャッシュのバーンレートを正しく把握していなければなりません。ウォレスは、クインシーの取締役会に事業停止を提案する際に、この期日を念頭に置いていました。共同創業者のネルソンは、最終的に、従業員に少額の退職金を支給し、債権者にすべて返済し、投資家の資金を少しでも還元できるように、事業停止のタイミングを計りました。一方、ハイドは、バルーのすべての財務上の責務を果たすタイミングを逸してしまいました。従業員には全額支払ったものの、取引先への約10万ドルの返済ができなくなってしまったのです。

プラグを抜く決断をして、その決断をチームに伝えると、多くの起業家は感情的なプレッシャーから解放され、一種のカタルシスを感じます。ハイドは、「ブリッジローンをめぐる混乱に終止符を打つことができて、ほっとしました。なぜなら、その時点で、私たちは投資家のためにできる限りのことをしてきたのだと、心から感じられたからです」

独立した事業体として存続できないと判断した起業家は、より多くの選択を迫られることになります。その中には、次のようなものがあります。このままやめて誰かに会社を任せるべきか？ ベンチャーのチームを雇いたいけれど、継続企業としては経営したくないという企業による「**アクハイア (acquihire)**」を目指すべきか？

辞める、または身を引く

まれに、事実上、起業家／CEOが車のキーをテーブルの上に放り投げて、

取締役会や共同創業者にスタートアップを去ると宣言することがあります。
「私はもう運転しない。終わっていいよ」と。起業家がこれまで受けてきた
プレッシャーや、株式のアップサイドが期待できないエンドゲームが繰り返
されることを考えると、その衝動は理解できます。あるいは、上記のような
要因でCEOを続ける決意が弱まった場合、起業家はCEOの座から退き、
別の役割で、フルタイムで働き続けることを選択するかもしれません。

　辞めない理由は2つあります。第一に、ベンチャー企業を最後までやり遂
げることは、起業家にとって学びの多い経験となります。第二に、沈みかけ
の船を見捨てるような船長だ、という評判を得たくないのです。ベンチャー
キャピタリストのアイリーン・リーは、ある起業家のことをこう話します。
その起業家は、経営難に陥ったベンチャー企業からあっさりと手を引き、
「数カ月かけて事態を収拾するだけの、個人的な利益がない」と主張しまし
た。役員や投資家は激怒しました。その起業家は、自分のビジョンに投資す
るよう説得したにもかかわらず、投資家に尻拭いをさせて去っていったので
す。彼らは全員、その起業家とは二度と仕事をしないことで合意しました。

アクハイア（Acquihire）

　アクハイアは、VCの支援を受けた失敗したスタートアップの、一般的な
エグジット経路です。買収するメリットは、投資家がある程度のリターンを
得られることと、ベンチャー企業の従業員が仕事を得られることです。

　買収者は誰でもいいわけではありません。面接を行い、誰を選ぶのかを判
断します。買収企業は基本的に、「何かを作り、一緒に働くことができるこ
とを証明した無傷のチームを購入するコストと、同じような能力を持つチー
ムを一から採用してトレーニングするコストとを比較すると、どうなのか？」
を考えます。ベンチャー企業が調達した資金の何倍もの条件で買収が完了す
ることは、ほとんどありません。人材の調達コストが高すぎることになるか
らです。

　VCの優先分配権より、彼らは当初の出資額を回収するまで、買収による

エグジット収入のすべてを受け取ることになります。買収資金が少額であることから、優先株主（VC）が自分の分を受け取った後は、普通株主（起業家、株式やオプションを保有している従業員）に分配するものがあまり残らないこともあります。

　起業家やチームメンバーが株式報酬をほとんど、あるいはまったく得られないという事実は、買収者が主要なチームメンバーの維持を買収の条件としていることから、いくつかの複雑な問題を引き起こします。買収者にとって最も簡単な解決策は、これらのチームメンバーと別途契約を結ぶことです。例えば、契約時の特別ボーナスや、買収側企業の株式（一定期間その企業で働いたときにベスティング、すなわち処分可能になるもの）を渡すことです。買収者の視点では、買収の総コストを大幅に増やさない限り、この契約は魅力的です。もちろん、スタートアップの投資家は、自分たちを犠牲にして行われたこのような契約を不審に思うでしょう。起業家にとって、チームを維持し、取引を軌道に乗せ、買収を承認しなければならない取締役会を満足させることは、針の穴に糸を通すようなことなのです。

　自分の会社や同僚に感情的なつながりを持っている起業家は、自分が築いたチームが冷徹なデューデリジェンスのプロセスで焼き尽くされ、最終的にメンバーが離散してしまうことに苦痛を感じるかもしれません。アンドリュー・リーは、買収の話が始まる前に、チームが本当に望んでいるものは何かを聞くように、起業家にアドバイスしています。

終焉

　土壇場で資金調達や買収の申し出をしてくれるホワイトナイトはいませんでした。では、どうすれば、責任を持ってベンチャーを閉鎖することができるでしょうか？

アドバイザー

事業閉鎖のプロセスを指導してくれる弁護士と会計士を見つけることが、最初のステップです。これらのアドバイザーは、複雑な法的・税務上の義務や、慎重な事業停止のマネジメントの実務に精通している必要があります。

これまでお世話になった法律事務所や会計事務所に、そうした経験者がいるかどうかはわかりません。もしそうでなければ、専門家を紹介してくれるでしょう。

コミュニケーション

事業停止を決定した起業家は、そのニュースをどのようにステークホルダーに伝えるかを決めなければなりません。起業家は、アドバイザーに従って債権者に連絡します。その他の重要なステークホルダーとしては、顧客、取締役以外の投資家、従業員などがいます。

顧客との取引においては、サービス停止の通知をする前に債権を回収するのが賢明です。そうしなければ、代金の回収が困難になります。顧客は、いつサービスが終了するのかを正確に知りたがります。真に潔い事業閉鎖のためには、スタートアップは、顧客が新しいサービスプロバイダーにスムーズに移行できるようにしなくてはなりません。バルーの場合、ハイドは競合企業であるローバーを活用し、バルーのドッグウォーカーと顧客の両方を助けました。

起業家の中には、役員ではない投資家に情報を提供するのが上手な人もいます。しかしスタートアップが苦戦し始めると、更新の頻度が下がります。結局、悪いニュースを伝えるのは楽しいことではないのです。投資家の中には、ベンチャーの閉鎖に驚く人がいるかもしれません。スタートアップに投資してきた多くの人たちは、この失敗を人生の一部と考え、ほとんどの人は恨みっこなしです。とはいえ、投資家には、何が起きたのかをきちんと説明し、支援してくれたことへの感謝の気持ちを伝えるべきです。

事業閉鎖が行われることを従業員に伝える際、起業家はいくつかのポイントを押さえておく必要があります。まず、退職金があるとすれば、どのくらいなのか。第二に、失業の申請はどのように行うのか。第三に、医療保険を継続することができるのか[9]。第四に、従業員が新しい仕事を見つけられるように支援すること。例えば、推薦状を作成したり、優秀な候補者にアクセスできることを潜在的な雇用先に連絡したりします。最後に、起業家とシニアマネジャーは、従業員に対して、彼らの仕事にどれだけ感謝しているか、会社の失敗の責任は従業員にはないこと、そして、みんなが一緒にやった仕事を誇りに思うべきであることを伝えるべきです。

　本章では、事業閉鎖に至るまでの課題を紹介しました。起業家はその過程で精神的な試練にも直面します。第一段階では、ベンチャーを救おうとするために感情が大きく揺れ動きます。ピボットがうまくいったり、失敗したり、投資家がタームシートを提示したり、撤回したり、合併相手が相反するシグナルを送ってきたりすると、彼／彼女の期待は乱高下します。

　中間段階では、彼／彼女はおそらく1人で問題と格闘します。そろそろプラグを抜くべきなのか？　この問いは、チームや投資家を失望させたという罪悪感、救済を約束して走り去ったホワイトナイトへの怒り、そもそも自分はリーダーにふさわしいのかという自責の念、そして「世界を変える」という夢が失敗に終わったことへの悲しみなど、さまざまな強い感情を呼び起こします。

　その後、数週間、起業家は事業の整理に追われ、反省する暇もないでしょう。しかし、チームが去り、債権者との交渉が終わり、解散の書類が提出された後は、悲しみに浸り、何が起こったのか、何が違ったのかを考え、次の行動を考え始める時間が十分にあるでしょう。それについて、次の章で説明します。

9　国民皆保険でないアメリカでは、保険は日本以上に重大な問題となる。日本では失業した人間は国民健康保険に入るのが一般的。

Chapter 10

立ち直るために

失敗会社を離れた共同創業者は……

　クリスティーナ・ウォレスは、死期が迫ったクインシーから追い出され、ショックを受けました。彼女は3週間をアパートで1人過ごし、デリバリーで食事を注文し、「The West Wing」[1]の全7シーズンを見ました。ウォレスは、友人たちにクインシーで起きていることを説明するのが怖かったのです。共同創業者のアレクサンドラ・ネルソンと話が合わないにもかかわらず、自分たちが築いたスタートアップに強い使命感を感じていたのです。

　ウォレスは、結束の固いニューヨークのスタートアップ・コミュニティにおいて、知人との「最近どう？」という会話を避けていました。クインシーの問題が広まれば、ネルソンが資金を調達することが難しくなるからです。そこでウォレスは、クインシーが瀕死の状態にあったとき、一度だけアパートから出ました。休日のチャリティに参加した彼女は、誰とも話さず、自撮り写真をインスタグラムに投稿して、すべてが順調に進んでいるように見せました。

　ウォレスは、個人的な経済的危機に対処するために、必要に迫られて、前に進もうと決意しました。生活費のためにクレジットカードでかなりの借金をしていましたが、今度は学生ローンの返済期限が迫っていたのです。失業手当をもらう資格もなく、頼れる人もおらず、家族もお金を貸してくれません。彼女はすぐに仕事を見つけなければなりませんでした。クインシーが失敗した後、彼女は30日間にわたって、70人の友人や仕事関係者とコーヒーを飲みました。その場で、「私には何が向いていると思う？」と聞きました。

　そして、彼女が得意とするのは、ストーリーテリングや組織のミッションを売り込むこと、そして、無から有を生み出すことへの挑戦であると結論づけました。その結果、次の仕事として、転職者を対象とした集中的なトレーニングを提供する「スタートアップ・インスティテュート」のニューヨーク拡張キャンパスの開設に携わることになったのです。

1　もともとNBCによって製作されたドラマ。

ウォレスがたどった道は、多くの起業家がベンチャーの失敗から立ち直ろうとするときに待ち受ける、3つの段階を加速させたものでした。第一段階は、失敗によって受けた精神的なダメージからの回復です。起業家は、個人的に大きな挫折を経験すると、悲しみ、落ち込み、怒り、罪悪感などに対処しなければなりませんが、ウォレスのように、収入や個人的な貯蓄がないという、厳しい現実に直面することがよくあります。

第二段階の内省（リフレクション）では、起業家は、失敗を他人やコントロールできない外部の出来事のせいにするのではなく、自らを振り返ります。内省によって、何が悪かったのか、自分がどのような役割を果たしたのか、自分は何をすべきだったのかを深く理解できます。その過程で彼／彼女は、自分の動機や、起業家、経営者、リーダーとしての強みと弱みについて、新たな洞察を得ます。最終段階である再挑戦では、起業家はこれらの洞察を生かして、次のスタートアップを目指すか、別のキャリアを選択するかを決めます。

本章では、この3つのフェーズを説明し、起業家が失敗を癒し、そこから学び、最終的に立ち直るためのアドバイスを提供します。

回復

スタートアップの失敗は、3つの側面で、起業家を大きく狂わせます。第一に、個人の財務基盤が混乱します。ウォレスのように、貯金のすべてをベンチャー企業に投資している人は少なくありません。なかには、ベンチャー企業を維持するために、クレジットカードを使い切ってしまう人もいます。

第二に、週80時間労働が何カ月も続くなかで、友人や家族、大切な人をないがしろにしてしまい、そのために個人的な人間関係が崩壊しているおそれがあります。「申し訳ありませんが、今はあなたの心の支えが必要なのです」と言っても、共感を得られるとは限りません。拒絶されることを恐れ、起こったことを恥じて、起業家は人間関係の再構築や修復を避けようとするかもしれません。最初のうちは、孤立してしまうのが一般的です。

今はなき開発者向けサービス会社、ブライトワークの創業者であるジョシュ・カーターは、この苦しい時期を「もっとうまくできたのではないかという思いが、朝のニュースのかすかな声をかき消してしまう」と表現しています。

「私の心をウイルスのように蝕んできた深い挫折感。この感覚に麻痺してしまい、画面をぼんやりと見つめながら、何か目的を見つけようとし続けています。自分を頼りにしてくれている人たちの期待を裏切り、家族や友人たちにいい顔をする方法を見つけなければなりません。それはほとんど不可能です」

　さらに、ベンチャー企業の失敗は、罪悪感、羞恥心、後悔、失望感などの有害な産物と格闘する起業家に、深い精神的苦痛を与えます。罪悪感や恥ずかしさと、隠れたり、引きこもったりする本能は、危険な組み合わせです。起業家が社会的に孤立している場合、これらの感情が悪循環のスパイラルに陥ることもあります。「私の最初の本能は、（共同創業者の）マルシン、チーム、投資家、そして私たちが築いてきた忠実なコミュニティに謝罪することでした」と、2014年にスタートアップ、99ドレシズを閉鎖したニキ・ダーキンは振り返ります。「羞恥心、罪悪感、恥ずかしさ……。まるで、羊の安全を守る責任があるのに、羊を崖から落としてしまった羊飼いのような気持ちでした。感情は必ずしも論理的ではありません。それどころか、自分が何を感じればいいのかもわかりませんでした。99ドレシズは私のすべてでした。99ドレシズは私のアイデンティティの大部分を占めていました。このスタートアップがなかったら、私は何者だったのか、まったくわかりません」

　キューブラー＝ロス[2]の「死の受容の5つのプロセス」は、起業家がこの時期に感じる感情を理解するのに有効なフレームワークであり、時間の経過とともに感情がどのように変化するかを示しています。ロスは、人生を左右

2　アメリカの精神科医。

するような喪失に直面した人は、5つの反応を繰り返すことが多いと述べていますが、その順序はさまざまで、なかにはまったく表面化しない反応もあります。

否認：ショックの初期状態の典型的な反応は、「こんなことが起こるはずがない」というものです。例えば、アンソニー・スーフーのドット＆ボーの閉鎖に対する最初の反応は、「現実とは思えない」というものでした。

怒り：この段階では、「こんなの不公平だ！」という感情と、「誰が悪いのか？」という疑問が湧いてきます。起業家は、ボールを落とした共同創業者、成長を強く求めすぎた投資家、約束を守れなかったパートナーなどについてわめき散らします。セラピストは、悲嘆に暮れている患者に、このような怒りを十分に表現するように助言します。それは、現実に立ち返るための自然な反応だからです。

取引：無力感や脆弱性に対処するために、この段階の人々は、失ったものを説明するストーリーを構築することで、コントロールを取り戻そうとします。そのため、起業家は「もっと早くピボットしていたら」「もっと成長を遅らせていたら」など、「もしも」を反芻します。

抑鬱：悲しみに打ちひしがれている人は、ある時点で絶望感や空虚感にさいなまれ、人のそばにいたくないと思うかもしれません。この段階では、自尊心が低下しているため、起業家は「次のベンチャーを立ち上げる意味があるのだろうか」と考えます。「自分には勝つために必要なものがないのではないか」と思うかもしれません。

受容：これは、回復段階の終わりの目標であり、起業家が起こったことに平安を感じ、「私は大丈夫だ」と感じることです。
　回復は徐々に進みます。時間は癒してくれますが、ときには、かなりゆっくりとしたものになります。セラピストは、悲嘆に暮れている患者に、自分

の痛みを認め、日記をつけることが助けになるとアドバイスします。喪失感を克服していく過程では、多少の揺り戻しも含め、不安定な経過をたどることが予想されます。毎日の生活習慣を身につけることで、自分をコントロールできる感覚を取り戻すことができます。

　同じように、体力をつけることも治療になります。例えば、アンソニー・スーフーは、ドット＆ボーの解散後、最初の2週間を友人の家で、瞑想とエクササイズをして過ごしました。そしてもちろん、自分の気持ちを話し合うことは、起業家が前に進むための助けになります。

　昔の趣味や活動を思い出したり、新しいものを見つけたりすることも、非生産的な考えごとから気をそらすことができ、自信を取り戻す助けになります。仕事面でも、求職活動を始めたり、コンサルティング・プロジェクトを引き受けたり、新しい事業についての初期の考えを書き留めたりすることで、やる気と希望が生まれます。失敗した起業家の心理を研究しているノートルダム大学のディーン・シェパード教授は、このような気晴らしと最近の失敗を反芻することを交互に繰り返すことが、回復につながると述べています。

　このことは、失敗したハイタッチ保育サービス、ポピーの創業者であるトンプソンの経験からも明らかです。「ポピーの失敗について、ほかの起業家や夫と話し合うことで、非常に助けられました。ある意味では、自分が消えてしまったように感じました。でも、振り返ってみると、いろいろなことがありました。家族でバンクーバーに引っ越し、夏休みを利用してフルタイムでコーディングを学び、何十人もの親御さんと多くの時間をかけて話をしました。私は、家事の課題や、女性の肩に片寄ってかかる『見えにくい仕事』に、強く関心を持ちました。起業家としての輝きが戻ってきたのです」

　フリーランサーのためのバーチャルハブを提供する、失敗したスタートアップ、ハブリタスの創業者、アディ・ヒレルの賢明なアドバイスは、これらのステップを要約しています。「闘っても何にもならない。手放すのです。批判せずに、失敗したことを許す。何もしない。映画館に行きましょう。おそらく半年間、まともに映画を観ていないはずです。友人に会いましょう。将来の計画について聞かれたら、『わからない』と答えましょう」

自分に優しくしてください。すべては一時的なものであり、あなたは一時的に落ち込んでいるのだということを忘れないでください。時間をかけて喪失感を処理してください。それを受け入れてください。そして、あなたは再び強くなろうとしていることを知ってください。

内省（リフレクション）

　喪失感が引き起こす強い感情を乗り越えたら、起業家は失敗後の旅の、次の段階に進む準備ができています。スタートアップの失敗から教訓を得ることは、2つの理由から容易ではありません。第一に、物事がうまくいかないと、自分の欠点ではなく、他人や外部環境のせいにしようとする、防衛的な思考が働いてしまいます。第二に、悲しみは学習を妨げることがあります。失敗した起業家が経験した強い感情は、そのような障害となります。

　こうした理由から、内省をまったく行わない人や、内省からほとんど何も学ばない人がいます。このような起業家は、「誰が悪いのか」を悶々と考える傾向があります。一方では、自分が一連の大きなミスを犯して、スタートアップを破滅させたと結論づける起業家もいます。自分は絶望的に無能で、これまでも、そしてこれからも、スタートアップを率いるのにふさわしくない。事業閉鎖後に意気消沈している人にとって、この解釈は、しばしば落ち込みに伴う自尊心低下の感覚の延長線上にあります。

　一方、特にナルシストの起業家は、「自分の行動はすべて正しかった」と確信し、傷ついた自尊心を癒すような解釈をします。ベンチャー企業が失敗した原因は、他人の無責任な行動や悪意のある行動、あるいは自分ではコントロールできない不幸のいずれかであると考えるのです。

　起業家の中には、本当にスタートアップを率いるのに適していない人がいますし、ほかの仕事を探すべき人もいます。また、これまで見てきたように、スタートアップの失敗は、起業家のミスと不幸の組み合わせではなく、不幸だけが原因の場合もあります。つまり、一部の起業家は、「誰が悪いのか」

を本当に問える立場にあるのです。しかし、自己分析の誤りは、本人にも社会にも損失をもたらします。起業家としての能力や才能があるにもかかわらず、「自分には能力がない」と思い込み、立ち去ってしまうと、彼らが築いたであろうベンチャー企業を、世に出すことができません。そして、その正反対の生意気な起業家が再び馬に乗り、前回と同じ失敗を繰り返したとき、彼らは、新しいチームメイトや投資家とともに、またしても大きな打撃を受けることになるでしょう。

　このような極端な事態を避け、ベンチャー企業の終焉から正しい教訓を得るには、どうすればよいのでしょうか。まず、時間の経過が癒しの効果を発揮するようにしましょう。事業閉鎖からある程度の距離を置くことで、感情的な刺激が弱まり、何が悪かったのか、どんなミスを犯したのか、何を変えればよかったのかがわかりやすくなります。第二に、「死後」の分析を書き上げることです。書くことで論点を明示し、ギャップや論理的矛盾を明らかにすることができます。最後に、自分や失敗したベンチャーのストーリーをよく知っている人たちに、「この教訓は正しいと思うか」と聞いて、検証しましょう。

　これまでの章で紹介してきた、失敗したベンチャー企業の起業家たちはみな、このようなプロセスを経ており、そこから多くのことを学んでいました。もちろん、このような綿密な自己分析から得られる結論は、起業家によって大きく異なるでしょう。

　すべての起業家は、失敗した後、自分自身を見つめ直す必要があります。彼らは自分自身に、次のような一連の質問をするべきです。

• 失敗は避けられたか？　価値を創造したり、維持したりするために、もっと何か違うことができたのではないか、すべきだったのではないか？

　何年にもわたって、頭の中や他人との会話の中で、何度も何度も出来事を再現しながら、このことを自問自答することになるでしょう。

- スタートアップは本当に自分に向いているのか？
- もう一度やり直すとしたら、そうするか？
- この経験から何を学んだのか？
- この経験から、自分自身の得意なことや改善すべき点を知ることができたか？
- 人々は再び、私の戦いについてきてくれるだろうか？　そうすべきか？
- 人々は再び、私に投資してくれるだろうか？　そうすべきか？

　クリスティーナ・ウォレスは、70人の友人や仕事上の関係者に、「私の得意なことは何ですか？」と聞きました。ゴールドバーグは、自己分析の結果を共同創業者、役員、チームメンバー、エグゼクティブ・コーチ、投資家、配偶者と共有し、自分に足りないものがないかを確認しました。その結果、「私はスタートアップの起業家／CEOに適していますが、将来の失敗を避けるためには、より専門的に事業を拡大する方法を学ぶか、あるいは、ほかの人にそれを任せる必要があることがわかったのです」

　最終的に立ち直ったゴールドバーグは、フィットネスやヨガのインストラクターと消費者をつなぐプラットフォーム、モキシーを共同設立しました。彼は失敗した起業家が立ち直るためのアドバイスを、次のように述べています。「自分が本当に得意なことに集中し、それを基本に戻すこと。既存の企業でも、ほかのスタートアップでも、本を書くことでも、教えることでも、ボランティア活動でも、ポジティブな影響を与えることができる優れたスキルをまだ持っていることを、自分自身やほかの人に証明してください。失敗した後に、自分がまだ何か価値のあるものに長けていることを思い出させてくれるようなことを、1つでも見つけてください」

再挑戦

　内省の期間を経て、起業家は「次は何をするのか？」という問いに立ち向

かうことができるようになります。失敗した起業家のうち、ベンチャー企業の終焉後に再び馬に乗る人の割合は、驚くほど高いものです。2015年にVCの支援を受けたスタートアップを閉鎖した50人の起業家について、無作為抽出サンプルで調べたところ、シリアルアントレプレナー（2015年に失敗したスタートアップの前に、少なくとも1つのスタートアップを設立していた人）の52％がさらに別のベンチャーを立ち上げ、初めて会社を立ち上げた起業家の48％が、2015年の失敗から5年以内に別のベンチャーを立ち上げていることがわかりました[3]。

　新しい事業に挑戦したいけれど、失敗したら汚名を着せられてしまうのではないか、と心配している人に朗報があります。ほとんどの起業家（特に、「潔い」事業の閉鎖でチームメンバーや投資家との関係を維持した起業家）にとって、この問題は、多くの人が恐れていたほど深刻なものではないようです。ランカスター大学の故ジェイソン・コープがインタビューした起業家たちはみな、ベンチャーが失敗した後に魅力的な機会を見つけ、一部の人たちが予想していたような汚名や拒絶を経験していませんでした。本書で紹介されている起業家たちも同様です（後述の「起業家たちがその後にしたこと」を参照）。

　汚名を着せられないようにするには、ベンチャー企業の失敗に責任を持ち、何を学んだのか、そしてその教訓が今後の経営やリーダーシップにどのように影響するのかを、明確に説明する必要があります。リンゼイ・ハイドは、バルーが失敗したことを認めることが重要だと考えていますが、そのためには結果を誤魔化してはなりません。「最終的に売却したのだから、撤退したと主張し、それを勝利と呼ぶこともできたはずです。失敗したスタートアップの起業家の多くがそうしています。しかし、私は責任を負い、物語を自分のものにしたかったのです」

　起業家が再挑戦プランを提案する際に、失敗がそのプランにどのように寄与したかを説明できれば、より良い評価を得ることができます。例えば、モズのランド・フィッシュキンは、プロダクトラインの拡張に失敗してベンチ

3　正確な資料はないが、日本でも失敗後、繰り返し起業する人は一定数いる。

ャー企業をほぼ壊滅させ、大量のレイオフを招きました。彼は、VC が起業家に「フェンス越えを狙ってスイングしろ」と迫ることに不快感を示しました。そして、彼は次のスタートアップを立ち上げる際には、「VC は利用しない」と言っています。「私にとって、VC はあまりにも制約が大きいのです。大成功を収めるか（本当にまれなケース）、崩壊するか（はるかに一般的なケース）という二者択一の結果を迫られます。私は、ゆっくりと利益を上げながら成長していく道を選ぶ自由が欲しいのです」

　リンゼイ・ハイドは、これとは反対の立場を取ります。彼女は、バルーの失敗を振り返り、将来再び起業家になるために「100％の準備ができている」と述べています。「自分自身について学んだことは、物事を早く成長させることが好きだということです。そして、スケールのあるものを作るチャレンジが好きです」。ハイドは、これらの目標を達成するためには、「火に油を注ぐ」ような VC 資金を調達する必要があると認識していました。

　あなたは一定期間の内省の後、起業家として成功するために必要なスキルや態度について、自分がそれを持っているかどうかを、より完全に把握しているはずです。また、前回のベンチャーでの経験から、VC に資金を求めるかなど、戦術的な「やるべきこと」と「やってはいけないこと」を、無数に蓄積しています。そして、あなたは自分の動機を綿密に確認しました。どれだけのリスクを負うことができるのか？　富を得たいのか？　優れたチームを率いることへの挑戦か？　世界をより良い場所にしたいのか？
　起業家として成功するためには何が必要なのかを知り、また、より深い自己理解と自己認識についての新しい洞察を身につけたあなたは、スタートアップのジェットコースターにもう一度乗るかどうかを決める準備ができているはずです。

起業家たちがその後にしたこと

本書で紹介した起業家たちは、いずれも失敗から立ち直っています。

スティーブ・チェンバース：ジーボが閉鎖された後、スティーブ・チェンバースは、グリーンテック関連のスタートアップであるセンス・ラブズのチーフ・マーケティング・オフィサーを務め、南カリフォルニア大学で応用心理学の修士号、ハーバード大学教育大学院（GSE）で教育工学の修士号を取得し、現在はGSEの博士課程に在籍しています。

クリスティーナ・ウォレス：クインシー・アパレルの失敗の後、クリスティーナ・ウォレスは、スタートアップ・インスティテュートのニューヨーク・キャンパスを立ち上げました。その後、アメリカ自然史博物館と提携して、若い女性やマイノリティにSTEM分野[1]の大学卒業やキャリアを目指すように促す教育関連スタートアップ、ブリッジアップを設立しました。そして次に、フォーチュン100の企業による起業を支援するコンサルティング会社、バイオニック社のグロース担当ヴァイスプレジデントを務めました。2020年にはHBSの教員となり、アントレプレナーシップについて教えています。

アレクサンドラ・ネルソン：クインシーの失敗後、共同創業者のアレクサンドラ・ネルソンは、グーグルにプロダクトマネジャーとして入社しました。2年後には、アンハイザー・ブッシュ・インベブ社に転職し、新規事業を担当しています。

スニル・ナガラジ：トライアンギュレートを閉鎖した後、スニル・ナガラジはベセマー・ベンチャー・パートナーズ社で6年間キャピタリスト

を務めた後、自身のシードステージ・ファンドであるユビキティ・ベンチャーズを立ち上げました。

リンゼイ・ハイド：リンゼイ・ハイドは、バルーの失敗後、モダーン・ベンチャーズのベンチャーパートナーとして2年間勤務した後、ワイルドフラワーファンデーションに入社し、起業家が運営し、コミュニティに接続された、「マイクロスクール」のネットワークを構築する取り組みを指揮しています。

ジェイソン・ゴールドバーグ：ファブとヘムが売却された後、ジェイソン・ゴールドバーグは、ベルリンを拠点とする4つのスタートアップを共同で設立しました。最近では、オンラインのフィットネスやヨガの教室を求める消費者とインストラクターをつなぐプラットフォーム、モキシーを立ち上げました。

アンソニー・スーフー：ドット＆ボーの閉鎖後、アンソニー・スーフーはウォルマートに入社し、数十億ドルの売上げを誇るホーム部門のエグゼクティブ・ヴァイスプレジデントに就任しました。

シャイ・アガシ：シャイ・アガシは、ベタープレイスの失敗後、別のクリーンテック企業を設立しました。ナーギー社は、現在はステルスモードですが、公共交通機関のソリューションにフォーカスするのではないかと言われています。

1　科学 (Science)、テクノロジー (Technology)、エンジニアリング (Engineering)、数学 (Mathematics) の分野。

親愛なる起業家へ

　あなたが追求してきたスタートアップのコンセプトにフルタイムで取り組むという、思い切った決断をされたことを祝福します。これまでの章で読んでいただいた内容が、お役に立てれば幸いです。ここでは、アーリーステージのベンチャー企業を経営する際に直面する課題について、もう少しお話ししたいと思います。レイターステージのスタートアップを率いることになると、まったく異なる、新しい問題が出てきます。しかし、その前にアーリーステージの試練を乗り越えなければなりません。

　初めて起業したあなたは、優れた起業家の条件について、ありとあらゆる常識を耳にしてきたことでしょう。それらのアドバイスはほとんど正しいものですが、盲目的に従うと、かえって失敗する危険性が高くなります。あなたのような初めて起業する人を励ます本やブログを読むと、6つのポイントが繰り返し強調されています。

1．とにかくやってみよう　　優れた起業家は、行動に偏りがあります。物事を実現し、チャンスを逃さずに素早く行動します。直感を信じ、状況を分析しすぎることもありません。これらはすべて、理にかなっています。同じ機会を追求する大企業とは異なり、リソースを持たない起業家にとって、決断力と機敏さは数少ないアドバンテージの1つであり、それは大きな意味を持ちます。

　しかし、行動に偏りがあると、探索（問題に対する魅力的なソリューションを探すこと）を切り捨て、拡大（プロダクトを作って販売すること）に早急に移行したくなるかもしれません。これまで見てきたように、探索段階は非常に重要です。それは、満たされていない顧客ニーズを特定し、それを満たす

ための案を検討するために、必要な調査を行う段階です。この調査を省略してしまうと、早々に欠陥のあるソリューションに縛られ、フライングの罠に落ちてしまうことになります。

2．根気よく続けよう　起業家は、何度も何度も挫折を味わいます。プロダクトに不具合があったり、遅れが出たり。競合や規制当局は、予期せぬサプライズをもたらします。見込み顧客や投資家、従業員からは、何度も「けっこうです」と言われます。しかし、真の起業家は、自分を奮い立たせ、再び挑戦します。

　ただし、粘り強さが頑固さに変わってしまうと、フライングを見極めることができなくなってしまいます。また、解決策がうまくいっていないことが明らかになっても、ピボットに消極的になってしまいます。ピボットを遅らせると、貴重な資金を浪費し、ランウェイが少なくなってしまいます。

3．情熱を持とう　粘り強さと同様に、世界を変えるインパクトを与えたいという熱い思いは、起業家にとって最も困難な課題を乗り越える力となります。そして、情熱は、あなたの夢を実現するために、従業員、投資家、パートナーを動かすことができます。

　しかし、情熱が自信過剰になることもあります。つまり、重要な問題に対する正しい解決策をすでに見つけており、事前の調査は必要ないという確信です。これでは、スタートを誤るリスクが高まります。同様に、情熱が過ぎると、プロダクトが顧客のニーズを満たしていないという事実に気づかず、必要なピボットを遅らせることになります。アーリーアダプターは、問題の解決策を見つけたいというあなたの熱意に共感するかもしれません。忠実で支持的なアーリーアダプターにはアピールはするものの、メインストリームの顧客にはアピールしないソリューションを作ってしまうと、擬陽性の罠に

はまります。

4．成長しよう　　ポール・グラハムは、「スタートアップとは、早く成長するように設計された会社である……。成長が得られれば、ほかのすべてのことがうまくいくようになる。つまり、成長を羅針盤のように使って、直面するほとんどすべての決断を下すことができるのです」と述べています。急激な成長は、投資家や人材を引き付けるだけでなく、チームの士気を高めます。

　一方で、常に成長しなければならないというプレッシャーから、顧客発見のための調査を抑制し、プロダクトの発売を早まってしまい、フライングを犯してしまうリスクもあります。また、急成長はチームメンバーやパートナーに大きな負担を強いることも、忘れてはなりません。相性の悪いパートナーがいると、成長によって品質の問題が生じ、利益率が低下するおそれがあります。

5．フォーカスしよう　　アーリーステージのスタートアップでは、リソースが限られており、起業家としてできることは限られています。だからこそ、最も重要なことにフォーカスすべきなのです。ターゲットとなる顧客を見つけ、彼らを魅了するプロダクトを作ることです。その優先順位を下げるようなものは、すべて問題です。サイドプロジェクトは中止しましょう。カンファレンスでのスピーチの約束はすっぽかしましょう。

　一方で、過度な集中にはリスクが伴います。ある1つの顧客層に全力を傾ける場合、論理的にはアーリーアダプターがターゲットとなります。しかし、彼らだけに焦点を当て、メインストリームの顧客のニーズを無視してしまうと、誤った結果を招くことになります。同様に、ほかの顧客層への販売を試みていなかったり、単一のマーケティング手法しか採用していなかった

りすると、いざピボットする際に選択肢が狭くなってしまいます。

6．スクラッピーになろう[1]　　リソースは限られているので、起業家は質素倹約を心がけ、少ないリソースでやりくりする賢い方法を考えなければなりません。

　たしかにそのとおりなのですが、もしあなたのスタートアップが、チームに重要なスキルが欠けているために、一貫して価値を提供できないとしたら、スキルを持った新しい従業員を雇うかどうかの決断が必要です。もしそのような人材が高額な報酬を要求してきた場合、倹約家的な起業家は「彼らなしでやっていくしかない」と考えるかもしれません。しかし、そうすると「悪い仲間」に囲まれてしまうリスクがあります。

　ほとんどの場合、従来のアドバイスに従うべきです。あなたは潔癖で、情熱的で、粘り強くあるべきです。断固とした態度で、成長を含む最優先事項に、レーザーのようにフォーカスすべきです。

　言い換えれば、これらの原則は、賭け金が低いときに決断を下すためのツールとして、あるいは、一瞬にして高額の賭け金を支払わなければならないとき、トレードオフを徹底的に評価する時間がないときに使うべきものなのです。

　例えば、探索から拡大への移行、アーリーアダプターとメインストリームの顧客ニーズのバランス、ピボット、スペシャリストの雇用など、ミスをすると失敗の確率が高まる複雑な決断は、単純なルールに基づいて行うべきではありません。むしろ、選択肢とトレードオフを慎重に検討する必要があります。特に、起業家は自分の直感を信じて、それに従うべきだという一般的な考え方には、注意が必要です。会社を賭けた決断というプレッシャーの中で、あなたの直感は強い感情に支配され、正しい行動が見えなくなってしま

うかもしれません。こうした決断には、二晩くらいかけましょう。そして、選択肢とトレードオフの分析を文書化し、チームメンバーや投資家と共有するのです。重要な選択をする際には、ダニエル・カーネマン（ノーベル経済学賞を受賞）が「スローシンキング」[2]と呼ぶやり方をすると、生き延びる確率を高められると私は信じています。

　失敗する可能性が高いことを承知のうえで、すでに起業の道を歩んでいるということは、その可能性を受け入れているということだと思います。失敗はつらいものですが、多くの人にとって、起業の道には抗しがたい魅力があり、天職だと思っていることでしょう。あなたもその1人かもしれません。

　数年前、スタートアップ企業のバリュエーションが高騰していた頃、私は、1990年代後半のインターネットバブルが崩壊したときに中学生だった今の学生たちが、そこからの教訓を理解せずに起業しているのではないかと、心配になりました。そこで私は、1999年から2000年にかけてベンチャー企業を立ち上げ、「核の冬」を迎えて失敗した、かつての教え子たちに手紙を書きました。そして彼らに聞いてみました。「起業したことを後悔していますか？」と。

　驚いたことに、OB／OGは1人を除いて、「後悔はしていない」と言い切りました。むしろ、プロダクト、チーム、ビジネスを構築したことへの誇りを語ってくれました。彼らは、これまでに学んだことや、従業員としての責任とは比べものにならないほどの責任を負い、ベンチャー企業の経営者になったことで得られた素晴らしい経験を指摘してくれました。「インターネットが普及しつつあったときに、自分は投資銀行で傍観していたと孫に言わなくて済むのがうれしい」と言う人もいました。

起業家のみなさん、この本を読んで、傍観者から抜け出す準備ができたでしょうか。何もないところから何かを生み出す、素晴らしい旅になるはずです。そのためには、速く考え、ゆっくり考えること。そして、そもそもなぜハンドルを握ったのかを、見失わないでください。世界は、雇用を創出し、社会の問題を解決するために必要なイノベーションを生み出す、あなたのような起業家を必要としています。何か偉大なものを生み出してください。

　健闘を祈ります。

トム・アイゼンマン

1　スクラッピーは、断片的にありあわせのものをつなげて活用する人々。
2　直感や感情に頼りすぎない論理的な思考のこと。

何事においても失敗から学ぶことは多いものです。これはプライベートで
あってもビジネスであっても同様ですし、その他のありとあらゆる人間の営
みにあてはまるでしょう。失敗するからこそ「これでは前と同じ轍を踏みそ
うだ」、あるいは「これはよくない兆候だ」といったことに気づきやすくな
り、結果として成功の可能性が高まるのです。そうした経験はだれもが持っ
ているはずです。

ただ、本書でも触れられているように、人間が直接経験できる失敗には限
りがあります。特に人生において一度、あるいはせいぜい数回しか経験しな
いことにおいては、自分の失敗から学ぶことはそう簡単ではありません。

例えば、結婚は多くの人にとって重要なイベントですが、離婚という明確
な失敗を何度も経験する人はまれです。

起業も同様です。最近、日本でもシリアルアントレプレナーが増えてきま
したが、会社を興すということは、そう何度も経験できることではありませ
ん。むしろ、人生で一度も経験しない人のほうが圧倒的に多いでしょう。そ
れゆえ、（非婚化が進んだとはいえ）多くの人が経験する結婚などに比べても
情報量が乏しく、起業そのものについて及び腰になりがちですし、実際に起
業してからもつまずく危険性が増すのです。

そうしたときに役立つのが、他者の失敗に学ぶことです。グロービスでも
そうなのですが、本書の著者、トム・アイゼンマンが教鞭を執る HBS は、
ケースメソッドという学習方法をメインにしています。ケースの分析やそれ
を用いた議論は、ある意味で仮想訓練、飛行機の操縦で言えばシミュレーシ
ョンです。そこで間違った意思決定を行ったとしても、現実的な損失は生じ
ません。違う角度からの他者の意見も非常に参考になります。そうした議論
を数多く重ねることで、実体験から得られる教訓に近い洞察が得られるので
す。

本書は、長年 HBS で起業関連の科目を教えてきた著者が、過去の多くの
論文や著作物、そして自らが執筆しクラス内で議論したケース、さらには起

業家たちとの議論などをもとに、起業における典型的な失敗を整理し、体系化したものです。非常によくまとまっており、これから起業をしようという人、すでに起業した人にとって、転ばぬ先の杖として大いに参考になるはずです。

　ベンチャー関係の書籍や記事は数多く出されていますが、そこには生存者バイアス（失敗した人の情報はなかなか出てこない）が入りますし、往々にして成功者は過去を美化しがちです。成功者の体験に触れることは、それはそれで参考になりますが、失敗した起業家に学ぶことはそれ以上に大切です。その意味で、これまで目に入りにくかった「起業の失敗」という側面にスポットライトを当て、そこから成功へのヒントを探る本書は、非常に高い価値を持つものと言えるでしょう。

　ただし、本書を読むうえでは多少の注意がいります。特に日米における差異には敏感になっておく必要があるでしょう。日本とアメリカでは IPO のハードルがかなり違いますし、取締役会のガバナンスのあり方なども大きく異なります。特に気をつけていただきたいポイントについては適宜注釈をつけましたので、それも参考にしていただければと思います。

　著者が言うように、社会はさまざまな問題解決のために起業家を必要としています。グロービスはこれまで、ベンチャーキャピタル事業や社会的インパクト投資事業、起業家支援ビジネスなどを手掛け、多くの起業家のお手伝いをしてきました。グロービス経営大学院でも多くの起業関連科目を教えています。そうしたなかで我々は、まだまだ日本には起業家が必要だと実感しています。

　1人でも多くの読者がこの1冊をヒントに起業に挑戦され、またその成功確率を上げられることを、大いに期待しています。

　最後に、本書の上梓にあたり数多くのアドバイスをいただいた、ダイヤモンド社書籍編集局第一編集部の木山政行副編集長に深く感謝いたします。

　2022年3月

　　　　　　　　　　　　　　　　　　　　　　　　　グロービス

はじめに

p.i 私のスタートアップの失敗率の推定は、異なる失敗率を示す複数のデータに基づいています。Robert Hall and Susan Woodward, "The Burden of the Non-Diversifiable Risk of Entrepreneurship," American Economic Review 100, no.3 (2010): 1163-1194 では、ベンチャーキャピタル（VC）の支援を受けた企業の4分の3が、利益を起業家にもたらしていないことを明らかにしています。Deborah Gage, "The Venture Capital Secret: 3 Out of 4 Startups Fail," Wall Street Journal, Sept. 20, 2012 は、Shikhar Ghosh による未発表の研究をまとめたもので、Hall と Woodward の結果と一致しています。Ghosh は、2004 年から 2010 年にかけて、VC から 100 万ドル以上の資金提供を受けた 2000 社以上のスタートアップへの投資を調査しました。その結果、75％が投資資金を回収できなかったのです。同様の手法で 1985 年から 2009 年の間に VC から初期の資金提供を受けたすべてのスタートアップのリターンを分析した William Kerr, Ramana Nanda, and Matthew Rhodes-Kropf, "Entrepreneurship as Experimentation," Journal of Economic Perspectives 28, no.3 (2014): 25-48 は、55％の失敗率と見積もっています。この推定値が Ghosh の推定値よりも低いのは、Kerr らが、買収されたスタートアップのうち、買収価額を公表しなかった企業はすべて、調達した資金の 1.5 倍の利益が出るように売却されたと仮定しているためです。実際には、多くの買収は投資家に損失をもたらしています。スタートアップの失敗率に関する他の多くの推定値は、50％から 90％の間です。こうした失敗率の推定値の違いは、研究者が「スタートアップ」と「失敗」をどのように定義しているかによるところが大です。失敗を資金切れによる完全な事業閉鎖と定義した場合、報告された失敗率は低くなる傾向があります。しかし、この定義では、生き残っても投資家にプラスの利益をもたらさない「ゾンビ企業」のスタートアップは除外されてしまいます。スタートアップ企業を、一定額の外部資金を調達した企業だけではなく、起業の機会を追求するあらゆる企業と定義した場合、失敗率はさらに高くなります。Grace Walsh and James Cunningham, "Business Failure and Entrepreneurship: Emergence, Evolution and Future Research," Foundations and Trends in Entrepreneurship 12, no.3 (2016): 163-285" は、さまざまな学術研究による失敗率の推定値をまとめています。「スタートアップ」と「失敗」の定義については、本書の Introduction で定義しています。

p.iv Bandura, Social Learning Theory (Englewood Cliffs, NJ: Prentice Hall, 1977) は、代理学習（他者の経験に学ぶ）のプロセスを説明し、直接経験からの学習と対比させています。Jerker Denrell, "Vicarious Learning, Under-sampling of Failure, and the Myths of Management," Organization Science 14, no.3 (2003): 227-243 は、組織内の個人が他人の経験を通じて代理学習をする場合、失敗した取り組みよりも成功した取り組みに注目する傾向が強すぎると主張しています。Denrell は、もし、リスクの高い戦略が、安全な

戦略に比べて、より大きな成功とより大きな失敗の両方の結果をもたらす可能性が高いとすれば、失敗を過小評価することは、リスクの高い戦略が実際よりも魅力的であるという推論につながる可能性を指摘しています。

p.viii　Paul Gompers, Will Gornall, Steven Kaplan, and Ilya Strebulaev, "How Do Venture Capital Investors Make Decisions?". Journal of Financial Economics 135, no.1 (2020): 169-190 では、885 人のベンチャーキャピタルの専門家を対象に、投資決定を促す要因について調査しています。最も重要な要因は「経営陣の質」で、回答者の 47％が 1 位としました。一方、合計で 37％が 4 つの「馬」の要因（ビジネスモデル、プロダクト、市場、業界）のうち 1 つを最も重要としています。典型的な投資家の見解として、IA Ventures のパートナーであるロジャー・アーレンバーグが、2010 年 10 月 26 日に Quora からの「なぜそんなに多くのスタートアップが失敗するのか？」という質問に回答しています。彼は、「間違った人材。簡単です。他の問題はすべて派生的なものです」と答えています。同様に、Seraf の創業者 /CEO のクリストファー・ミラバイルはウェブで「馬かジョッキーか？」の質問をしています。6 人は「ジョッキーの方が重要」、3 人は「ジョッキーと馬の両方が重要」と答えました。

p.ix　Hans Swildens and Eric Yee, "The Venture Capital Risk and Return Matrix," Industry Ventures blog, Feb 7, 2017 では、2006 年から 2016 年までのレイターステージのベンチャーへの全 VC 投資に関する PitchBook（アメリカの金融情報サービス）のデータの分析を紹介しています。投資の 29％は 0 倍から 1 倍のリターンでした。28％が 1 倍から 2 倍のリターンです。

p.xii　ベンチャー・キャピタリストであるアラン・パトリコフは Business Insider website, Mar. 10, 2015 において「多くの起業家のビジネスモデルは奇跡の連鎖に頼りすぎている」と指摘しています。パトリコフは、この言葉を General Instruments 社の元 CEO である故モンティ・シャピロの言葉だとしています。

Introduction

p.18　起業家の業界経験が業績に与える影響についての学術研究については、Rajshree Agarwal, Raj Echambadi, April Franco, and M. B. Sarkar, "Knowledge Transfer through In- heritance: Spin-out Generation, Development, and Survival," Academy of Management Journal 47, no. 4 (2004): 501-522、Aaron Chatterji, "Spawned with a Silver Spoon? Entrepreneurial Performance and Innovation in the Medical Device Industry," Strategic Management Journal 30, no. 2 (2009): 185-206、Charles Eesley and Edward Roberts, "Are You Experienced or Are You Talented? When Does Innate Talent Versus Experience Explain Entrepreneurial Performance?" Strategic Entrepreneurship Journal 6 (2012): 207-219 を参照してください。Eggers and Song, "Dealing with Failure" は、前回のベンチャーが失敗したシリアルアントレプレナーは、前回のベンチャーが成功した人々と比較して、自分の能力よりも外部環境のせいにする傾向が強く、その結果、新しいベンチャーを追求する際に業界を変更する傾向が強いことを示しています。さらに、Eggers と Song は、

前回のベンチャーの成功・失敗にかかわらず、業界を変えることは、シリアルアントレプレナーの次のベンチャーの結果を低下させるとしています。これは、業界での経験が成功の確率を高めるという考え方を強く支持するものです。

Chapter 1

p.26　Richard Hamermesh and Thomas Eisenmann, "The Entrepreneurial Manager, Course Overview がこのフレームワークを要約しています。このフレームワークは、私が 2013 年に HBS の必修科目であるアントレプレナーシップコースのために開発し、同僚の支援を受けて改良したものです。ダイヤモンドの各要素については、Thomas Eisenmann, "Business Model Analysis for Entrepreneurs," HBS course note 812096, Dec.2011 (rev. Oct. 2014) に詳述しています。

Chapter 3

p.98　顧客インタビューのベストプラクティスは、Frank Cespedes, "Customer Visits for Entrepreneurs," HBS course note 812098, Nov. 2011 (Aug. 2012 rev.)、Elizabeth Goodman, Mike Kuniavsky, and Andrea Moed, Observing the User Experience: A Practitioner's Guide to User Research (Waltham, MA: Morgan Kaufmann, 2012), Ch. 6、Rob Fitzpatrick, The Mom Test: How to Talk to Customers (Scotts Valley, CA: CreateSpace, 2013), Cindy Alvarez, Lean Product Development: Building Products Your Customers Will Buy (Boston: O'Reilly, 2014) などを参照してください。

p.100　ユーザーテストのベストプラクティスについては、Goodman et al. p.11; and Steve Krug, Rocket Surgery Made Easy: The Do-It-Yourself Guide to Finding and Fixing Usability Problems (Berkeley, CA: New Riders, 2010) を参照してください。

p.100　フォーカスグループとエスノグラフィーのベストプラクティスについては、Goodman et al., Observing the User Experience, Ch. 7 for focus groups and Ch. 9 と Ellen Isaacs, "The Power of Observation: How Companies Can Have More 'Aha' Moments," GigaOm website, Sept. 15, 2012 を参照してください。

p.101　ジャーニーマップの使用方法と理由については、Sarah Gibbons, "Journey Mapping 101," Nielsen Norman Group website, Dec 9, 2018 を参照してください。

p.102　競合他社の分析に関するベストプラクティスについては、Goodman et al.、Observing the User Experience、Ch.5 を参照してください。

p.103　顧客調査を行う際のベストプラクティスについては、Goodman et al, Observing the User Experience, Ch.12、および SurveyMonkey, "Surveys 101," SurveyMonkey website を参照してください。

p.104　ペルソナ作成のベストプラクティスについては、Goodman et al, Observing the User Experience, Ch.17、および Alan Cooper, The Inmates Are Running the Asylum: Why High-Tech Products Drive Us Crazy and How to Restore the Sanity (Carmel, IN: Sams-Pearson Education, 2004) を参照してください。

p.104　ブレーンストーミングを行う際のベストプラクティスについては、Scott Berkun, "How to Run a Brainstorming Session," Scott Berkun blog; and Tina Seelig, "Brainstorming-Why It Doesn't (Always) Work," Medium, Jan 8, 2017 を参照してください。

p.105　プロトタイプを「こう機能する」と「こう見える」に区別することは、デザインにおいて広く受け入れられている原則です。この区別と、デザイナーが両方のタイプを使うべき理由については、Ben Einstein, "The Illustrated Guide to Product Development (Part 2: Design)," Bolt website, October 20, 2015 を参照してください。

p.106　プロトタイプの忠実度を選択する際のトレードオフについては、John Willshire, "Want to Improve Your Design Process? Question Your Fidelity," Mind the Product website, Mar. 17, 2015 および Lyndon Cerejo, "Design Better and Faster with Rapid Prototyping," Smashing Magazine website, June 16, 2010 を参照してください。

p.106　これらの質問は、Danger Point Labs の創業者 /CEO である Keith Hopper が 2017 年 1 月に行った「MBA Startup Bootcamp」クラスのプレゼンテーションから抜粋したものです。

p.107　MVP テストのロジックやベストプラクティスについては、Ries, The Lean Startup に加えて、Thomas Eisenmann, Eric Ries, and Sarah Dillard, "Hypothesis-Driven Entrepreneurship: The Lean Startup," HBS course note 812095, Dec. 2011 (July 2013 rev.) や Steve Blank, "An MVP Is Not a Cheaper Product; It's about Smart Learning," Steve Blank blog, July 22, 2013 を参照してください。

Chapter 4

p.123　ジェフリー・ムーア著『キャズム』（翔泳社、2002 年）は、テクノロジー企業の経営者が、アーリーアダプターとメインストリームの顧客との違いをなぜ認識できないのか、そしてその違いを理解したうえでどのような戦略をとるべきかについて詳細に説明しています。

p.124　ジェフリー・ムーア著『キャズム』（翔泳社、2002 年）では、メインストリームの顧客はアーリーアダプターよりも「プロダクト全体としてのソリューション」を望む、つまり顧客が自分の手を煩わせる必要性を最小限に抑え、プロダクトの使用に必要なあらゆるものへのアクセスを容易にすることを要求する傾向が強いとしています。また、キャズムのフレームワークでは、メインストリームの顧客はアーリーアダプターからの紹介を信用しないと仮定します。両者の要求するものは異なるからです。ムーアは、メインストリームを攻めるにあたり、「ノルマンディ侵攻」的なやり方を推奨しています。プロダクト全体を再構築し、必要なものを味方とともに提供し、信頼できる参照顧客の不足を補うべく、強力なマーケティングを行うのです。

Chapter 5

p.132　私は 2017 年、HBS の選択科目「テクノロジーベンチャーの規模化」のために、ジェフリー・レイポートと一緒に「6S」のフレームワークを開発しました。このフレー

ムワークは、Tom Peters and Robert Waterman, In Search of Excellence: Lessons from America's Best-Run Companies (New York: Harper & Row, 1982) で提唱されたマッキンゼーの「7S」フレームワークの要素を取り入れています。

Chapter 6

p.158　レーダー探知機を持っていると便利です。RAWI テストの起源は謎ですが、私は HBS の同僚である Shikhar Ghosh が発明したと考えています。そして私や Felda Hardymon、Toby Stuart など、HBS でアントレプレナーシップについて教えていたメンバーが協力しました。

p.171　コンジョイント分析を行うためのガイダンスについては、Elie Ofek and Olivier Toubia, "Conjoint Analysis:A Do-It-Yourself Guide," HBS course note 515024, Aug.2014 を参照してください。

p.173　バイラル係数をどのように計算するかについての詳しいガイダンスは、Adam Nash, "User Acquisition:Viral Factor Basics," Psychohistory blog, Apr.4, 2012 を参照してください。

Chapter 8

p.201　Ofek and Wagonfeld, "Speeding Ahead" では、1万2千マイル走行するための電気代として 600 ドル、顧客1人当たり年間数百ドルのメンテナンス費用を見積もっています。これに私は、"Speeding Ahead," に記載されている数字に基づいて、充電スポットと交換ステーションの減価償却費として 70 ドルを加えました。重要な前提は以下です。1）チャージスポット1基当たり 250 ドル、交換ステーション1基当たり 40 万ドル、2）顧客1人当たり2基の充電スポット、交換ステーション1基当たり 2000 人の顧客。充電スポットと交換ステーションの減価償却年数は 10 年としました。

p.212　Barry Staw, "The Escalation of Commitment to a Course of Action," Academy of Management Review 6, no.4 (1981): 577-587 より。個人は利益に関してはリスクを回避し（つまり、良い結果を過去に経験していて、賭けが失敗した場合に失うものが大きい場合）、損失についてはリスクを求める傾向があるというプロスペクト理論の中核的な考え方とも一致します（Daniel Kahneman and Amos Tversky, "Prospect Theory: An Analysis of Decision under Risk," Econometrica 47, no. 2 (1979): 263-292）。同様に、コミットメントのエスカレーションは、硬直反応、つまり個人または組織が危機にさらされたとき、新しい戦略を探すより、慣れ親しんだ戦略に戻る傾向と一致しています（Barry Staw, Lance Sandelands, and Jane Dutton, "Threat-Rigidity Effects in Organizational Behavior: A Multilevel Analysis," Administrative Science Quarterly 26, no. 4 (1981): 501-524）。

p.220　ジョブズが言ったとされるこの言葉の出所については、Quora によるとさまざまな説があるようです。映画「パイレーツ・オブ・シリコンバレー」のために書かれたものだと推測する説や、ジョブズの 1985 年の「プレーボーイ」誌でのインタビューで出

たという説などです。Walter Isaacson's biography, Steve Jobs (New York: Simon & Schuster, 2011) にもこの言葉が何度か出ているという指摘もあります。

Chapter 9

p.231　Wasserman, Founder's Dilemmas, Ch. 10, Michael Ewens and Matt Marx, "Founder Replacement and Startup Performance," Review of Financial Studies 31, no. 4 (2018): 1532-1565 は、苦戦しているスタートアップにおける創業者/CEO の交代の発生率に関するデータを提示しています。そして苦戦しているスタートアップの創業者/CEO が交代した後にパフォーマンスが向上する傾向にあることを示しています。

p.232　ウィルソンは、"Why Early Stage Venture Investments Fail," の中で、彼が投資額の5倍以上の利益を得た11社のポートフォリオ企業のうち、7社がピボットを成功させた一方で、失敗した5社のうち1社だけがピボットを成功させたと述べています。ウィルソンはこの理由を、「持続不可能な大規模なバーンレートだったから」としています。

p.241　Dawn DeTienne, Dean Shepherd, and Julio De Castro, "The Fallacy of 'Only the Strong Survive': The Effects of Extrinsic Motivation on the Persistence Decisions for Under-Performing Firms," Journal of Business Venturing 23 (2008): 528-546 は、起業家が苦戦しているベンチャーを存続させる理由についての理論モデルを提示し、コンジョイント分析によってそのモデルを検証しています。私のリストには載っていませんが、粘ることと正の相関がある要因として、起業家の過去のベンチャーでの成功体験を挙げています。DeTienne らによると、過去に成功した起業家は、自分が勝利の方程式を持っていると思い込んでいるため、ビジネスを継続する傾向があるといいます。

Chapter 10

p.256　シェパードの起業家の失敗に関する学術研究は、Dean Shepherd, Trenton Williams, Marcus Wolfe, and Holger Patzelt, Learning from Entrepreneurial Failure: Emotions, Cognitions, and Actions (Cambridge, UK: Cambridge University Press, 2016) にまとめられています。一般読者向けには、シェパードの洞察が From Lemons to Lemonade: Squeeze Every Last Drop of Success Out of Your Mistakes (Upper Saddle River, NJ: Prentice Hall, 2009) で紹介されています。Walsh and Cunningham, "Business Failure and Entrepreneurship," では、起業家がベンチャーの失敗からどのように立ち直るかについて、他の学術文献をまとめています。

p.262　PitchBook を用いて、2013 年または 2014 年に設立され、少なくとも 50 万ドルを調達した後に 2015 年に閉鎖された米国を拠点とするスタートアップを特定しました。CEO のキャリアは、リンクトインのプロフィールを参考にしました。50 人の CEO のうち 25 人は、2015 年に失敗したスタートアップの前に起業した経験があり、残りの 25 人は初めての起業でした。

はじめに

PitchBook Data, Inc., "PitchBook Universities: 2019", PitchBook website.

Megan McArdle, *The Up Side of Down: Why Failing Well Is the Key to Success* (New York: Viking, 2014); Sarah Lewis, *The Rise: Creativity, the Gift of Failure, and the Search for Mastery* (New York: Simon & Schuster, 2014)

Scott Sandage, *Born Losers: A History of Failure in America* (Cambridge, MA: Harvard University Press, 2005)

Charles Perrow, *Normal Accidents: Living with High-Risk Technologies* (New York: Basic Books, 1984)

Eliot Cohen and John Gooch, *Military Misfortunes: The Anatomy of Failure in War* (New York: Free Press, 1990)

Richard Neustadt and Ernest May, *Thinking in Time: The Uses of History for Decision Makers* (New York: Free Press, 1989)

Atul Gawande, *The Checklist Manifesto: How to Get Things Right* (New York: Metropolitan Books, 2009)

エリック・リース著『リーン・スタートアップ』(日経 BP、2012 年)

カール・ポパー著『科学的発見の論理　上・下』(恒星社厚生閣、1971、1972 年)

Sim Sitkin, "Learning through Failure: The Strategy of Small Losses," Research in Organizational Behavior 14 (1992): 231-266

Hans Hansen, "Fallacies," The Stanford Encyclopedia of Philosophy (online; Summer 2020 ed.)

Lee Ross, "The Intuitive Psychologist and His Short-comings: Distortions in the Attribution Process," Advances in Experimental Social Psychology 10 (1977): 173-22

Patrick Enright, "Road Rage Can Churn the Calmest of Hearts," NBCNews.com, May 15, 2007

Dean Shepherd, Randall Tobias, eds., *Entrepreneurial Failure* (Northampton, MA: Edward Elgar, 2013)

CB Insights, "The Top 20 Reasons Startups Fail," Research Briefs, CB Insights website, Nov.6, 2019

Steve Blank, Four Steps to the Epiphany: Successful Strategies for Products That Win (Louisville, KY: Cafepress, 2005)

Steve Blank, "Why the Lean Start-Up Changes Every- thing," Harvard Business Review, May 2013

Roger Frock, *Changing How the World Does Business: The Inside Story* (San Francisco: Berrett- Koehler, 2006)

Introduction

Jeffrey Van Camp, "My Jibo Is Dying and It's Breaking My Heart," Wired, Mar. 8, 2019

Jeffrey Bussgang and Christine Snively, "Jibo: A Social Robot for the Home," HBS case 816003, Dec. 2015 (May 2016 rev.)

Author's interview with Chambers

Chris Welch, "Amazon Just Surprised Everyone with a Crazy Speaker That Talks to You," The Verge website, Nov 6, 2014

Crunchbase

Thomas Eisenmann, "Entrepreneurship: A Working Definition," Harvard Business Review blog, Jan 10, 2013

Howard Stevenson "A Perspective on Entrepreneurship," HBS working paper 384-131, 1983

Walsh and Cunningham, "Business Failure and Entrepreneurship"

Tom Nicholas, *VC: An American History* (Cambridge, MA: Harvard University Press, 2019)

Noam Wasserman, *The Founder's Dilemmas: Anticipating and Avoiding the Pitfalls That Can Sink a Startup* (Princeton, NJ: Princeton University Press, 2012)

Jeffrey Van Camp, "Review: Jibo, Social Robot," Wired, Nov. 7, 2017; the quote that follows is from Van Camp, "My Jibo Is Dying."

Barry Sardis, "How Can Social Robots Benefit Seniors Aging in Place?" TechForAging website, Dec. 1, 2019

Jerry Kaplan, *Startup: A Silicon Valley Adventure* (Boston: Houghton Mifflin, 1994)

Author's email correspondence with Jeff Bussgang, July 2019

J. P. Eggers and Lin Song, "Dealing with Failure: Serial Entrepreneurs and the Cost of Changing Industries Between Ventures," Academy of Management Journal 58, no.6 (2015): 1785-1803

ピーター・ティール著『ゼロ・トゥ・ワン 君はゼロから何を生み出せるか』(NHK 出版、2014 年)

Steven Kaplan, Berk Sensoy, and Per Stromberg, "Should Investors Bet on the Jockey or the Horse? Evidence from the Evolution of Firms from Early Business Plans to Public Companies," Journal of Finance 64, no.1 (2009): 75-115

Paul Graham, "The 18 Mistakes That Kill Startups," Paul Graham blog, Oct. 2016

Michael Gorman and William Sahlman, "What Do Venture Capitalists Do?" Journal of Business Venturing 4, no.4 (1989): 231-248

Ian Macmillan, Lauriann Zemann, and P. N. Subbanarasimha, "Criteria Distinguishing Successful from Unsuccessful Ventures in the Venture Screening Process," Journal of Business Venturing 2, no.2 (1987): 123-137

Paul Gompers, Anna Kovner, Josh Lerner, and David Scharfstein, "Performance Persistence in Entrepreneurship," Journal of Financial Economics 96, no. 1 (2010): 18-32

Robert Baron and Gideon Markman, "Beyond Social Capital: Robert Baron and Gideon

Markman, "Beyond Social Capital: The Role of Entrepreneurs' Social Competence in Their Financial Success," Journal of Business Venturing 18 (2003): 41–60

Sabrina Artinger and Thomas Powell, "Entrepreneurial Failure: Statistical and Psychological Explanations," Strategic Management Journal 37, no.6 (2016): 1047–1064

Hao Zhao, Scott Seibert, and G. T. Lumpkin, The Relationship of Personality to Entrepreneurial Intentions and Performance: A Meta-Analytical Review," Journal of Management 36, no.2 (2010): 381–404

M. Ciavarella, A. Bucholtz, C. Riordan, R. Gatewood, and G. Stokes, "The Big Five and Venture Survival," Journal of Business Venturing 19 (2004): 465–483

Chapter 1

Eisenmann, "Entrepreneurship: A Working Definition,"

Fiona Southey, "Rouqette 'Significantly Increases' Pea Protein Supply Deal with Beyond Meat," Food Navigator website, Jan 16, 2020

Thomas Eisenmann, Geoffrey Parker, and Marshall Van Alstyne, "Strategies for Two-Sided Markets," Harvard Business Review, Oct. 2006

Thomas Eisenmann, "Platform-Mediated Networks: Definitions and Core Concepts," HBS course note 807049, Sept. 2006 (Oct. 2007 rev.)

ジェフリー・パーカー、マーシャル・W・ヴァン・アルスタイン、サンギート・ポール・チョーダリー著『プラットフォーム・レボリューション PLATFORM REVOLUTION 未知の巨大なライバルとの競争に勝つために』（ダイヤモンド社、2018 年）

James Currier, "The Network Effects Manual:13 Different Network Effects (and Counting)," NfX blog

Anu Hariharan, "All about Network Effects," Andreessen Horowitz blog, Mar. 7, 2016

Thomas Eisenmann and Jeff Huizinga, "Poppy: A Modern Village for Childcare," HBS case 820715, Nov. 2017

Thomas Eisenmann, Scott Kominers, Jeff Huizinga, and Allison Ciechanover, "Poppy (B)," HBS case 820715, Mar. 2020

Blake Masters, "Peter Thiel's CS183: Startup-Class 10 Notes Essay," Blake Masters blog, May 8, 2012

Thomas Eisenmann, Michael Pao, and Lauren Barley, "Dropbox: It Just Works," HBS case 811065, Jan. 2011 (Oct. 2014 rev.)

Startup Genome: Startup Genome Project, "A Deep Dive into the Anatomy of Premature Scaling," Startup Genome website, September 2, 2011

Tom Eisenmann, "Business Model Analysis, Part 6: LTV and CAC," Platforms & Networks blog, July 27, 2011

David Skok, "What's Your TRUE Customer Lifetime Value (LTV) -DCF Provides the Answer," for Entrepreneurs blog, Feb 23, 2016; and Eric Jorgenson, "The Simple Math

Behind Every Profitable Business- Customer Lifetime Value," Medium, Mar 16, 2015

Wasserman, Founder's Dilemmas

Arnold Cooper, Carolyn Woo, and William Dunkelberg, "Entrepreneurs' Perceived Chances for Success," Journal of Business Venturing 3, no. 2 (1988): 97-108

L. W. Busenitz and Jay Barney, "Differences between Entrepreneurs and Managers in Large Organizations: Biases and Heuristics in Strategic Decision-Making," Journal of Business Venturing 12, no. 1 (1997): 9-30

Antonio Bernardo and Ivo Welch, "On the Evolution of Overconfidence and Entrepreneurs," Journal of Economics & Management Strategy 10, no. 3 (2001): 301-330

Colin Camerer and Dan Lovallo, "Overconfidence and Excess Entry: An Experimental Approach," American Economic Review 89, no. 1 (1999): 306-318

Mathew Hayward, Dean Shepherd, and Dale Griffin, "A Hubris Theory of Entrepreneurship," Management Science 52, no. 2 (2006): 160-172

Tom Eisenmann, "Head Games: Ego and Entrepreneurial Failure," O'Reilly Radar website, July 9, 2013

Artinger and Powell, "Entrepreneurial Failure"

Robin Hogarth and Natalia Karelaia, "Entrepreneurial Success and Failure: Confidence and Fallible Judgment," Organization Science 23, no. 6 (2012): 1733-1747

Mark Suster, "Whom Should You Hire at a Startup (Attitude over Aptitude)?" TechCrunch, Mar. 17, 2011

Wasserman, Founder's Dilemmas

Brad Feld and Jason Mendelson, *Venture Deals:Be Smarter Than Your Lawyer and Venture Capitalist* (Hoboken, NJ: Wiley, 2011)

Jeffrey Bussgang, *Mastering the VC Game: A Venture Capital Insider Reveals How to Get from Start-up to IPO on YOUR Terms* (New York: Portfolio, 2011)

Jason Calacanis, *Angel: How to Invest in Technology Startups* (New York: Harper Business, 2017)

Scott Kupor, Secrets of Sand Hill Road: *Venture Capital and How to Get It* (New York: Portfolio, 2019)

Marc Andreessen, "Part 6: How Much Funding Is Too Little? Too Much?" The Pmarca Guide to Startups website, July 3, 2007

Marc Andreessen, "Part 5: The Moby Dick Theory of Big Companies," The Pmarca Guide to Startups website, June 27, 2007. Dharmesh Shah, "Advice for Partnering with the Big and Powerful: Don't," On Startups blog, Oct. 7, 2008

Eisenmann et al., "Dropbox: It Just Works."

Chapter 2

Thomas Eisenmann and Lisa Mazzanti, "Quincy Apparel (A)," HBS case 815067, Feb. 2015

(Apr. 2016 rev.)

Eisenmann and Mazzanti, "Quincy Apparel (B)," HBS case 815095, Feb. 2015 (Apr. 2016 rev.)

Julia Austin, "Hard to Do, and Easy to Screw Up: A Primer on Hiring for Startups," Being FA and Other Ponderings blog, October 25, 2015

Dan Portillo, "Debugging Recruiting," Greylock Partners website, May 23, 2016

David Skok, "Recruiting-the 3rd Crucial Startup Skill," for Entrepreneurs blog

Sam Altman, "How to Hire," Sam Altman blog, Sept. 23, 2013; and Fred Wilson, "MBA Mondays: Fred Wilson, "Best Hiring Practices," AVC blog, June 11, 2012

Noam Wasserman: Founder's Dilemmas

Naval Ravikant, "How to Pick a Co-Founder," Venture Hacks blog, Nov. 12, 2009

Simeon Simeonov, "When to Fire Your Co-Founders," Venture Hacks blog, Jan. 28, 2010

Jessica Alter, "Three Biggest Mistakes When Choosing a Cofounder," On Startups website, Apr. 18, 2013

Steve Blank: "Looking for Love in All the Wrong Places—How to Find a Co-Founder," First Round Review website

Geoff Ralston, "A Guide to Seed Fundraising," Y Combinator blog, Jan. 7, 2016; Chris Dixon, "What's the Right Amount of Seed Money to Raise?"cdixon blog, Jan. 28, 2009

Rob Go, "How a Seed VC Makes Investment Decisions," NextView blog, Apr. 8, 2015

Mark Suster, "How to Develop Your Fund- raising Strategy," Both Sides blog, Jan. 17, 2012

Roger Ehrenberg, "Thoughts on Taking VC Money," information arbitrage blog, Dec. 5, 2009

Peter Johnston, *Negotiating with Giants: Get What You Want Against the Odds* (Cambridge, MA: Negotiation Press, 2012)

Chapter 3

Thomas Eisenmann and Lauren Barley, "Triangulate," HBS case 811055, Jan. 2011

Eisenmann and Barley, "Triangulate (B): Post Mortem," HBS case 819080, Nov. 2018

Eisenmann, Shikhar Ghosh, and Christopher Payton, "Triangulate: Stay, Pivot or Exit?" HBS case 817059, Oct. 2016

Ries, The Lean Startup

Andrew Chen, "Why Investors Don't Fund Dating," @andrewchen blog

Design Council, "What Is the Framework for Innovation? Design Council's Evolved Double Diamond", Design Council website

unpublished course note, Tom Eisenmann, "Design Workshop," Nov. 2018

Bella Martin and Bruce Hanington, *Universal Methods of Design: 100 Ways to Research Complex Problems, Develop Innovative Ideas, and Design Effective Solutions* (Beverley, MA: Rockport, 2012)

Jeanne Liedtka and Tim Ogilvie, *Designing for Growth: A Design Thinking Toolkit for Managers* (New York: Columbia Business School Publishing, 2011)

トム・ケリー著『発想する会社！――世界最高のデザイン・ファーム IDEO に学ぶイノベーションの技法』（早川書房、2002 年）

ジェイク・ナップ著『SPRINT 最速仕事術――あらゆる仕事がうまくいく最も合理的な方法』（ダイヤモンド社、2017 年）

Laura Klein, *UX for Lean Startups: Faster, Smarter User Experience Research and Design* (Beverley, MA: O'Reilly, 2013)

ジェフリー・ムーア著『キャズム』（翔泳社、2002 年）

Steve Blank: Blank, Four Steps, Ch. 3

Alberto Savoia, "The Palm Pilot Story," Medium, Mar. 2, 2019

Eisenmann et al., "Hypothesis-Driven Entrepreneurship," pp. 7-8

Tristan Kromer, "Concierge versus Wizard of Oz Prototyping," Kromatic website

Chapter 4

Thomas Eisenmann and Susie Ma, "Baroo: Pet Concierge," HBS case 820011, Aug. 2019

Eisenmann and Ma, "Baroo (B)," HBS case 820026, Aug. 2019

Thomas Eisenmann and Alex Godden, "Lit Motors," HBS case 813079, Dec. 2012 (Nov. 2014 rev.)

Eisenmann et al., "Dropbox: It Just Works."

Chapter 5

Swildens and Yee, "The Venture Capital Risk and Return Matrix."

Magdelena Petrova, "This Green Cement Company Says Its Product Can Cut Carbon Dioxide Emissions by Up to 70%," CNBC website, Sept. 28, 2019.

リード・ホフマン、クリス・イェ著『ブリッツスケーリング 苦難を乗り越え、圧倒的な成果を出す武器を共有しよう』（日経 BP、2020 年）

Albert Wenger, "Hard Choices: Growth vs. Profitability," Continuations blog, Oct. 12, 2015

Michael Skok, "Scaling Your Startup: The Deliberator's Dozen," LinkedIn blog, July 16, 2013

Thomas Eisenmann, "Scaling a Startup: Pacing Issues," HBS course note 812099, Nov. 2011 (Nov. 2014 rev.)

Eisenmann, "Internet Companies' Growth Strategies: Determinants of Investment Intensity and Long-Term Performance," Strategic Management Journal 27, no. 12 (2006): 1183-1204

John Gramlich, "10 Facts About Americans and Facebook," Pew Research Center website, May 16, 2019

John O'Farrell, "Building the Global Startup," Andreessen Horowitz blog, June 17, 2011 - first of a 5-part series

Steve Carpenter, "A Startup's Guide to International Expansion," TechCrunch, Dec 23, 2015

Olivia Solon, "How Uber Conquers a City in Seven Steps," The Guardian website, Apr. 12, 2017

Thomas Eisenmann, Allison Ciechanover, and Jeff Huizinga, "thredUP: Think Secondhand First," HBS case 817083, Dec. 2016

thredUP's strategy for European entry was described by co-founder/CEO James Reinhart during an HBS class visit in February 2017

J. Stewart Black and Tanya Spyridakis, "EuroDisneyland," Thunderbird case TB0195, June 15, 1999

Steve Sinofsky, "Everyone Starts with Simplicity; No-One Ends There (and That's Okay)," Learning by Shipping blog, May 13, 2014

Jay Barney, "Returns to Bidding Firms in Mergers and Acquisitions: Reconsidering the Relatedness Hypothesis," Strategic Management Journal 9, no. S1 (1988): 71-78

Sara Moeller, Frederik Schlingemann, and Rene Stulz, "Wealth Destruction on a Massive Scale? A Study of Acquiring-Firm Returns in the Recent Merger Wave," Journal of Finance 60, no. 2 (2005): 757-782.

リチャード・セイラー著『セイラー教授の行動経済学入門』（ダイヤモンド社、2007 年）

Fred Wilson, "Why Early Stage Venture Investments Fail," Union Square Ventures blog, Nov 30, 2007

Fred Wilson, "The Finance to Value Framework," AVC blog, May 20, 2018.

Ramana Nanda and Matthew Rhodes-Kropf, "Investment Cycles and Startup Innovation," Journal of Financial Economics 110 (2013): 403-418

Nanda and Rhodes-Kropf, "Financing Risk and Innovation," Management Science 63, no.4 (2017): 901-918.

Wasserman, Founder's Dilemmas

Steve Blank, "I've Seen the Promised Land. And I Might Not Get There with You," Steve Blank blog, Jan. 21, 2010

Brad Feld and Mahendra Ramsinghani, *Startup Boards: Getting the Most Out of Your Board of Directors* (Hoboken, NJ: Wiley, 2013)

Matt Blumberg, *Startup CEO: A Field Guide to Scaling Up Your Business* (Hoboken, NJ: Wiley, 2013), Part 4

a series of AVC blog posts by Fred Wilson in March and April 2012

a series of VCAdventure blog posts by Seth Levine, titled "Designing the Ideal Board Meeting," Oct. and Nov. 2018

Jeff Bussgang, "Board Meetings vs. Bored Meetings," Business Insider, Apr. 5, 2011

Thomas Eisenmann and Alison Wagonfeld, "Scaling a Startup: People and Organizational Issues," HBS course note 812100, Jan. 2012 (Feb. 2012 rev.)

ベン・ホロウィッツ著『HARD THINGS』（日経 BP、2015 年）

Hoffman and Yeh, Blitzscaling, Part IV

Blumberg, Startup CEO, Part 2

Sam Altman, "Later Stage Advice for Startups," Y Combinator blog, July 6, 2016

Brian Halligan, "Scale-Up Leadership Lessons I've Learned over 9 Years as HubSpot's CEO," Medium, Jan. 10, 2016

Mark Suster, "This Is How Companies 'Level Up' after Raising Money," Both Sides blog, Apr. 10, 2014

Wasserman, Founder's Dilemmas

Fred Wilson, "MBA Mondays: Turning Your Team," AVC blog, Aug. 12, 2013

Steve Blank, "The Peter Pan Syndrome: The Startup to Company Transition," Steve Blank blog, Sept. 20, 2010

John Hamm, "Why Entrepreneurs Don't Scale, "Harvard Business Review, Dec. 2002

Jeffrey Bussgang, Thomas Eisenmann, and Rob Go, "The Product Manager," HBS course note 812105, Dec. 2011 (Jan. 2015 rev.)

Mark Suster, "Why Your Startup Doesn't Need a COO," Both Sides blog, Sept. 13, 2013

Anthony Davila, George Foster, and Ning Ja, "Building Sustainable High-Growth Startup Companies: Management Systems as an Accelerator" California Management Review, Spring 2010

ジェフリー・ムーア著『Measure What Matters（メジャー・ホワット・マターズ）伝説のベンチャー投資家が Google に教えた成功手法 OKR』（日経 BP、2018 年）

First Round Review, "AltSchool's CEO Rebuilt Google's Performance Management System to Work for Startups—Here It Is," First Round Review website

ベン・ホロウィッツ著『Who You Are（フーユーアー）君の真の言葉と行動こそが困難を生き抜くチームをつくる』（日経 BP、2020 年）

Hoffman and Yeh, Blitzscaling, Part IV; Dharmesh Shah, "Does HubSpot Walk the Talk on Its Cul-ture Code?".OnStartups blog, Apr. 11, 2013

Kristi Riordan, "You Hire for Culture, but Have You Established What Your Culture Is?" Medium, May 30, 2016

Steve Blank, "The Elves Leave Middle Earth-Sodas Are No Longer Free," Steve Blank blog, Dec. 21, 2009

Jerry Colonna, Reboot: Leadership and the Art of Growing Up (New York: Harper Business, 2019), p. 185

Justin Randolph, Peter Levine, and James Lattin, "Dropbox," Stanford Graduate School of Business case E471, Apr. 20, 2013 (May 15, 2015, rev.)

Author interview with Samir Kaul, July 19, 2019

Eisenmann and Godden, "Lit Motors."

William Sahlman and Matthew Lieb, "E Ink: Financing Growth," HBS case 800252, Dec. 1999.

Chapter 6

Ben Popper, "Demolition Man: Why Does Fab's CEO Keep Building Companies That Suddenly Implode?" The Verge website, Nov. 26, 2013

Adam Penenberg, "Fab.com: Ready, Set, Reset!" Fast Company, May 16, 2012

Allison Shontell, "The Tech Titanic: How Red-Hot Startup Fab Raised $330 Million and Then Went Bust," Business Insider website, Feb. 6, 2015

Crunchbase

Jason Goldberg, "On the Rebound from Epic Failure," Hackernoon blog, June 20, 2016

Erin Griffith, "Fab's Eyes Are Bigger Than Its Wallet. That's Nothing $100 Million Can't Fix", Pando Daily, Apr.30, 2013

Erin Griffith, "The Samwer Brothers May Have the Last Laugh on Fab after All," Pando Daily, November 26, 201

Author's interview with Jason Goldberg

Griffith, "Samwer Brothers."

Sarah Perez, "Fab: Europe Will Be 20% of Fab's 2012 Revenue," TechCrunch, Aug. 7, 2012

Alex Konrad, "Fab Pivots Away Flash Sales; Sets Sights on Amazon and IKEA," Forbes website, Apr 30, 2013

Alex Konrad, "Fab Pivots Away from Flash Sales; Sets Sights on Amazon and IKEA," Forbes website, Apr. 30, 2013.

Jason Goldberg, Founder of Fab," The Hustle website, Oct. 17, 2017

Ingrid Lunden, "Fab Was Burning through $14 Million/Month before Its Layoffs and Pivot," TechCrunch, October 20, 2014

Ingrid Lunden, "Hem.com Is on the Block; Swiss Furniture Maker Vitra Likely Buyer," TechCrunch, Dec 30, 2015

Kate Taylor and Benjamin Goggin, "49 of the Biggest Scandals in Uber's History," Business Insider website, May 10, 2019

Claire Suddath and Eric Newcomer, "Zenefits Was the Perfect Startup. Then It Self-Disrupted," Bloomberg Businessweek, May 9, 2016

Marc Andreessen: "The Only Thing That Matters," The Pmarca Guide to Startups blog, June 25, 2007

Andrew Chen, "When Has a Consumer Startup Hit Product-Market Fit?" @andrewchen blog

Sean Ellis, "Using Product/Market Fit to Drive Sustainable Growth," Medium: Growth Hackers, Apr. 5, 2019

Brian Balfour, "The Never ending Road to Product-Market Fit," Brian Balfour blog, Dec. 11, 2013

Jared Sleeper, "Why Early-Stage Startups Should Wait to Calculate LTV: Why Early-Stage Startups Should Wait to Calculate LTV: CAC, and How They Should Use It When They Do," for Entrepreneurs blog.

David Skok, "SaaS Metrics 2.0-A Guide to Measuring and Improving What Matters," for Entrepreneurs blog

Nico Wittenborn, "Cohort Analysis: A (Practical) Q&A," The Angel VC blog, Mar. 14, 2014

Sean Ellis and Morgan Brown, *Hacking Growth: How Today's Fastest-Growing Companies Drive Breakthrough Success* (New York: Currency, 2017), Ch. 7

Growth Analysis," HBS case 817009, Aug.2019 (Nov. 2019 rev.)

Mark Roberge, *The Science of Scaling*, coming-of-coming ebook.

Jeff Bussgang, "Your LTV Math Is Wrong," Seeing Both Sides, Oct. 24, 2015

Jeff Bussgang, "Why Metrics Get Worse with Scale," HuffPost, Feb 12, 2015

Hoffman and Yeh, Blitzscaling, pp.217–218.

Paul Graham, "Startup = Growth," Paul Graham blog, Sept. 2012.

Thomas Eisenmann, "Note on Racing to Acquire Customers," HBS course note 803103, Jan 2003 (Sept. 2007 rev.)

Chapter 7

Thomas Eisenmann, Allison Ciechanover, and George Gonzalez, "Anthony Soohoo at Dot & Bo: Bringing Storytelling to Furniture E-Commerce," HBS case 820036, Sept. 2019 (Dec. 2019 rev.)

Eisenmann, Ciechanover, and Gonzalez, "Anthony Soohoo: Retrospection on Dot & Bo," HBS case 820037, September 2019 (Dec. 2019 rev.).

Jason DelRay, "One Kings Lane Sold for Less Than $30 Million after Being Valued at $900 Million," Vox recode, Aug. 23, 2016

Paul Gompers and Josh Lerner, The Money of Invention: How Venture Capital Creates New Wealth (Boston: Harvard Business School Press, 2001), Ch.6

Gompers and Lerner, *The Venture Capital Cycle* (Cambridge, MA: MIT Press, 2004)

Paul Gompers, Anna Kovner, Josh Lerner, and David Scharfstein, "Venture Capital Investment Cycles: Nicholas, VC: An American History, Ch. 8

Thomas Eisenmann, "Valuation Bubbles and Broadband Deployment," Ch.4 in Robert Austin Stephen Bradley (eds.), *The Broadband Explosion: Leading Thinkers on the Promise of a Truly Interactive World* (Boston: Harvard Business School Press, 2005).

Ben Horowitz: "Old People," Andreessen Horowitz blog, December 5, 2012, and "Why Is It Hard to Bring Big Company Execs into Little Companies?" Business Insider website, Apr. 22, 2010.

Rand Fishkin, *Lost and Founder: A Painfully Honest Field Guide to the Startup World* (New York: Portfolio, 2018), Ch. 5.

Thomas Eisenmann and Halah AlQahtani, "Flatiron School," HBS case 817114, Jan 2017.

Eisenmann and Wagonfeld, "Scaling a Startup: People and Organizational Issues."

Chapter 8

Daniel Weisfield, "Peter Thiel at Yale: We Wanted Flying Cars, Instead We Got 140 Characters," Yale School of Management website, Apr. 27, 2013

Max Chafkin, "A Broken Place: The Spectacular Failure of the Startup That Was Going to Change the World," Fast Company, May 2014.

Elie Ofek and Alison Wagonfeld, "Speeding Ahead to a Better Place," HBS case 512056, Jan. 2012 (Mar. 2012 rev.)

Brian Blum and Shlomo Ben-Hur, "Better Place: An Entrepreneur's Drive Goes Off Track," IMD case 940, Oct. 2018

Brian Blum, Totaled: The Billion-Dollar Crash of the Startup That Took on Big Auto, Big Oil and the World (Sherman Oaks, CA: Blue Pepper, 2017)

PitchBook

Chris Nuttal, "Better Place's $200M Round to Expand Electric Car Networks," Financial Times, Nov 22, 2011.

Vauhini Vara, "Software Executive Shifts Gears to Electric Cars," Wall Street Journal, October 29, 2007.

Clive Thompson, "Batteries Not Included," New York Times Magazine, Apr. 16, 2009.

Peter Valdes-Dapena, "The Nissan Leaf Will Cost $25,000," CNN Money website, Mar 30, 2010

Leslie Guevarra, "GE and Lowe's Partner to Power EV Charging at Home," GreenBiz website, July 19, 2011

Kristen Korosec, "Telsa's Battery Swap Program Is Pretty Much Dead," Fortune website, June 10, 2015

John Bloom, Eccentric Orbits: How a Single Man Saved the World's Largest Satellite Constellation from Fiery Destruction (New York: Atlantic Monthly Press, 2016)

Patrick Vlaskovits, "Henry Ford, Innovation, and That 'Faster Horse' Quote," Harvard Business Review blog, Aug. 29, 2011

Steve Kemper, Code Name Ginger: The Story Behind Segway and Dean Kamen's Quest to Invent a New World (Boston: Harvard Business School Press, 2003)

Jordan Golson, "Well, That Didn't Work: The Segway Is a Technological Marvel. Too Bad It Doesn't Make Any Sense," Wired, Jan. 16, 2015

Johnny Diaz, "Segway to End Production of Its Original Personal Transporter," New York Times, June 24, 2020

Josh Lerner, Thomas Kosnik, Tarek Abuzayyad, and Paul Yang, "GO Corp," HBS case 297021, Sept. 2016 (Apr. 2017 rev.)

ジェリー・カプラン著『シリコンバレー・アドベンチャー──ザ・起業物語』(日経BP、1995年)

Frederick Brooks, The Mythical Man Month: Essays on Software Engineering (Boston:

Addison-Wesley, 1975).

Michael Maccoby, "Narcissistic Leaders: The Incredible Pros, the Inevitable Cons," Harvard Business Review, Jan. 2001

Chad Navis and O. Ozbek, "The Right People in the Wrong Places: The Paradox of Entrepreneurial Entry and Successful Opportunity Realization," Academy of Management Review 41, no.1 (2016): 109-129

John Carreyrou, Bad Blood: *Secrets and Lies in a Silicon Valley Startup* (New York: Knopf, 2018), p. 43

Chapter 9

Andrew Lee, "Startup Mortality: What End-of- Life Care Teaches Us about Startup Failure," Medium: Startup Grind, Nov. 28, 2017

Eric Jackson, *The PayPal Wars: Battles with eBay, the Media, the Mafia, and the Rest of Planet Earth* (Los Angeles: World Ahead, 2004)

Jason Koebler, "Ten Years Ago Today, YouTube Launched as a Dating Website," Vice website, Apr 23, 2015

Fred Wilson, "The Pro Rata Participation Right," AVC blog, Mar 4, 2014

Mark Suster, "What All Entrepreneurs Need to Know about Prorata Rights," Both Sides blog, Oct 12, 2014

Chris Dixon, "Notes on the Acquisition Process," cdixon blog, Sept. 10, 2012

Ben Horowitz, "Should You Sell Your Company?" Andreessen Horowitz blog, Jan. Andreessen Horowitz blog, Jan. 19, 2011

Chris Sheehan, "Corporate Development 101: What Every Startup Should Know," OnStartups blog, Apr. 2, 2014

John O'Farrell, "Knowing Where the Exits Are," Andreessen Horowitz blog, May 30, 2012

James Altucher, "The 9 Most Important Things to Remember If You Want to Sell Your Company," TechCrunch website, June 13, 2011.

Lindsay Hyde class visit, HBS MBA "Entrepreneurial Failure" course, Feb. 2019.

Scott Weiss, "The 'I-Just-Got-Bot-by-a-Big-Company' Survival Guide," Andreessen Horowitz blog, Feb 2, 2013

Eisenmann et al., "Poppy (B)."

Fred Destin, "How to Get Really Screwed by Your Board and Investors in a Scaled Startup," Medium, September 30, 2016

Fred Wilson, "Financing Options: Bridge Loans," AVC blog, Aug. 15, 2011

Jason Lemkin, "How Bridge Rounds Work in Venture Capital: Messy, Full of Drama, and Not Without High Risk," SaaStr blog, June 20, 2019

Erick Schonfeld, "Email from Jason Calacanis: How to Handle Layoffs," TechCrunch website, October 22, 2008

Fred Wilson, "MBA Mondays: How to ask an Employee to Leave the Company," AVC blog, July 2, 2012

Author's interview with Goldberg.

Mike Gozzo, My Startup Has 30 Days to Live blog, Tumblr, 2013

Steve Carpenter, class visit to HBS MBA course "Entrepreneurial Failure," Feb. 2019

Jerry Colonna, class visit to HBS MBA course "Entrepreneurial Failure," Mar. 2019

Jasper Diamond Nathaniel, "When Your Startup Fails," Medium: Noteworthy blog, Apr. 15, 2019

Author's interview with Aileen Lee, July 9, 2019

John Coyle and Gregg Polsky, "Acquihiring," Duke Law Journal 62, no.3 (2013): 281-346

Chris Dixon, "The Economic Logic Behind Tech and Talent Acquisitions," cdixon blog, Oct. 18, 2012.

Chapter 10

Christina Wallace, "What Happens When You Fail?" Ch. 13 in Charu Sharma (ed.), Go Against the Flow: Women, Entrepreneurship and Success (independently published, 2019).

Josh Carter, "Failing and Other Uplifting Anecdotes," Medium, Jan. 5, 2019

Nikki Durkin, "My Startup Failed, and This Is What It Feels Like," Medium: Female Founders, June 23, 2014.

Elisabeth Kübler-Ross, *On Death and Dying: What the Dying Have to Teach Doctors, Nurses, Clergy and Their Own Families* (New York: Scribner, 1969)

Adi Hillel, "Killing Your Startup and Staying Alive: Four Steps to Entrepreneurial Resilience," Medium: Hubitus, Mar. 23, 2016

Amy Edmondson, "Strategies for Learning from Failure," Harvard Business Review, April 2001

Y. Liu, Y. Li, X. Hao, and Y. Zhang, "Narcissism and Learning from Entrepreneurial Failure," Journal of Business Venturing 34 (2019): 496-512

Jason Cope, "Learning from Entrepreneurial Failure: An Interpretive Phenomenological Analysis," Journal of Business Venturing 26 (2011): 604-623.

"Agassi Turns Environment Friendly Focus to Mass Trans-port," Haaretz, Aug 7, 2014

はじめて起業するあなたへ

ダニエル・カーネマン著『ファスト＆スロー　あなたの意思はどのように決まるか？ 上・下』（早川書房、2014 年）

Tom Eisenmann, "No Regrets (Mostly): Reflections from HBS MBA '99 Entrepreneurs," Launching Technology Ventures course blog, Mar.28, 2011.

[著者]

トム・アイゼンマン (Tom Eisenmann)

ハーバード・ビジネス・スクール（HBS）ハワード・H・スティーブンソン経営学教授
アーサー・ロック・センター・フォー・アントレプレナーシップの共同議長を務める。ハーバード大学にて学士、MBA、博士号を取得。博士号取得前に、マッキンゼー・アンド・カンパニーのパートナーとなり、メディア＆エンターテインメント・プラクティスの共同責任者として活躍した。1997年にHBSの教授に就任して以来、MBAの1年生全員が受講する入門コース「The Entrepreneurial Manager」を担当するとともに、プロダクト・マネジメント、起業家の営業とマーケティング、マーケットプレイスデザイン、起業の失敗、起業のあらゆる側面をテーマにした14の選択科目を同僚とともに創設した。共著で執筆した130におよぶHBSケーススタディは、ビジネススクールや経営者教育で使用され、150万部以上販売されている。世界各地のプログラムで活躍するとともに、エンジェル投資に取り組み、多くのベンチャー企業の役員、アドバイザリーボードや取締役を務める。「ウォール・ストリート・ジャーナル」「ハーバード・ビジネス・レビュー」「フォーブス」などに寄稿している。

[訳者]

グロービス

1992年の設立以来、「経営に関する『ヒト』『カネ』『チエ』の生態系を創り、社会の創造と変革を行う」ことをビジョンに掲げ、各種事業を展開している。
グロービスには以下の事業がある。
- ●グロービス経営大学院
  - ・日本語（東京、大阪、名古屋、仙台、福岡、オンライン）
  - ・英語（東京、オンライン）
- ●グロービス・マネジメント・スクール
- ●グロービス・コーポレート・エデュケーション
  - （法人向け人材育成サービス／日本・上海・シンガポール・タイ）
- ●グロービス・キャピタル・パートナーズ（ベンチャーキャピタル事業）
- ●グロービス出版（出版／電子出版事業）
- ●GLOBIS知見録（オウンドメディア、スマホアプリ）

その他の事業：
- ●一般社団法人G1（カンファレンス運営）
- ●一般財団法人KIBOW（震災復興支援活動、社会的インパクト投資）
- ●株式会社茨城ロボッツ・スポーツエンターテインメント（プロバスケットボールチーム運営）

翻訳

嶋田毅 (しまだ・つよし)

東京大学理学部卒業、同大学院理学系研究科修士課程修了。戦略系コンサルティングファーム、外資系メーカーを経てグロービスに入社。累計160万部を超えるベストセラー「グロービスMBAシリーズ」のプロデューサーも務める。共著書に『グロービスMBAビジネスプラン』『グロービスMBA事業開発マネジメント』（以上ダイヤモンド社）、『ケースで学ぶ起業戦略』『ベンチャー経営革命』（以上日経BP）など。

翻訳協力

山中礼二 (やまなか・れいじ)

一橋大学経済学部卒業、ハーバード大学経営大学院修士課程修了（MBA）。グロービス・キャピタル・パートナーズ等を経て株式会社グロービスにて起業家育成を行っている。KIBOW社会投資ファンド代表パートナー、グロービス経営大学院教員。

起業の失敗大全

——スタートアップの成否を決める6つのパターン

2022年3月29日　第1刷発行

著　者——トム・アイゼンマン
訳　者——グロービス
発行所——ダイヤモンド社
　　　　　〒150-8409　東京都渋谷区神宮前6-12-17
　　　　　https://www.diamond.co.jp/
　　　　　電話／03-5778-7233（編集）　03-5778-7240（販売）

装丁————上坊菜々子
本文レイアウト—岸和泉
ＤＴＰ————中西成嘉
製作進行——ダイヤモンド・グラフィック社
印刷————勇進印刷
製本————ブックアート
編集担当——木山政行